여러분의 합격을 응원하는
해커스공무원의 특별 혜택

FREE 공무원 한국사 특강

해커스공무원(gosi.Hackers.com) 접속 후 로그인 ▶ 상단의 [무료강좌] 클릭 후 이용

시대별 막판 암기 점검 + 회독용 OMR 답안지 + 정답 한눈에 보기 [PDF]

해커스공무원(gosi.Hackers.com) 접속 후 로그인 ▶ 상단의 [교재·서점 → 무료 학습 자료] 클릭 ▶
본 교재의 [자료받기] 클릭

▲ 바로가기

해커스공무원 온라인 단과강의 20% 할인쿠폰

B79A6DBF66DF7ES8

해커스공무원(gosi.Hackers.com) 접속 후 로그인 ▶ 상단의 [나의 강의실] 클릭 ▶
좌측의 [쿠폰등록] 클릭 ▶ 위 쿠폰번호 입력 후 이용

* 등록 후 7일간 사용 가능(ID당 1회에 한해 등록 가능)

합격예측 온라인 모의고사 응시권 + 해설강의 수강권

E8973D7EED5DTHAP

해커스공무원(gosi.Hackers.com) 접속 후 로그인 ▶ 상단의 [나의 강의실] 클릭 ▶
좌측의 [쿠폰등록] 클릭 ▶ 위 쿠폰번호 입력 후 이용

* ID당 1회에 한해 등록 가능

쿠폰 이용 관련 문의 **1588-4055**

단기 합격을 위한
해커스공무원 커리큘럼

입문
탄탄한 기본기와 핵심 개념 완성!
누구나 이해하기 쉬운 개념 설명과 풍부한 예시로 부담없이 쌩기초 다지기
TIP 베이스가 있다면 **기본 단계**부터!

기본+심화
필수 개념 학습으로 이론 완성!
반드시 알아야 할 기본 개념과 문제풀이 전략을 학습하고
심화 개념 학습으로 고득점을 위한 응용력 다지기

기출+예상 문제풀이
문제풀이로 집중 학습하고 실력 업그레이드!
기출문제의 유형과 출제 의도를 이해하고 최신 출제 경향을 반영한
예상문제를 풀어보며 본인의 취약영역을 파악 및 보완하기

동형문제풀이
동형모의고사로 실전력 강화!
실제 시험과 같은 형태의 실전모의고사를 풀어보며 실전감각 극대화

최종 마무리
시험 직전 실전 시뮬레이션!
각 과목별 시험에 출제되는 내용들을 최종 점검하며 실전 완성

PASS

* 커리큘럼 및 세부 일정은 상이할 수 있으며,
자세한 사항은 해커스공무원 사이트에서 확인하세요.

단계별 교재 확인 및
수강신청은 여기서!

gosi.Hackers.com

해커스공무원

단원별 매일 하프모의고사 한국사

해커스

목차

이 책의 특징 및 구성 4
만점 직행 단원별 연계 학습 점검표 6

선사 시대
01일 하프모의고사 01회   10

고대
02일 하프모의고사 02회   12
03일 하프모의고사 03회   14
04일 하프모의고사 04회   16
05일 하프모의고사 05회   18

고려 시대
06일 하프모의고사 06회   20
07일 하프모의고사 07회   22
08일 하프모의고사 08회   24
09일 하프모의고사 09회   26

조선 전기
10일 하프모의고사 10회   28
11일 하프모의고사 11회   30

조선 후기
12일 하프모의고사 12회   32
13일 하프모의고사 13회   34
14일 하프모의고사 14회   36

전근대(선사 시대~조선 후기)
15일 하프모의고사 15회   38

근대

16일 하프모의고사 16회 40
17일 하프모의고사 17회 42
18일 하프모의고사 18회 44
19일 하프모의고사 19회 46

일제 강점기

20일 하프모의고사 20회 48
21일 하프모의고사 21회 50
22일 하프모의고사 22회 52
23일 하프모의고사 23회 54

현대

24일 하프모의고사 24회 56
25일 하프모의고사 25회 58
26일 하프모의고사 26회 60

근현대(근대~현대)

27일 하프모의고사 27회 62

전범위(선사 시대~현대)

28일 하프모의고사 28회 64
29일 하프모의고사 29회 66
30일 하프모의고사 30회 68

정답 및 해설 72

- 약점 점검표 [문제집 내 수록]
- OMR 답안지 [문제집 내 수록]
- 시대별 막판 암기 점검
  & 정답 한눈에 보기 [PDF]

해커스공무원(gosi.Hackers.com) 접속 후 로그인
▶ 상단의 [교재·서점 → 무료학습자료] 클릭
▶ 본 교재 우측의 [자료받기] 클릭하여 이용

이 책의 특징 및 구성

1 매일 7분씩 풀며 실력을 끌어올리는 하프모의고사 30회분

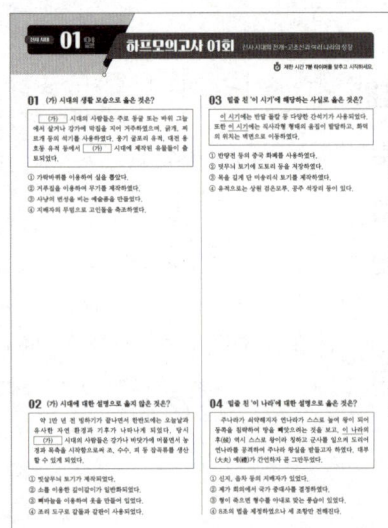

① 시대 흐름에 따라 구성한 단원별 하프모의고사
공무원 한국사의 시대 흐름에 따라 출제 가능성이 높은 하프모의고사 30회분을 제공하여, 매일 한국사 실력을 쌓을 수 있도록 하였습니다.

② 매일 하루 7분 집중 학습으로 문제풀이 시간 관리
30일 동안 매일 7분 집중 학습을 꾸준히 반복하여 자연스럽게 문제풀이 시간 관리를 할 수 있습니다.

2 핵심 문제를 통해 실전을 대비하는 마무리 모의고사

① 시대별 핵심 포인트로 구성된 전근대/근현대 하프모의고사
반드시 알아두어야 할 핵심 포인트로 구성된 전근대/근현대 하프모의고사를 풀어보고 중요한 개념을 한번 더 정리할 수 있습니다.

② 실력 점검 마무리 전범위 하프모의고사
실제 시험과 비슷하게 구성된 전범위 하프모의고사를 통해 중요한 개념을 마무리하여 실전에 확실하게 대비할 수 있습니다.

해커스공무원 단원별 매일 하프모의고사 한국사

3 한 문제를 풀어도 진짜 실력이 되는 상세한 해설

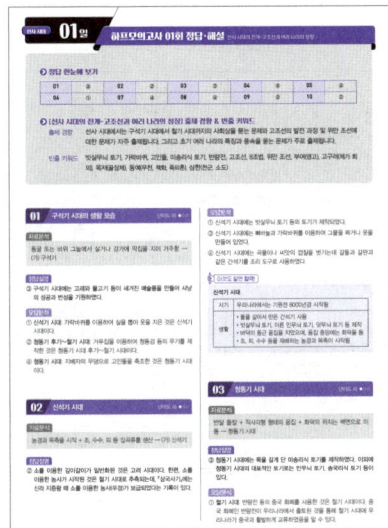

① 출제 경향 & 빈출 키워드
하프모의고사에 해당하는 단원의 출제 경향을 제공하며, 빈출 키워드를 제시하여 반드시 암기해야 할 키워드를 확실하게 짚고 넘어갈 수 있습니다.

② 상세한 정답 설명과 오답 분석
정답의 근거는 물론 자료의 키워드 분석, 오답에 대한 상세한 해설을 제공하여 한 문제를 풀더라도 여러 문제를 푼 것과 같은 효과를 얻을 수 있습니다.

③ 이것도 알면 합격!
출제 포인트 및 문제와 관련해 또 출제될 가능성이 높은 핵심 이론을 정리하여, 만점 달성에 필요한 심화 학습을 할 수 있도록 하였습니다.

4 한국사 만점 실력을 위한 특별 구성

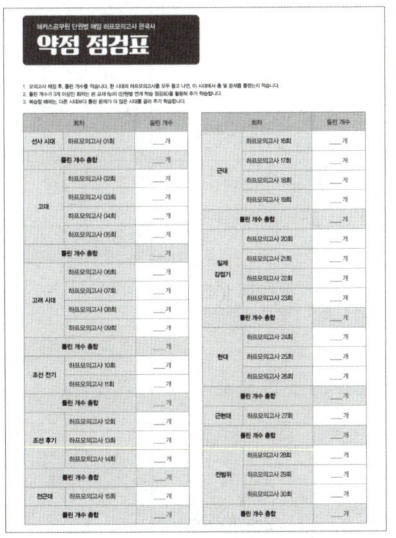
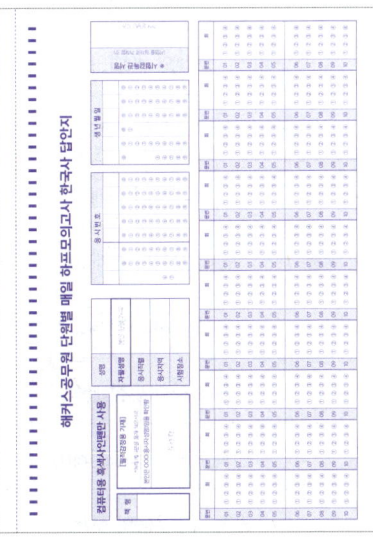

① 단원별 연계 학습 점검표
하프모의고사 풀이 후, 취약 단원을 집중 학습할 수 있도록, 단원별 연계 학습표를 제공합니다. 이를 통해 부족한 단원이 있다면 해커스 기본서에서 바로 찾아서 학습하고, 보완할 수 있습니다.

② 실전 감각을 극대화하는 OMR 답안지
실제 시험처럼 문제를 풀면서 정답 체크까지 할 수 있도록 OMR 답안지를 제공하였습니다.

이 책의 특징 및 구성 5

만점 직행 단원별 연계 학습 점검표

■ 하프모의고사에서 3문제 이상 틀린 회차가 있다면, <해커스공무원 기본서 한국사>를 통해 개념을 확인하고 틀린 회차를 다시 풀어보면서 만점 실력을 완성하세요!

주/일		회차	학습 내용	해커스 기본서	한번 더 보기
1주	01일	하프모의고사 01회	선사 시대의 전개 ~ 고조선과 여러 나라의 성장	1권 24쪽	☐
	02일	하프모의고사 02회	고대의 발전(1)	1권 60쪽	☐
	03일	하프모의고사 03회	고대의 발전(2)		☐
	04일	하프모의고사 04회	고대의 발전(3)		☐
	05일	하프모의고사 05회	고대의 발전(4)		☐
	06일	하프모의고사 06회	고려의 발전(1)	1권 156쪽	☐
	07일	하프모의고사 07회	고려의 발전(2)		☐
2주	08일	하프모의고사 08회	고려의 발전(3)		☐
	09일	하프모의고사 09회	고려의 발전(4)		☐
	10일	하프모의고사 10회	조선의 발전(1)	1권 254쪽	☐
	11일	하프모의고사 11회	조선의 발전(2)		☐
	12일	하프모의고사 12회	조선의 변화(1)	1권 342쪽	☐
	13일	하프모의고사 13회	조선의 변화(2)		☐
	14일	하프모의고사 14회	조선의 변화(3)		☐
	15일	하프모의고사 15회	선사 시대의 전개 ~ 조선의 변화	1권 24쪽	☐
3주	16일	하프모의고사 16회	근대 사회의 전개(1)	2권 10쪽	☐
	17일	하프모의고사 17회	근대 사회의 전개(2)		☐
	18일	하프모의고사 18회	근대 사회의 전개(3)		☐
	19일	하프모의고사 19회	근대 사회의 전개(4)		☐
	20일	하프모의고사 20회	민족 독립운동의 전개(1)	2권 100쪽	☐
	21일	하프모의고사 21회	민족 독립운동의 전개(2)		☐
	22일	하프모의고사 22회	민족 독립운동의 전개(3)		☐

주/일		회차	학습 내용	해커스 기본서	한번 더 보기
4주	23일	하프모의고사 23회	민족 독립운동의 전개(4)	2권 100쪽	☐
	24일	하프모의고사 24회	현대 사회의 발전(1)	2권 182쪽	☐
	25일	하프모의고사 25회	현대 사회의 발전(2)		☐
	26일	하프모의고사 26회	현대 사회의 발전(3)		☐
	27일	하프모의고사 27회	근대 사회의 전개 ~ 현대 사회의 발전	2권 10쪽	☐
	28일	하프모의고사 28회	전범위	1권 24쪽	☐
	29일	하프모의고사 29회	전범위		☐
	30일	하프모의고사 30회	전범위		☐

단원별 연계 학습 방법

01. 하프모의고사를 풀고 취약 단원 파악하기
(1) 실제 시험처럼 제한 시간(7분)을 지키며 하프모의고사를 풉니다.
(2) 채점 후 틀린 문제를 중심으로 해설을 꼼꼼히 학습합니다. 틀린 문제의 개념을 학습할 때에는 '개념을 몰라서' 틀린 것인지, '알던 개념이지만 실수로' 틀린 것인지를 확실하게 파악합니다.

02. 기본서로 연계 학습하기
틀린 문제가 3문제 이상인 회차는 [단원별 연계 학습 점검표]의 '한번 더 보기' 란에 체크합니다. 체크가 되어있는 단원은 〈해커스공무원 기본서 한국사〉를 활용하여 기본 개념을 보충 학습합니다.

03. 하프모의고사 총정리하기
'한번 더 보기'에 체크된 단원만 골라 문제를 다시 풀어보고, 해커스공무원 사이트에서 무료로 제공되는 [시대별 막판 암기 점검 (PDF)]을 통해 핵심 키워드를 집중 암기하여 총정리 합니다.

해커스공무원

gosi.Hackers.com

해커스공무원
단원별 매일 하프모의고사
한국사

매일 하프 모의고사 01~30일

잠깐! 하프모의고사 풀이 전 확인사항

매회 하프모의고사 풀이 전, 아래 상황을 점검하고 실전처럼 시험에 임하세요.
- ✔ 휴대전화는 비행기 모드로 바꿔주세요.
- ✔ 연필과 지우개를 준비하세요.
- ✔ 제한시간 7분 내 최대한 많은 문제를 정확하게 풀어보세요.

하프모의고사 01회 — 선사 시대의 전개~고조선과 여러 나라의 성장

제한 시간 **7분** 타이머를 맞추고 시작하세요.

01 (가) 시대의 생활 모습으로 옳은 것은?

> (가) 시대의 사람들은 주로 동굴 또는 바위 그늘에서 살거나 강가에 막집을 지어 거주하였으며, 긁개, 찌르개 등의 석기를 사용하였다. 웅기 굴포리 유적, 대전 용호동 유적 등에서 (가) 시대에 제작된 유물들이 출토되었다.

① 가락바퀴를 이용하여 실을 뽑았다.
② 거푸집을 이용하여 무기를 제작하였다.
③ 사냥의 번성을 비는 예술품을 만들었다.
④ 지배자의 무덤으로 고인돌을 축조하였다.

02 (가) 시대에 대한 설명으로 옳지 않은 것은?

> 약 1만 년 전 빙하기가 끝나면서 한반도에는 오늘날과 유사한 자연 환경과 기후가 나타나게 되었다. 당시 (가) 시대의 사람들은 강가나 바닷가에 머물면서 농경과 목축을 시작함으로써 조, 수수, 피 등 잡곡류를 생산할 수 있게 되었다.

① 빗살무늬 토기가 제작되었다.
② 소를 이용한 깊이갈이가 일반화되었다.
③ 뼈바늘을 이용하여 옷을 만들어 입었다.
④ 조리 도구로 갈돌과 갈판이 사용되었다.

03 밑줄 친 '이 시기'에 해당하는 사실로 옳은 것은?

> 이 시기에는 반달 돌칼 등 다양한 간석기가 사용되었다. 또한 이 시기에는 직사각형 형태의 움집이 발달하고, 화덕의 위치는 벽면으로 이동하였다.

① 반량전 등의 중국 화폐를 사용하였다.
② 덧무늬 토기에 도토리 등을 저장하였다.
③ 목을 길게 단 미송리식 토기를 제작하였다.
④ 유적으로는 상원 검은모루, 공주 석장리 등이 있다.

04 밑줄 친 '이 나라'에 대한 설명으로 옳은 것은?

> 주나라가 쇠약해지자 연나라가 스스로 높여 왕이 되어 동쪽을 침략하여 땅을 빼앗으려는 것을 보고, 이 나라의 후(侯) 역시 스스로 왕이라 칭하고 군사를 일으켜 도리어 연나라를 공격하여 주나라 왕실을 받들고자 하였다. 대부(大夫) 예(禮)가 간언하자 곧 그만두었다.

① 신지, 읍차 등의 지배자가 있었다.
② 제가 회의에서 국가 중대사를 결정하였다.
③ 형이 죽으면 형수를 아내로 맞는 풍습이 있었다.
④ 8조의 법을 제정하였으나 세 조항만 전해진다.

05 (가)가 세운 왕조 때의 상황으로 옳은 것은?

> 연왕 노관이 한을 배반하고 흉노로 들어가자, (가) 도 망명하였다. 무리 천여 명을 모아 상투를 틀고 오랑캐 복장을 하고서 동쪽으로 도망하여 요새를 나와 패수를 건너 진(秦)의 옛 땅인 상하장에 살았다.

① 진개의 침략으로 요동을 상실하였다.
② 준왕이 부왕으로부터 왕위를 물려받았다.
③ 지리적 이점을 이용하여 중계 무역을 하였다.
④ 한이 고조선 영토에 네 개의 군현을 설치하였다.

06 밑줄 친 '이 나라'의 풍습으로 옳지 않은 것은?

> 이 나라의 국토 면적은 사방 2천 리가 되며 가호의 수는 8만이다. 토질은 오곡이 자라기에는 적당하지만, 오과(五果)는 생산되지 않는다. 그 나라 사람들은 체격이 크고 성질은 굳세고 용감하며, 근엄하여 다른 나라를 쳐들어가거나 노략질하지 않는다.

① 무천
② 1책 12법
③ 우제점법
④ 순장

07 다음 자료에 해당하는 나라에 대한 설명으로 옳지 않은 것은?

> 해마다 5월이면 씨뿌리기를 마치고 귀신에게 제사를 지낸다. 떼를 지어 모여서 노래와 춤을 즐긴다. 술 마시고 노는데 밤낮을 가리지 않는다. …… 10월에 농사일을 마치고 나서도 이렇게 한다.

① 목지국의 지배자가 왕으로 추대되었다.
② 철제 농기구를 사용하였고 벼농사를 지었다.
③ 주민들이 초가 지붕의 반움집이나 귀틀집에 살았다.
④ 대가들은 각기 사자·조의·선인 등의 관리를 거느렸다.

08 밑줄 친 '이 나라'에 대한 설명으로 옳은 것은?

> 이 나라는 토지가 비옥하며 산을 등지고 바다를 향해 있어 오곡이 잘 자라고 농사짓기에 적합하였다. 혼인하는 풍속으로는 여자의 나이가 10세가 되기 전에 혼인 약속을 하고 신랑집에서 맞이하여 장성하도록 길러 아내로 삼았다.

① 소도라는 신성 지역이 있었다.
② 집집마다 부경이라는 작은 창고가 있었다.
③ 단궁, 과하마, 반어피 등의 특산물이 생산되었다.
④ 사람이 죽으면 가매장한 다음 뼈만 추려 목곽에 안치하였다.

09 다음 자료와 관련된 나라에 대한 설명으로 옳은 것은?

> 대군장이 없고 한(漢) 시대 이래로 후(候), 읍군(邑君), 삼로(三老)라는 관직이 있어 하호(下戶)를 다스렸다. …… 풍속은 산천을 중요시하여 산과 내마다 각기 구분이 있어서 함부로 들어가지 않는다.

① 매년 12월에 영고라는 제천 행사를 거행하였다.
② 씨족 사회의 전통이 강하여 족외혼을 엄격히 지켰다.
③ 국읍마다 천신에 대한 제사를 주관하는 천군이 있었다.
④ 주몽과 유화 부인을 조상신으로 섬겨 제사를 지냈다.

10 다음 국가에 대한 설명으로 옳은 것은?

> 나라의 대가들은 농사를 짓지 않고 좌식자(坐食者)가 만여 명이나 된다. 하호는 식량과 고기와 소금을 멀리서 져다 이들에게 공급한다. 10월에 하늘에 제사를 지내는데, 이를 동맹이라 한다.

① 책화라는 풍습이 있었다.
② 빈민 구휼을 위해 진대법을 실시하였다.
③ 정사암 회의를 통해 재상을 선발하였다.
④ 중앙 집권 국가로 발전하지 못하고 주변 국가에 병합되었다.

하프모의고사 02회 고대의 발전(1)

제한 시간 **7분 타이머**를 맞추고 시작하세요.

01 밑줄 친 '왕'의 업적으로 옳은 것은?

> 진(秦) 왕 부견이 사신과 승려 순도를 보내 불상과 경문을 주었다. 이에 왕이 사신을 보내 답례로 방물을 바쳤다.

① 도읍을 평양으로 옮겼다.
② 율령을 반포하였다.
③ 영락이라는 연호를 사용하였다.
④ 병부와 상대등을 처음 설치하였다.

02 밑줄 친 '왕'이 실시한 정책으로 옳은 것은?

> 왕이 내신좌평을 두어 왕명의 출납을 맡기고, 내두좌평을 두어 물자와 창고의 사무를 맡기고, 내법좌평을 두어 예법과 의식의 사무를 맡기고, 위사좌평을 두어 숙위 병사의 사무를 맡기고, 조정좌평을 두어 형벌과 송사의 사무를 맡기고, 병관좌평을 두어 지방의 군사에 관한 사무를 맡겼다.

① 『서기』를 편찬하였다.
② 공복 제도를 정비하였다.
③ 익산에 미륵사를 창건하였다.
④ 지방에 22담로를 설치하였다.

03 (가) 나라에 대한 설명으로 옳은 것은?

> (가) 는 이진아시왕을 시조로 삼아 고령을 중심으로 성장하였으며, 5세기 후반에 이르러 가야 연맹의 주도 세력으로 성장한 뒤 후기 가야 연맹의 맹주가 되었다.

① 진흥왕 때 멸망하였다.
② 중앙군으로 9서당이 있었다.
③ 주요 유적으로는 대성동 고분군이 있다.
④ 박, 석, 김의 3성이 교대로 왕위를 계승하였다.

04 삼국 시대의 통치 제도에 대한 설명으로 옳은 것을 모두 고르면?

> ㉠ 고구려는 수도와 지방을 각각 5부로 정비하였다.
> ㉡ 신라는 22개의 관부로 구성된 중앙 통치 제도를 운영하였다.
> ㉢ 백제는 지방을 5방으로 나누었으며 방령을 파견하였다.
> ㉣ 고구려에는 상대등이 주관하는 귀족 회의가 있었다.

① ㉠, ㉡   ② ㉠, ㉢   ③ ㉡, ㉣   ④ ㉢, ㉣

05 (가)의 업적으로 옳은 것은?

> ┌─────┐
> │ (가) │이/가 가량(加良)과 함께 관산성을 공격하였
> └─────┘
> 다. 군주(軍主)인 각간 우덕과 이찬 탐지 등이 역습하여
> 싸웠으나 전세가 불리하였다. 김무력이 주(州)의 군사를
> 이끌고 나아가 교전을 벌였고, 비장인 삼년산군의 고간 도
> 도가 재빠르게 공격하여 ┌─────┐ 을/를 죽였다.
>   │ (가) │
>   └─────┘

① 왕인과 아직기를 일본에 파견하였다.
② 윤충을 파견하여 대야성을 공격하였다.
③ 사비로 천도하고 국호를 남부여로 고쳤다.
④ 한강 유역을 장악하고 한 군현과 대립하였다.

06 (가)에 해당하는 토지에 대한 설명으로 옳은 것은?

> • 신문왕 9년, 내외관의 ┌─────┐ 을/를 혁파하였다.
>   │ (가) │
>   └─────┘
> • 경덕왕 16년, 다시 ┌─────┐ 을/를 내려주었다.
>   │ (가) │
>   └─────┘

① 경기(京畿) 지방에 한정하여 지급하였다.
② 주로 공신에게 공로의 대가로 지급하였다.
③ 하급 관료와 군인의 유가족에게 지급하였다.
④ 조세를 수취하고 노동력을 징발할 권리를 부여하였다.

07 삼국의 사회 모습으로 가장 옳지 않은 것은?

① 고구려는 도둑질 한 자에게 12배를 배상하도록 하였다.
② 고구려에서는 남녀 간의 자유로운 교제를 통해 결혼하였다.
③ 백제의 지배층은 왕족인 부여씨와 8성의 귀족들로 이루어져 있었다.
④ 신라의 골품제는 관등 승진을 제외한 일상 생활에서는 별도의 규제가 없었다.

08 다음 신분에 대한 설명으로 옳은 것은?

> ○ 아찬까지만 승진할 수 있었다.
> ○ 관등 승진에서 중위제를 적용받았다.
> ○ 대표적인 인물로 최치원, 최승우, 설총 등이 있다.

① 자색 공복을 입을 수 있었다.
② 중앙과 지방의 장관직을 독점하였다.
③ 신라 중대 이후에는 왕위를 계승하기도 하였다.
④ 신라 말기에 호족과 결탁하여 사회 개혁을 추구하였다.

09 (가) 국가의 문화재로 옳은 것은?

> ┌─────┐
> │ (가) │은/는 연경(燕京)이나 여진의 수도에서 모두
> └─────┘
> 1,500리 떨어져 있는데, 돌로 성을 쌓았고 동쪽으로는 바
> 다까지 아우르고 있다. ┌─────┐의 왕은 옛날부터 대씨
>   │ (가) │
>   └─────┘
> (大氏)를 성으로 삼았다. 유력한 성씨는 고(高)·장(張)·양
> (楊)·두(竇)·오(烏)·이(李) 등 몇 종류에 불과하다. 부곡이
> 나 노비 등 성씨가 없는 자는 모두 그 주인의 성씨를 따른다.

① 이불병좌상
② 정림사지 5층 석탑
③ 감은사지 3층 석탑
④ 금동 연가 7년명 여래 입상

10 (가) 인물의 활동으로 옳은 것은?

> 왕이 수나라에 군사를 청하는 글을 요청하자, ┌─────┐
>   │ (가) │
>   └─────┘
> 은/는 "자기가 살기 위해 남을 멸망시키는 것은 승려가 할
> 일이 아니나, 제가 대왕의 땅에 살면서 수초(水草)를 먹고
> 있사오니 명령을 따르겠습니다."라고 하였다.

① 당에서 돌아와 부석사를 창건하였다.
② 세속 5계를 지어 화랑도의 정신적 기반을 마련하였다.
③ 현세에서 고난을 구제받고자 하는 관음 신앙을 이끌었다.
④ 풍수지리 사상이 반영된 『송악명당기』를 저술하였다.

고대 03일 하프모의고사 03회 고대의 발전(2)

제한 시간 7분 타이머를 맞추고 시작하세요.

01 삼국 통일 과정에서 나타난 사건을 순서대로 바르게 나열한 것은?

> (가) 나·당 연합군이 평양성을 함락시켰다.
> (나) 신라가 매소성에서 당군을 크게 물리쳤다.
> (다) 신라가 황산벌 전투에서 백제군을 무찔렀다.
> (라) 당나라가 신라에 계림 도독부를 설치하였다.

① (나) - (가) - (다) - (라)
② (나) - (다) - (가) - (라)
③ (다) - (가) - (라) - (나)
④ (다) - (라) - (가) - (나)

02 다음 교서를 발표한 왕에 대한 설명으로 옳은 것은?

> 공이 있는 사람에게 상을 내리는 것은 옛 성인의 아름다운 규범이요, 죄가 있는 사람을 처벌하는 것은 선왕의 훌륭한 법이다. …… 역적의 우두머리 흠돌·흥원·진공 등은 벼슬이 재능으로 오른 것이 아니요, 실로 은혜로운 특전으로 관직에 오른 것이다.

① 사방에 우역을 처음 설치하였다.
② 국학을 설치하여 유학을 교육하였다.
③ 관리 채용을 위해 독서삼품과를 시행하였다.
④ 관리의 인사를 담당하는 위화부를 설치하였다.

03 밑줄 친 '이 왕'에 대한 설명으로 옳은 것은?

> 공주는 우리 대흥보력효감금륜성법대왕의 둘째 딸이다. …… 아버지인 이 왕에게 은혜를 받아 스스로 부덕(婦德)을 품고 살았다. 인생길이 절반도 되지 않았는데 세월은 달음질치고, 흐르는 물은 내를 이루어 계곡에 견고하게 감추어진 배를 쉽게 움직이는구나. 아아, 공주는 여름 4월 14일 을미일에 사망하니, 나이는 40세였다.

① 등주를 공격하였다.
② 동모산에 나라를 세웠다.
③ 대흥, 흥제의 연호를 사용하였다.
④ 수도를 중경에서 상경으로 옮겼다.

04 다음 사건이 일어난 시기로 옳은 것은?

> 왕 3년, 국내 여러 주와 군에서 납세를 하지 않아 창고가 비고 국가 재정이 어려워지자, 왕이 사신을 파견하여 독촉하였다. 이로 인하여 곳곳에서 도적이 봉기하였다. 이 때 원종, 애노 등이 사벌주에 웅거하여 반란을 일으키니 왕이 영기에게 잡도록 명령하였다. 그러나 영기는 적진을 쳐다보고는 두려워하여 나아가지 못하였다.

	(가)	(나)	(다)	(라)	
백제 멸망		신문왕 즉위		정전 지급	혜공왕 피살	고려 건국

① (가)
② (나)
③ (다)
④ (라)

05 밑줄 친 '이 문서'에 대한 설명으로 옳지 않은 것은?

이 문서는 1933년 일본 도다이지 쇼소인에서 『화엄경론질』을 수리하던 중에 발견되었다. 이 문서는 통일 신라 시대에 서원경 부근 4개 촌락의 경제적 상황을 기록한 문서로 추정되며, 문서에는 촌의 이름, 지형과 넓이, 인구 수, 가축과 과실 나무의 수 등이 자세히 기록되어 있다.

① 남녀를 각각 연령별로 6등급으로 분류하였다.
② 재산의 상속과 분배에 대한 내용이 정리되어 있다.
③ 촌주가 매년 변동 사항을 조사하여 3년마다 작성하였다.
④ 촌주위답, 연수유전답, 내시령답 등의 면적이 기록되어 있다.

06 밑줄 친 '이 나라'의 사회 모습으로 옳지 않은 것은?

이 나라의 관제에는 선조성이 있는데, 좌상·좌평장사·시중·좌상시·간의를 두었다. 중대성에는 우상·우평장사·내사·조고사인을 두었다. 정당성에는 대내상 1명을 좌상·우상의 위에 두어졌다. …… 대개 이 나라의 직제가 중국 제도를 본받았음은 이와 같다.

① 지배층은 대씨와 고씨 등이 차지하였다.
② 지식인들은 당의 빈공과에 응시하기도 하였다.
③ 주민의 대다수인 말갈인들은 지배층이 될 수 없었다.
④ 주자감을 설치하여 귀족 자제에게 유교 경전을 가르쳤다.

07 (가)에 대한 설명으로 옳은 것은?

진흥왕 때 처음으로 (가) 을/를 두었다. …… 무리가 구름처럼 모여들어 명산과 대천을 돌아다니며 멀리 가 보지 아니한 곳이 없었다. 이를 통해 인품을 알게 되어 그 가운데 착한 자를 조정에 추천하였다.

① 귀족들로만 구성되었다.
② 세속오계를 계율로 삼았다.
③ 만장일치로 국가의 정책을 결정하였다.
④ 경당에서 한학과 무술 등을 연마하였다.

08 다음은 삼국의 대표적인 고분이다. (가)~(다)에 대한 설명으로 옳은 것은?

(가) 강서 대묘
(나) 무령왕릉
(다) 황남대총

① (가) – 백제의 건국 세력이 고구려와 같은 계통임을 보여준다.
② (나) – 중국 남조의 영향을 받아 축조되었다.
③ (다) – 봉토 주위에 둘레돌을 두르고 12지 신상을 조각하였다.
④ (가), (나), (다) – 무덤에서 벽화가 발견되었다.

09 (가) 인물에 대한 설명으로 옳은 것은?

(가) 이/가 말하기를, "우리나라는 북쪽으로는 말갈과 닿아 있고 남쪽으로는 왜국을 접하고 있고 고구려와 백제, 두 나라가 번갈아 변경을 침범하여 이웃 나라의 침략이 그칠 줄 모르니, 이것이 백성의 근심거리 입니다."라고 하였다. …… 신인이 말하길 "황룡사의 호법룡이 내 큰아들인데, 범왕(梵王)의 명을 받아 이 절에 와서 호위하고 있으니 본국으로 돌아가 9층 탑을 절 안에 세우면 이웃 나라가 항복하고 9한(九韓)이 와서 조공하여 왕조가 길이길이 편안할 것이오."하였다.

① 무애가를 지어 불교의 대중화에 기여하였다.
② 점찰 법회를 정착시키고 미륵 신앙을 전파하였다.
③ 대국통에 임명되어 출가자의 규범과 계율을 주관하였다.
④ 인도와 중앙아시아를 여행하고 『왕오천축국전』을 지었다.

10 (가) 승려에 대한 설명으로 옳은 것은?

(가) 은/는 모든 것은 한마음에서 나온다는 일심 사상을 바탕으로 불교 종파 간의 대립을 극복하고자 하였다. 또한 (가) 은/는 나무아미타불만 염불하면 누구나 극락왕생할 수 있다는 아미타 신앙을 보급하여 불교 대중화에 기여하였다.

① 유식학을 기반으로 서명 학파를 개창하였다.
② 『대승기신론소』, 『금강삼매경론』을 저술하였다.
③ 『화엄일승법계도』를 지어 화엄 사상을 정리하였다.
④ 참회를 강조하는 법화 신앙을 중심으로 백련 결사를 제창하였다.

01 밑줄 친 '왕'에 대한 사실로 옳은 것은?

왕이 『국사』를 편찬하라고 명하였다. 이사부가 말하기를, "『국사』는 임금과 신하의 옳고 그름을 기록하여 후대에 보이는 것인데, 진실되게 편찬하지 않는다면 후대에서 무엇을 보겠습니까?"하니, 왕이 깊이 수긍하고 대아찬 거칠부 등에게 명하여 문사들을 모아서 편찬하게 하였다.

① 우산국을 정벌하였다.
② 김흠돌의 난을 진압했다.
③ 황룡사 9층 목탑을 세웠다.
④ 한강 하류 지역을 차지하였다.

02 다음 자료의 왕이 재위하던 시기의 사실로 옳은 것은?

○ 신라 최초의 여성 왕
○ '인평'이라는 연호를 사용함

① 분황사를 건립하였다.
② 오언태평송을 지었다.
③ 사치 금지 교서를 내렸다.
④ 『삼대목』을 편찬하였다.

03 (가) 왕 대의 사실로 옳은 것은?

여러 신하들이 아뢰기를 "시조께서 나라를 세우신 이래 나라 이름을 정하지 않아 사라(斯羅)라고도 하고 혹은 사로(斯盧) 또는 신라(新羅)라고도 칭하였습니다. 저희들은 '신(新)'은 '덕업이 날로 새로워진다'는 뜻이고 '라(羅)'는 '사방을 덮는다'는 뜻이므로 '신라'를 나라 이름으로 삼는 것이 마땅하다 생각합니다. 또한 …… 삼가 '신라국왕(新羅國王)'이라는 칭호를 올리옵니다." (가) 이/가 이 말에 따랐다.

① 단양 지역에 적성비를 세웠다.
② 김씨 왕위 계승 체제를 확립하였다.
③ 백제 동성왕과 혼인 동맹을 맺었다.
④ 순장을 금지하고 우경을 장려하였다.

04 밑줄 친 '그'에 대한 설명으로 옳은 것은?

수나라 군대는 방형으로 진을 갖추고 행군하였는데, 그가 군사를 내어 사면에서 이들을 습격하여 쳐부수었다. …… 수나라 군대가 살수에 이르러 강을 반쯤 건너자, 그는 군사를 내보내 수나라 군대의 후군을 공격하였다. 이에 수나라의 여러 군사가 모두 무너져 막을 수 없었다.

① 당나라로 건너가 군사 동맹을 맺었다.
② 당으로부터 도교를 수입하여 장려하였다.
③ 적장 우중문에게 보낸 5언시가 전해진다.
④ 스스로 대막리지에 올라 권력을 장악하였다.

05 (가) 왕에 대한 설명으로 옳은 것은?

> (가) 이/가 태자와 함께 정예군 3만 명을 거느리고 고구려에 침입하여 평양성을 공격하였다. 고구려왕 사유가 필사적으로 항전하다가 날아오는 화살에 맞아 죽었다.

① 중앙 관청을 22부로 개편하였다.
② 남쪽으로 진출하여 마한을 통합하였다.
③ 승려 마라난타를 통해 불교를 수용하였다.
④ 북위에 사신을 보내 고구려를 공격해줄 것을 요청하였다.

06 다음 자료에 해당하는 국가의 경제 상황으로 옳지 않은 것은?

> 거란의 무리가 반란을 일으키자 대조영은 말갈의 걸사비우와 함께 각각 무리를 거느리고 동쪽으로 달아났다. 대조영은 마침내 계루부의 옛 땅을 차지하고, 동모산에 웅거하여 성을 쌓고 살았다.

① 솔빈부의 말이 주요 수출품이었다.
② 동해를 통해 일본과 무역을 전개하였다.
③ 당으로부터 주로 비단과 책 등을 수입하였다.
④ 밭농사 중심이었으며 벼농사는 실시되지 않았다.

07 밑줄 친 '그들'에 해당하는 신라의 신분층에 대한 설명으로 옳은 것은?

> 그들의 집에는 녹(祿)이 끊이지 않았다. 노비가 3천명이며, 비슷한 수의 병사가 있다. 소, 말, 돼지는 바다 가운데 섬에서 기르다가 필요할 때 활로 쏘아 잡아먹는다. 곡식을 남에게 빌려주어 늘리는데, 기간 안에 갚지 못하면 노비 삼아 부린다.

① 도당 유학생의 대부분을 차지하였다.
② 관등과 상관없이 특정 색깔의 관복을 입었다.
③ 대등에 임명되어 국가 중대사를 논의할 수 있었다.
④ 죄를 지으면 본관지로 귀향시키는 형벌이 적용되었다.

08 다음은 신라의 문화재이다. 제작된 순서대로 바르게 나열한 것은?

> ㉠ 황룡사
> ㉡ 첨성대
> ㉢ 성덕 대왕 신종
> ㉣ 이차돈 순교비

① ㉠ - ㉡ - ㉢ - ㉣
② ㉠ - ㉢ - ㉡ - ㉣
③ ㉡ - ㉠ - ㉢ - ㉣
④ ㉡ - ㉢ - ㉣ - ㉠

09 밑줄 친 '이 인물'에 대한 설명으로 옳은 것은?

> 이 인물은 당에 유학하여 빈공과에 급제하였다. 이후 귀국하여 진성 여왕에게 시무책 10여 조를 작성하여 올렸으나 이 개혁안은 시행되지 않았다. 이에 이 인물은 정치에서 물러나 저술에 몰두하였으며 만년에는 해인사에 머물다 세상을 떠났다.

① 『계원필경』을 저술하였다.
② 6두품 출신으로 이두를 정리하였다.
③ 「청방인문표」 등의 외교 문서를 작성하였다.
④ 팔관회 등 국가적인 불교 행사의 억제를 건의하였다.

10 (가) 국가가 일본에 전파한 문화와 관련된 설명으로 옳은 것은?

> (가) 의 왕이 아직기를 보내 말 2필을 보냈다. …… 아직기는 경전을 잘 읽었으므로 토도치랑자(菟道稚郎子) 태자의 스승으로 삼았다. 천황이 아직기에게 "너보다 뛰어난 박사가 또 있느냐?"라고 물으니, "왕인이라는 분이 훌륭합니다"라고 대답하였다.

① 혜자가 쇼토쿠 태자의 스승이 되었다.
② 노리사치계가 불경과 불상을 전해주었다.
③ 토기 제작 기술이 전해져 스에키 토기에 영향을 주었다.
④ 혜관이 삼론종을 전파하여 일본 삼론종의 시조가 되었다.

고대 05일 하프모의고사 05회 고대의 발전(4)

제한 시간 7분 타이머를 맞추고 시작하세요.

01 밑줄 친 '왕' 재위 시기의 사실로 옳지 않은 것은?

> <u>왕</u>이 나라를 다스린 지 21년 만에 붕어하니, 유언에 따라 동해 가운데 큰 바위 위에 장사 지냈다. 왕이 평소에 항상 지의법사에게 이르기를, "짐은 죽은 뒤에 호국대룡이 되어 불법을 받들고 나라를 수호하고자 한다."라고 하였다.

① 당이 평양에 안동 도호부를 설치하였다.
② 신라가 사비성에 소부리주를 설치하였다.
③ 신라가 기벌포에서 설인귀가 이끄는 수군을 물리쳤다.
④ 나·당 연합군의 공격으로 의자왕이 항복하였다.

02 (가), (나) 사이 시기에 있었던 사실로 옳은 것은?

> (가) 적이 살수에 이르러 군사가 반쯤 강을 건넜을 때 아군이 뒤에서 적을 공격하여 우둔위 장군 신세웅을 전사시켰다.
> (나) 이세적이 황제에게 성을 함락하는 날에 남자를 모두 죽이자고 청하였다. 안시성 사람들이 이를 듣고 더욱 굳게 지키니 오래도록 함락되지 않았다.

① 나·당 동맹이 결성되었다.
② 고구려가 천리장성을 쌓기 시작하였다.
③ 고구려가 요서 지방을 선제 공격하였다.
④ 신라가 수나라에 군사를 청하는 글을 보냈다.

03 발해의 중앙 통치 조직에 대한 설명으로 옳지 않은 것은?

① 정당성의 장관이 국정을 총괄하였다.
② 감찰 기관으로 중정대를 설치하였다.
③ 6부의 명칭으로 유교 덕목을 사용하였다.
④ 주요 관서에 각각 복수(複數)의 장관을 임명하였다.

04 밑줄 친 '그'에 대한 설명으로 옳은 것은?

> 이날 소정방이 부총관 김인문 등과 함께 기벌포에 도착하여 백제 군사와 마주쳤다. …… 소정방이 신라군이 늦게 왔다는 이유로 군문에서 신라 독군 김문영의 목을 베고자 하니, <u>그</u>가 군사들 앞에 나아가 "황산 전투를 보지도 않고 늦게 온 것을 이유로 우리를 죄주려 하는구나. 죄도 없이 치욕을 당할 수 없으니, 결단코 먼저 당나라 군사와 결전을 한 후에 백제를 쳐야겠다."라고 하였다.

① 비담과 염종의 난을 진압하였다.
② 당나라와의 군사 동맹을 성사시켰다.
③ 청해진을 설치하고 해상 무역을 장악하였다.
④ 당에서 숙위 활동을 하다가 부대총관이 되어 돌아왔다.

05 (가) 재위 시기의 사실로 옳은 것은?

진덕 여왕이 죽자 여러 신하들이 이찬 알천에게 섭정하기를 청하였다. 알천이 한결같이 사양하며 말하기를, "신은 늙고 이렇다 할 만한 덕행도 없습니다. 지금 세상에 덕망이 높은 이는 (가) 만한 자가 없습니다. 가히 빈곤하고 어려운 세상을 도울 영웅호걸입니다." 마침내 (가) 이/가 왕으로 추대되었고, 세 번 사양하다가 부득이 왕위에 올랐다.

① 품주를 고쳐 집사부로 삼았다.
② 주와 군에 외사정을 파견하였다.
③ 사정부를 두어 관리를 감찰하였다.
④ 지방 제도를 9주 5소경 체제로 정비하였다.

06 밑줄 친 '그'에 대한 설명으로 옳은 것은?

진성왕 즉위 5년에 그는 죽주의 적괴 기훤에게 의탁하였다. 기훤이 업신여기고 잘난체하며 예우하지 않았다. 그는 답답하고 스스로 불안해져서 몰래 기훤 휘하의 원회, 신훤과 결연하여 친구가 되었다. 그는 임자년에 북원의 도적 양길에게 의탁하였다.

① 완산주를 도읍 삼아 나라를 세웠다.
② 후당, 오월 등에 사신을 보내 교류하였다.
③ 예성강을 중심으로 성장한 해상 세력이다.
④ 무태, 성책, 수덕만세 등의 연호를 사용하였다.

07 밑줄 친 '이 나라'의 경제 상황으로 옳지 않은 것은?

이 나라는 백제의 지역을 차지하고, 고구려의 남부 지역까지 차지한 다음 상주, 양주, 강주, 웅주, 전주, 무주, 한주, 삭주, 명주 등의 9개 주를 설치하였으며, 주에는 도독을 두어 10개의 군이나 혹은 20개의 군을 통솔하게 하고, 군에는 태수를 두었다.

① 어아주와 조하주를 생산하여 당나라에 보냈다.
② 수도인 경주에 서시전과 남시전을 설치하였다.
③ 신라도라는 교통로를 통하여 당나라와 교역하였다.
④ 울산항과 당항성이 국제 무역항으로 번성하였다.

08 다음과 같은 상황이 나타난 시기의 사회 모습으로 옳은 것은?

도적들이 나라 서남쪽에서 봉기하였다. 그들은 바지를 붉게 물들여 스스로 남들과 다르게 하였기 때문에 사람들은 적고적(赤袴賊)이라고 불렀다. 그들은 주와 현을 도륙하고 서울의 서부 모량리까지 와서 사람들을 위협하고 노략질하고 돌아갔다.

① 신진 인사들이 과거 제도를 통해 등용되었다.
② 왕권이 전제화되면서 상대등의 권한이 약화되었다.
③ 선종 중심으로 교종을 통합하려는 운동이 일어났다.
④ 6두품 세력이 사회 개혁을 주장하는 개혁안을 제시하였다.

09 밑줄 친 '이 사상'의 영향을 받아 만들어진 문화재로 옳은 것은?

불립문자(不立文字)라 하여 문자를 세워 말하지 않는다고 주장하고, 복잡한 교리를 떠나서 심성(心性)을 도야하는 데 치중하였다. 그러므로 이 사상에서 주장하는 바는 인간의 타고난 본성이 곧 불성(佛性)임을 알면 그것이 불교의 도리를 깨닫는 것이라는 견성오도(見性悟道)에 있었다.

① 상원사 동종
② 쌍봉사 철감선사탑
③ 석굴암
④ 분황사 모전 석탑

10 다음 자료의 무덤 양식에 해당하지 않는 것은?

돌로 1개 이상의 널방(玄室)을 짜고 그 위에 흙으로 덮어 봉분을 만든 무덤이다. 돌방을 통로로 연결하여 앞방(제사)과 널방(시신)으로 구분한다.

① 쌍영총
② 천마총
③ 무용총
④ 정혜 공주 묘

고려 시대 06일 하프모의고사 06회 고려의 발전(1)

01 다음 개혁안이 제시된 왕의 재위 시기에 있었던 사실로 옳은 것은?

> 임금이 백성을 다스릴 때 집집마다 가서 날마다 그들을 살펴보는 것이 아닙니다. 그래서 수령을 나누어 파견하여, 가서 백성의 이해(利害)를 살피게 하는 것입니다. ……이에 제가 보건대 향리 토호들이 늘 공무를 빙자하여 백성들을 침해하고 학대하므로 백성들이 명령을 감당하지 못하니, 청하건대 외관을 두시옵소서.

① 5도 양계의 지방 제도를 확립하였다.
② 기병이 주축이 된 별무반을 설치하였다.
③ 지방 교육을 위해 경학 박사를 파견하였다.
④ 국가 수입의 증대를 위해 주현공부법을 실시하였다.

02 고려 시대의 관리 등용 제도에 대한 설명으로 옳은 것을 모두 고른 것은?

> ㉠ 음서의 혜택은 사위와 외손자 등에게도 주어졌다.
> ㉡ 음서로 등용된 사람들은 고위 관직에 오르지 못했다.
> ㉢ 문과와 무과가 정기적으로 시행되었다.
> ㉣ 과거에서 명경과보다 제술과가 더 중시되었다.

① ㉠, ㉡ ② ㉠, ㉣ ③ ㉡, ㉢ ④ ㉢, ㉣

03 고려 시대의 중앙 통치 기구에 대한 설명으로 옳지 않은 것은?

① 삼사는 언론 기능을 담당하였다.
② 중추원은 군사 기밀과 왕명의 출납을 담당하였다.
③ 어사대의 관원은 중서문하성의 낭사와 함께 대간으로 불렸다.
④ 도병마사는 후기에 이르러 국가의 모든 정무를 관장하는 최고 기구로 발전하였다.

04 (가) 왕 대의 사실로 옳은 것은?

> (가) 은/는 김부로 하여금 경주의 사심관이 되어 부호장 이하의 임명을 맡게 하였다. 이에 여러 공신이 이를 본받아 각기 자기 출신 지역의 사심이 되었다.

① 과거제를 처음 실시하였다.
② 주요 지역에 12목을 설치하였다.
③ 중앙 관료에게 문산계를 부여하였다.
④ 혼인 정책과 사성 정책을 통해 호족을 포섭하였다.

05 다음 사실이 있었던 왕 대의 설명으로 옳은 것은?

> ○ 노비안검법을 제정하여 억울하게 노비가 된 자들을 양인으로 해방시켰다.
> ○ 쌍기의 건의를 수용하여 관리 선발을 위한 과거 제도를 실시하였다.

① 이자겸의 난을 진압하였다.
② 국자감에 서적포를 설치하였다.
③ 평양을 서경으로 승격시키고 중시하였다.
④ 광덕, 준풍 등의 독자적인 연호를 사용하였다.

06 밑줄 친 '전시과'에 대한 설명으로 옳은 것은?

> 목종 원년 12월에 문무 양반과 군인의 전시과를 고쳤다. 제1과 전지 100결, 시지 70결. …… 제18과 전지 20결. 이 범위 안에 들지 못한 자에게는 모두 17결을 지급하고 이를 항식으로 삼았다.

① 무반에 대한 차별이 완화되었다.
② 관품과 함께 인품도 고려되었다.
③ 전·현직 관리에게 수조권을 지급하였다.
④ 후삼국 통일 과정에서 공이 있는 사람들에게 지급되었다.

07 고려 후기 권문세족에 대한 설명으로 옳은 것은?

① 주로 지방 향리의 자제로 중소 지주 출신이었다.
② 도평의사사, 밀직사 등의 고위 관직을 차지하였다.
③ 『소학』과 『주자가례』를 중시하고 불교의 폐단을 비판하였다.
④ 문신에 비해 차별을 받는 것에 불만을 품고 정변을 일으켰다.

08 다음 자료에 나타난 시기의 가족 제도에 대한 설명으로 옳은 것은?

> 박유가 아뢰길 "…… 외국인이 와서 인원에 제한 없이 처를 두니, 이대로 두었다가는 우리나라 사람들이 있는 북쪽으로 흘러가게 될까 우려됩니다. 청컨대 여러 신하에게 첩을 두게 하고, …… 이렇게 한다면 인구가 크게 늘 것입니다"라고 하였다. …… 어떤 노파가 박유를 손가락질하면서 "첩을 둘 것을 청한 자가 바로 저 빌어먹을 늙은이다"라고 하였다. …… 자신들의 처를 무서워하는 재상들도 있었기 때문에 그 논의를 하지 못하게 했고 결국 시행되지 못하였다.

① 과부의 재가를 허용하지 않았다.
② 재산 상속에서 장남이 우대받았다.
③ 제사는 모든 자녀들이 돌아가면서 지냈다.
④ 지방 세력이 부계 위주의 족보를 편찬하면서 동성 마을을 이루었다.

09 (가) 인물에 대한 설명으로 옳은 것은?

> (가) 이/가 학교가 날로 쇠퇴하는 것을 근심하며 말하기를, "이제 양현고가 완전히 탕진되어 선비를 양성할 수 없습니다. 청컨대 6품 이상은 각각 은 1근씩 내고, 7품 이하는 포를 차등 있게 내서 양현고에 돌려주어, 이를 섬학전으로 삼아야 합니다."라고 하니, 양부에서 이를 따르기로 하였다.

① 문헌공도를 설립하였다.
② 성리학을 고려에 처음 소개하였다.
③ 『불씨잡변』을 지어 불교를 비판하였다.
④ 정몽주, 권근 등을 가르쳐 성리학을 확산시켰다.

10 밑줄 친 '이 책'으로 옳은 것은?

> 신(臣) 이승휴가 이 책을 편수하여 두 권으로 나누고, 바로잡아 고쳐 바치는 것은 …… 중국은 반고부터 금국에 이르기까지, 동국은 단군으로부터 본조(本朝)에 이르기까지 처음 일어나게 된 근원을 책에서 다 찾아보아 같고 다른 것을 비교하여 요점을 취하고 읊조림에 따라 장을 이루었습니다.

① 『제왕운기』
② 『삼국유사』
③ 『삼국사기』
④ 『본조편년강목』

하프모의고사 07회 고려의 발전(2)

01 ㉠의 집권 시기에 있었던 사실로 옳은 것은?

> ㉠ 은/는 임금을 폐하고 세우는 것을 자기 마음 대로 하였으며, 항상 조정 안에 있으면서 자기 부하들과 함께 가만히 정안(관리들의 근무 성적)을 가지고 벼슬을 내릴 후보자로 자기 당파에 속하는 자를 추천하는 문안을 작성하고 …… 임금께 아뢰게 하면 임금이 어쩔 수 없이 그대로 쫓았다. 그리하여 ㉠ 의 아들 이, 손자 항, 항의 아들 의의 4대가 정권을 잡아 그런 관행이 일반화되었다.

① 명학소가 충순현으로 승격되었다.
② 치안 유지를 위한 야별초가 설립되었다.
③ 전주에서 관노들이 일으킨 난이 진압되었다.
④ 교정도감이라는 독자적인 집정부가 만들어졌다.

02 다음 사실이 있었던 왕 대의 설명으로 옳은 것은?

> ○ 홍건적의 침입으로 개경이 함락되자 왕이 복주로 피난하였다.
> ○ 신돈을 등용하고 전민변정도감을 설치하여 권문세족의 세력을 약화시키고자 하였다.

① 쌍성총관부를 무력으로 수복하였다.
② 정치도감을 설치하여 개혁을 시도하였다.
③ 몽골의 침입에 대응하기 위해 강화도로 천도하였다.
④ 사림원을 설치하고 신흥 관료를 등용하여 왕권을 강화하고자 하였다.

03 고려와 (가)의 관계에 대한 설명으로 옳은 것은?

> 민영은 그의 부친 민효후가 동계 병마판관이 되어 적에 맞서 싸우다 사망하였다. 그는 이를 한스럽게 여겨 복수를 하여 부친의 치욕을 갚으려 하였다. 때마침 예종이 (가) 을/를 정벌하려 하자, 민영은 자청하여 군에 편성되었다. …… 매번 군대의 선봉이 되어서 말을 타고 돌격하여 적군을 사로잡고 물리친 것이 한두 번이 아니었다.

① (가)의 침입으로 왕이 나주로 피난하였다.
② 묘청, 정지상 등이 (가)의 정벌을 주장하였다.
③ 강조의 정변을 구실로 (가)이/가 고려를 침략하였다.
④ (가)은/는 고려에 다루가치를 파견하여 내정을 간섭하였다.

04 (가) 인물에 대한 설명으로 옳은 것은?

> 왕이 천도한 공을 논하여 (가) 을/를 후(侯)로 책봉하고 부(府)를 세워주려고 하였다. 백관들이 모두 그의 집으로 가서 축하하려고 했지만, 그는 조서를 가지고 오는 사신을 영접할 예물이 갖추어지지 않았다고 사양하였다. 이에 주군(州郡)마다 앞다투어 선물을 보내자, 결국 진양후로 책봉되었다.

① 도방을 처음으로 설치하였다.
② 서방을 두어 문신을 숙위하게 하였다.
③ 이의방을 제거하고 권력을 장악하였다.
④ 봉사 10조를 올려 사회 개혁안을 제시하였다.

05 밑줄 친 '왕' 대의 사실로 옳은 것은?

> 왕이 도병마사를 도평의사사로 고쳤는데, 무릇 국가에 큰일이 있으면 사(使) 이상의 관료가 모여서 의논하였으므로 합좌(合坐)라는 이름이 있었다. 원(元)을 섬긴 이래로 일이 갑작스럽게 많아져서 첨의와 밀직이 매번 합좌를 하였다.

① 과전법을 공포하였다.
② 찰리변위도감을 설치하였다.
③ 몽골풍의 의복과 변발을 폐지하였다.
④ 원으로부터 동녕부 지역이 반환되었다.

06 고려 시대의 화폐 유통에 대한 설명으로 옳지 않은 것은?

① 원의 지폐인 보초가 들어와 유통되기도 하였다.
② 화폐의 유통이 원활하지 않아 전황 현상이 일어났다.
③ 화폐는 주로 다점, 주점 등의 관영 상점에서 사용되었다.
④ 성종 때 건원중보를 만들어 전국적으로 유통을 시도하였다.

07 밑줄 친 (가)~(다)에 대한 설명으로 옳지 않은 것은?

> 고려는 기본 지방 행정 단위로 군현 제도를 운영하였는데, 군현으로 편제할 수 없는 곳은 특수 행정 구역으로 편제하였다. (가)향(鄕)과 (나)부곡(部曲)은 이미 신라 때부터 있었으며, (다)소(所)는 고려 시대에 처음 생겨났다.

① (가)와 (나)의 주민은 주로 농사를 지었다.
② (나)의 주민들은 관청에 지급된 공해전 등을 경작하였다.
③ (다)의 주민이 공을 세우면 현으로 승격될 수 있다.
④ (가), (나), (다)의 주민들은 다른 지역으로의 자유로운 거주 이전이 가능하였다.

08 다음에서 설명하는 행사에 대한 설명으로 옳은 것은?

> 고려 시대의 주요 국가 행사로, 성종 때 최승로의 건의로 중지되었다가 현종 때 부활하였다. 서경과 개경에서 개최되었으며, 송, 여진, 아라비아, 탐라 등 외국 사신·상인의 방문으로 국제 무역이 행해지는 무역의 장이었다

① 향음주례와 향사례가 진행되었다.
② 유네스코 세계 무형유산으로 등재되었다.
③ 토착 신앙과 도교 및 불교 등이 융합되었다.
④ 향나무를 땅에 묻는 매향 활동이 이루어졌다.

09 다음 내용이 실린 역사서에 대한 설명으로 옳은 것은?

> 대체로 옛 성인들은 예악으로 나라를 일으키고 인의로 가르침을 베푸는 데 있어 괴상한 힘이나 난잡한 귀신을 말하지 않았다. …… 그러므로 삼국의 시조들이 모두 신기한 일로 탄생했음이 어찌 괴이하겠는가. 이것이 책 첫머리에 기이편(紀異篇)이 실린 까닭이며, 그 의도도 여기에 있는 것이다.

① 민간 설화와 신라의 향가 14수를 수록하였다.
② 유교적 사관에 기초하여 기전체로 서술하였다.
③ 열전에는 김유신을 비롯한 신라인이 편중되었다.
④ 동명왕의 건국 설화를 5언시체로 재구성하여 서술하였다.

10 다음과 같이 주장한 인물로 옳은 것은?

> 본성에는 원래 번뇌가 없고 완전한 지성이 스스로 갖추어져 부처와 조금도 다르지 않음을 깨닫게 되는 것이다. 이렇게 깨달은 다음에는 그것을 점차 닦아 나가는 종교적 실천이 뒤따라야 한다. 비록 돈오하였다 하더라도 오랜 동안에 걸쳐 젖어 온 습관이 모두 제거된 것은 아니기 때문이다.

① 의천   ② 균여
③ 지눌   ④ 요세

하프모의고사 08회 고려의 발전(3)

01 고려의 군사 제도에 대한 설명으로 옳은 것은?

① 지방의 육군은 진관 체제로 편성하였다.
② 북방의 양계 지역에는 주현군을 따로 설치하였다.
③ 중앙군인 응양군과 용호군은 왕의 친위 부대였다.
④ 중앙군으로 10위를 두고 그 밑에 지방군이 있었다.

02 밑줄 친 '그'에 대한 설명으로 옳은 것은?

그는 기존의 보수적 사대주의 관료들과 대립하였으며, 풍수지리설을 내세워 서경이 '밝은 왕'이 나와 천하를 다스릴 곳이라 주장했다. 특히 그는 서경에 대화궁을 건설하고 고려 왕을 황제로 추대하려 하였다.

① 척준경과 함께 난을 일으켰다.
② 전민변정도감 설치를 건의하였다.
③ 영통사 대각국사비의 비문을 지었다.
④ 국호를 대위, 연호를 천개로 정하고 반란을 일으켰다.

03 밑줄 친 '왕' 재위 시기의 사실로 옳은 것은?

왕 6년, 비서성에 소장된 문적의 판본들이 쌓여 있다가 훼손되었으므로 국자감에 서적포를 설치하여 옮겨 소장한 뒤 이를 널리 베끼거나 인쇄할 것을 명하였다.

① 주전도감을 설치하였다.
② 삼군도총제부를 설치하였다.
③ 정동행성 이문소를 폐지하였다.
④ 속군과 속현에 감무를 파견하기 시작하였다.

04 밑줄 친 '왕'의 업적으로 옳은 것은?

이자겸, 척준경이 말하기를 "금이 예전에는 작은 나라여서 요와 우리나라를 섬겼으나, 지금은 갑자기 흥성하여 요와 송을 멸망시켰다. …… 작은 나라로서 큰 나라를 섬기는 것은 선왕의 도이니, 마땅히 우선 사절을 보내야 합니다."라고 하니, 왕이 그의 의견을 따랐다.

① 주현공거법을 제정하였다.
② 물가 조절 기구인 상평창을 설치하였다.
③ 광군을 조직하여 거란의 침입에 대비하였다.
④ 국자감의 교육 과정을 경사 6학으로 정비하였다.

05 (가)에 들어갈 군대로 옳은 것은?

처음으로 (가) 을/를 설치하였다. 문무 산관과 이서로부터 상고·복예 및 주·부·군·현에 이르기까지 무릇 말을 가진 자는 신기군으로 삼고, 말을 가지지 않은 자는 신보군·도탕군 등에 속하게 하였다. 나이 20세 이상인 남자 가운데 과거 응시자가 아니면 모두 신보군에 속하게 하고, 양반과 더불어 여러 부대의 군인들은 1년 내내 훈련하였다. 또 승도를 선발하여 항마군으로 삼았다.

① 도방   ② 삼별초
③ 별무반 ④ 별기군

06 다음 자료를 통해 알 수 있는 시기의 경제 상황으로 옳은 것을 모두 고른 것은?

> 벽란정은 예성항의 연안 옆에 있으며, 왕성에서 30리 떨어져 있다. 사신이 연안에 닿으면 군사들이 호위하는 가운데에 조서를 맞아 인도하여 벽란정에 들어간다. …… 왕성의 백성들은 대개 해가 떠있는 동안에 모여 자신들이 가지고 있는 것을 교역하는데 저포(紵布)나 은병(銀甁)으로 값을 계산하였다.

> ㉠ 초량의 왜관을 통해 일본과 교역하였다.
> ㉡ 경시서에서 도성의 상업을 감독하였다.
> ㉢ 보부상을 통해 장시의 유통망이 연결되었다.
> ㉣ 후기에 관청 수공업이 쇠퇴하고 민간 수공업이 발달하였다.

① ㉠, ㉡
② ㉠, ㉢
③ ㉡, ㉢
④ ㉡, ㉣

07 밑줄 친 '왕' 대의 사회 정책으로 옳은 것은?

> 왕 14년 7월에 국학에서 처음으로 양현고를 설치하고 선비를 양성하게 하였다. 국초부터 진작 국자감에 문선왕묘를 세우고 관원과 스승을 두었으며 …… 이름 있는 선비를 선발하여 학관과 박사로 삼아 경의를 강론하여 가르치고 이끌게 하였다.

① 의창을 설치하였다.
② 제위보를 설치하였다.
③ 구제도감을 설치하였다.
④ 사창제를 실시하였다.

08 다음 자료에 나타난 유물에 대한 설명으로 옳지 않은 것은?

> 산예출향(사자 모양의 향로) 역시 비색인데, 위에는 짐승이 웅크리고 있고 아래에는 봉오리가 벌어진 연꽃 무늬가 받치고 있고 여러 그릇들 가운데 이 물건이 가장 정밀하고 뛰어나다.

① 강진과 부안이 생산지로 유명하였다.
② 고려의 독창적인 상감법이 적용되었다.
③ 원 간섭기 이후에는 제작 기법이 퇴조하였다.
④ 평민들이 일상용품으로 사용할 정도로 널리 보급되었다.

09 밑줄 친 '스님'에 대한 설명으로 옳은 것은?

> 이 스님은 북악(北岳)의 법통을 이으신 분이다. …… 스님은 항상 남악과 북악의 종지(宗旨)가 서로 모순되며 분명해지지 않음을 탄식하여, 많은 분파가 생기는 것을 막아 한 길로 모이기를 바랐다.

① 유불 일치설을 주장하였다.
② 해동 천태종을 창시하였다.
③ 『천태사교의』를 저술하였다.
④ 성상융회 사상을 주장하였다.

10 밑줄 친 '이 양식'으로 지어진 고려 시대의 목조 건축물로 옳은 것은?

> 이 양식은 지붕의 무게를 받치기 위해 기둥 상단에 짜올린 공포(두공)를 각 기둥의 사이에까지 배치한 것이 특징이다. 중국에서는 요나라 때 화북 지방을 중심으로 유행하였으며, 우리나라에는 대체로 원나라의 영향을 받아 고려 말에 유입된 것으로 추정된다.

① 사리원 성불사 응진전
② 영주 부석사 무량수전
③ 안동 봉정사 극락전
④ 예산 수덕사 대웅전

하프모의고사 09회 고려의 발전(4)

01 다음 사건을 시기순으로 바르게 나열한 것은?

㉠ 박서가 귀주성에서 몽골군을 맞서 싸웠다.
㉡ 충주 다인철소 주민들이 항쟁하여 몽골군을 격퇴하였다.
㉢ 김윤후가 이끄는 군대가 처인성에서 살리타를 사살하였다.
㉣ 삼별초가 왕족인 승화후 온(溫)을 추대하고 항몽 정권을 수립하였다.

① ㉠ - ㉡ - ㉢ - ㉣
② ㉠ - ㉢ - ㉡ - ㉣
③ ㉢ - ㉠ - ㉣ - ㉡
④ ㉣ - ㉠ - ㉢ - ㉡

02 (가)~(라) 시기에 일어난 사건으로 옳은 것은?

(가)	(나)	(다)	(라)	
정중부 집권	경대승 집권	이의민 집권	최충헌 집권	최우 집권

① (가) - 경주에서 이비와 패좌가 반란을 일으켰다.
② (나) - 최광수가 서경에서 고구려 부흥을 표방하며 봉기하였다.
③ (다) - 김사미와 효심이 운문과 초전에서 난을 일으켰다.
④ (라) - 이연년 형제가 백제 부흥을 표방하며 난을 일으켰다.

03 다음 사건이 일어난 왕 대의 사실로 옳은 것은?

왜선 300여 척이 전라도 진포에 침입했을 때 조정에서 최무선의 화약을 시험해 보고자 하였다. 최무선은 부원수에 임명되어 심덕부, 나세와 함께 배를 타고 화구(火具)를 싣고 바로 진포에 이르렀다. 왜구는 화약이 있는 줄 모르고 배를 한곳에 집결하여 힘을 다하여 싸우려고 하자, 최무선이 화포를 발사해 그 배들을 다 태워 버렸다.

① 원의 수시력을 채택하였다.
② 홍자번이 편민 18사를 건의하였다.
③ 최영이 홍산 전투에서 왜구를 물리쳤다.
④ 중서문하성과 상서성이 합쳐져 첨의부가 되었다.

04 다음 사실이 있었던 왕 대의 설명으로 옳은 것은?

○ 전농사를 설치하여 국가 제사 때 쓰이는 곡식을 관장하게 하였다.
○ 왕실의 족내혼을 금지하고, 왕실 종친과 혼인 관계를 맺을 수 있는 15개의 귀족 가문을 재상지종으로 지정하였다.

① 당백전을 발행하였다.
② 각염법을 시행하였다.
③ 서적원을 설치하였다.
④ 명이 철령위 설치를 통보하였다.

05 다음과 같은 문화 경향이 나타난 시기의 상황으로 옳은 것은?

○ 향가의 형식을 계승한 경기체가가 등장하였다.
○ 『국선생전』, 『죽부인전』 등 사물을 의인화하여 일대기를 구성한 가전체 소설이 유행하였다.

① 발해 유민들이 유입되었다.
② 중방이 국정을 주도하였다.
③ 삼국 부흥 운동이 전개되었다.
④ 왜구의 침입이 크게 늘어났다.

06 고려의 대외 교류에 대한 설명으로 옳은 것은?
① 책문 후시를 통해 중국과의 무역을 전개하였다.
② 상경-동경-동해로 이어지는 교역로를 통해 일본과 교류하였다.
③ 서해안의 해로를 통해 송나라와 가장 활발하게 교류하였다.
④ 북진 정책으로 인해 거란, 여진 등과는 교역하지 않았다.

07 고려 시대 형률 제도에 대한 설명으로 옳은 것을 모두 고른 것은?

㉠ 행정과 사법이 명확하게 분리·독립되어 있었다.
㉡ 처벌에 있어서 배상제를 실형주의보다 우위에 두었다.
㉢ 귀양형을 받은 자가 부모상을 당하면 7일간의 휴가를 주었다.
㉣ 당나라의 법률을 바탕으로 하였으나 대부분 관습법을 따랐다.

① ㉠, ㉡   ② ㉠, ㉣   ③ ㉡, ㉢   ④ ㉢, ㉣

08 (가)에 들어갈 책으로 옳은 것은?

인종이 평장사 최윤의 등 17명의 신하에게 명하여 옛날과 지금의 서로 다른 예문을 모아 참작하고 절충하여 50권의 책으로 만들고 …… 나의 부친이 이를 보충하여 두 본(本)을 만들어 한 본은 예관에게 보내고 한 본은 집에 간수하였다. …… 천도할 때 예관이 다급한 상황에서 미처 그것을 싸 가지고 오지 못했으니 …… (가) 28본을 인쇄한 후 여러 관청에 나누어 보내 간수하게 했다.

① 재조대장경   ② 『직지심체요절』
③ 『의궤』   ④ 『상정고금예문』

09 (가) 승려에 대한 설명으로 옳은 것은?

(가) 은/는 『묘종초』를 설법하기 좋아하여 언변과 지혜가 막힘이 없었고, 대중에게 참회를 닦기를 권하였다. …… 임진년에 처음 보현도량을 결성하고 법화삼매를 수행하여, 극락정토에 왕생하기를 구하였는데, 모두 천태삼매의를 그대로 따랐다. 오랫동안 법화참을 수행하고 전후에 권하여 발심시켜 이 경을 외우도록 하여 외운 자가 1,000여 명이나 되었다. - 만덕산 백련사 원묘국사 비명

① 『신편제종교장총록』을 편찬하였다.
② 수행 방법으로 교관겸수를 주장하였다.
③ 불교의 실천성을 강조하여 지방민의 적극적인 호응을 얻었다.
④ 불교계 폐단을 개혁하기 위해 9산 선문의 통합을 주장하였다.

10 고려 시대의 관학 교육에 대한 설명으로 옳지 않은 것은?
① 예종 때 국자감에 7재를 설치하였다.
② 성종 때 교육 장학 재단인 학보를 설치하였다.
③ 국자감은 유학부와 기술학부로 나누어져 있었다.
④ 지방에 향교를 설치하고 박사와 교수를 파견하였다.

10일 하프모의고사 10회 조선의 발전(1)

01 (가) 인물에 관한 설명으로 옳은 것은?

> [(가)] 이/가 아뢰기를 "소격서가 요사하고 허망함은 이미 경연에서 다 아뢰었고, 전하께서도 그것이 허망함을 환히 아시니 지금 다시 말할 것이 없습니다. 그러나 이 일은 전하께서 스스로 통렬히 혁파하셔야 하는데 …… 속히 결단하셔야 합니다."

① 만권당에서 원의 학자들과 교류하였다.
② 서리망국론을 통해 서리의 폐단을 지적하였다.
③ 훈구 세력을 견제하기 위해 위훈 삭제를 추진하였다.
④ 『경제문감』을 저술하여 재상 중심의 정치를 주장하였다.

02 다음 교서를 내린 왕에 대한 설명으로 옳은 것은?

> 삼강은 인도의 근본이니, 군신·부자·부부의 도리를 먼저 알아야 할 것이다. 이제 내가 유신에게 명하여 고금의 사적을 편집하고 아울러 그림을 붙여 만들어 이름을 '삼강행실'이라 하고, 인쇄하게 하여 서울과 외방에 널리 펴고자 한다.

① 사형의 판결에는 삼복법을 적용하였다.
② 사병을 혁파하고 양전 사업을 실시하였다.
③ 훈구 세력을 견제하기 위해 사림을 적극 중용하였다.
④ 『국조오례의』를 완성하여 국가의 예법과 절차를 정하였다.

03 밑줄 친 '내'가 재위한 시기에 있었던 일로 옳은 것은?

> 상왕이 어려서 무릇 조치하는 바는 모두 김종서 등에게 맡겨 논의, 시행하였다. 지금 내가 명을 받아 왕통을 계승하여 군국 서무를 아울러 모두 처리하며, 조종의 옛 제도를 모두 복구한다. 지금부터 형조의 사형수를 제외한 모든 서무는 6조가 각각 그 직무를 담당하여 직계한다.

① 직전법이 폐지되었다.
② 4군 6진을 개척하였다.
③ 간경도감을 설치하였다.
④ 성균관에 존경각을 설치하였다.

04 다음 시조를 지은 인물의 업적으로 옳은 것은?

> 이런들 어떠하리 저런들 어떠하리
> 만수산 드렁칡이 얽혀진들 어떠하리
> 우리도 이같이 얽혀 백 년까지 누리리라

① 집현전의 기능을 확대하였다.
② 『경국대전』의 편찬을 시작하였다.
③ 주자소를 설치하고 계미자를 주조하였다.
④ 「여민락」을 짓고 정간보라는 악보를 창안하였다.

05 다음 업적이 있는 왕의 재위 시기의 사실로 옳은 것은?

○ 집현전을 계승한 홍문관을 설치하고 경연을 다시 시행하였다.
○ 음악의 원리와 악기 등을 정리한 『악학궤범』을 편찬하였다.

① 호패법이 처음 실시되었다.
② 김일손 등이 처형되었다.
③ 관수 관급제가 실시되었다.
④ 『이륜행실도』가 편찬되었다.

06 (가) 제도에 대한 설명으로 옳은 것은?

국왕이 말하길 "나는 일찍부터 (가) 을/를 시행해 여러 해의 평균을 파악하고 답험(踏驗)의 폐단을 영원히 없애려고 해왔다. 신하들부터 백성까지 두루 물어보니 반대하는 사람은 적고 찬성하는 사람이 많았으므로 백성의 뜻도 알 수 있다."

① 토지를 비옥도에 따라 6등급으로 구분하였다.
② 인징, 족징 등의 폐단을 없애기 위해 시행되었다.
③ 풍흉에 관계없이 1결당 4~6두를 조세로 징수하였다.
④ 토지 소유자에게 1결당 미곡 12두를 조세로 징수하였다.

07 조선 전기의 농업에 대한 설명으로 옳지 않은 것은?

① 밭농사는 조, 보리, 콩의 2년 3작이 행해졌다.
② 벼와 보리의 이모작이 전국적으로 확대되었다.
③ 농업 기술을 발달시키기 위해 『농사직설』이 간행되었다.
④ 시비법이 발달하여 경작지를 묵히지 않고 농사를 지을 수 있었다.

08 ㉠ 기구에 대한 설명으로 옳은 것은?

과거 ㉠ 의 사람들이 향촌에서 그 권위를 남용하여 불의를 저질렀으므로 그 폐단이 많았습니다. 그래서 선왕께서 폐지하셨던 것입니다. …… 토성 출신 가운데 서울에 살면서 벼슬하는 자들의 모임을 경재소라고 합니다. 경재소에서는 그 고향에 살고 있는 토성 중에서 강직하고 명석한 벼슬아치를 선택하여 ㉠ 에 두고 간사한 관리의 범법 행위를 서로 조사하고 살펴서 풍속을 유지시켰는데, 그 유래가 이미 오래되었습니다.

① 대성전을 두고 공자에게 제사를 지냈다.
② 향회의 명단인 향안을 작성하고 향규를 제정하였다.
③ 조광조가 처음 소개한 이후 전국적으로 확산되었다.
④ 삼국 시대부터 시작된 불교 신앙 조직에서 유래되었다.

09 (가)에 대한 설명으로 옳지 않은 것은?

(가) 은/는 역대 왕들의 행적을 기록한 역사서이다. (가) 은/는 왕이 죽은 후 임시 관청을 설치하여 편찬 작업이 이루어졌다. 편찬은 초초, 중초, 정초의 세 단계를 거쳐 이루어졌는데, 모든 작업이 끝나면 편찬에 사용된 기록을 모두 씻는 세초를 하였다.

① 세가, 지, 열전 등으로 구성되었다.
② 사관이 기록한 「사초」 등을 바탕으로 편찬하였다.
③ 조선 태조부터 제25대 철종까지의 역사를 기록하였다.
④ 임진왜란 전에는 춘추관을 비롯한 4대 사고에 보관하였다.

10 밑줄 친 '그'에 대한 설명으로 옳은 것은?

임금이 스스로 인격과 학식을 수양하기 위해 부단히 노력해야 한다는 점을 강조한 그의 학풍은 사림이 옛 체제를 비판하고 훈척과 투쟁하며 성장하던 시기에 성립·발전하였다. 이러한 그의 사상은 이후 일본에 전파되어 일본에서는 그를 '동방의 주자'라고 부르기도 하였다.

① 서인의 형성에 큰 영향을 주었다.
② 기(氣)보다는 이(理)의 절대성을 중시하였다.
③ 노장 사상을 포용하고 학문의 실천성을 강조하였다.
④ 다양한 개혁 방안을 제시한 『동호문답』을 저술하였다.

01 다음과 관련된 사건에 대한 설명으로 옳은 것은?

> 남곤이 나뭇잎의 감즙을 갉아 먹는 벌레를 잡아 모으고 꿀로 나뭇잎에다 '주초위왕' 네 글자를 많이 쓰고서 벌레를 놓아 갉아먹게 하였다. …… 벌레가 갉아먹은 나뭇잎을 물에 띄워 대궐 안의 어구에 흘려 보내어 중종이 보고 매우 놀라게 하였다.

① 소윤이 대윤에 대한 보복으로 옥사를 일으켰다.
② 훈구 세력은 조광조 일파를 모함하여 죽이거나 유배 보냈다.
③ 연산군은 생모인 윤씨의 사사 사건에 관여한 사림을 몰아냈다.
④ 훈구 세력이 김일손이 작성한 사초의 내용을 문제 삼아 사림을 축출하였다.

02 다음 내용과 관련된 전쟁에 대한 설명으로 옳은 것은?

> 황윤길은 그간의 일을 보고하면서 '필시 난리가 있을 것이다.'라고 하였다. 그러나 김성일은 '그러한 상황은 감지하지 못하였는데, 윤길이 인심을 동요시킨다.'라고 하였다. 임금께서 물으시길, "풍신수길은 어떻게 생겼던가?" 하니 윤길은 '눈빛이 빛나며 지략이 있는 사람'이라 평하였지만, 성일은 '눈이 쥐와 같아 두려워할 필요가 없다'고 하였다.

① 청과 군신 관계를 맺게 되었다.
② 황룡사 9층 목탑이 소실되었다.
③ 고경명 등의 의병장이 활약하였다.
④ 비변사가 설치되는 계기가 되었다.

03 밑줄 친 '왕'의 재위 기간에 일어난 사실로 옳은 것은?

> 왕이 어려서 즉위하여 모후가 수렴청정을 하고, 사림 간에 큰 옥사가 연달아 일어난 데다가 요승을 높이고 사랑하였으니 이는 모두 왕의 뜻은 아니었다. …… 부세는 무겁고 부역은 번거로웠으며 흉년으로 백성들이 고달파 임꺽정과 같은 도적이 성행하여 나라의 재력이 고갈되었다.

① 이몽학이 충청도 홍산에서 난을 일으켰다.
② 풍기 군수 주세붕이 백운동 서원을 세웠다.
③ 임신약조를 체결하여 무역 규모를 제한하였다.
④ 문정 왕후의 지원으로 승과 제도가 부활하였다.

04 조선 전기의 군사 제도에 대한 설명으로 옳지 않은 것은?

① 태조 때 삼군도총제부가 의흥삼군부로 개편되었다.
② 세조 때 지역 단위로 방어하는 제승방략 체제가 완성되었다.
③ 잡색군에 서리, 잡학인, 노비 등은 편성되었으나 농민은 제외되었다.
④ 지방군으로 국방상 요충지에 설치된 영이나 진에 복무하는 영진군이 있었다.

05 (가) 재위 시기의 사실로 옳은 것은?

내가 비록 부덕하더라도 일국의 국모 노릇을 한 지 여러 해가 되었다. (가) 은/는 선왕의 아들로, 나를 어미로 여기지 않을 수 없는데도 내 부모를 죽이고 품속의 어린 자식을 빼앗아 죽였으며, 나를 유폐하여 곤욕을 치르게 하였다. 어디 그뿐인가? 중국이 우리나라를 다시 일으켜 준 은혜를 저버리고, 속으로 다른 뜻을 품고 오랑캐에게 성의를 베풀었다.

① 장용영을 설치하였다.
② 기유약조를 체결하였다.
③ 북벌 운동을 전개하였다.
④ 왕이 남한산성으로 피난하였다.

06 (가)에 들어갈 토지 제도로 옳은 것은?

양지가 상소하였다. "과전은 사대부를 기르는 것입니다. 장차 (가) 을/를 두려고 한다는데, 조선의 신하는 (가) 을/를 받게 되지만 벼슬에서 물러난 신하와 공경대부의 자손들은 1결의 토지도 가질 수 없게 됩니다.

① 녹과전   ② 역분전
③ 직전법   ④ 전시과

07 (가) 신분층에 대한 설명으로 옳은 것은?

무릇 (가) 을/를 매매할 때는 관청에 신고하여야 하며 사사로이 합의하여 매매한 경우에는 관청에서 (가) 와/과 대가로 받은 물건을 모두 몰수한다. 나이 16세 이상 50세 이하는 가격이 저화 4천 장, 15세 이하 51세 이상은 3천 장이다.

① 조세와 역의 의무가 있었다.
② 법적으로는 과거에 응시할 수 있었다.
③ 신분상으로는 양인에 속하였으나 천대받았다.
④ 유외잡직이라 불리는 하급 기술직에 임명되기도 하였다.

08 밑줄 친 '이곳'에 대한 설명으로 옳은 것은?

이곳은 성현에 대한 제사와 유생의 교육을 위해 부·목·군·현에 하나씩 설치되었으며, 중앙에서 교수와 훈도를 파견하였다. 이곳에 대한 관리는 수령 7사에 포함시켜 수령의 평가 기준으로 삼기도 하였다.

① 문헌공도라고 불리기도 하였다.
② 군현의 인구 비례로 정원을 배정하였다.
③ 흥선 대원군 집권기에 대부분 혁파되었다.
④ 입학 자격은 생원, 진사를 원칙으로 하였다.

09 (가) 왕 재위 시기의 과학 기술 발전에 대한 설명으로 옳지 않은 것은?

(가) 이/가 말년에 내불당을 지었는데, 대신이 간했으나 듣지 않았고 집현전 학사들이 간해도 역시 듣지 않았기 때문에, 학사들이 모두 물러나와 집으로 돌아가서 집현전이 텅 비었다. (가) 이/가 눈물을 흘리며 황희를 불러 이르기를, "집현전의 여러 선비들이 나를 버리고 가 버렸으니, 장차 어떻게 해야 하는가." 하니, 황희가 대답하기를, "신이 가서 달래겠습니다."하였다.

① 자격루와 앙부일구 등을 제작하였다.
② 경자자와 갑인자 등의 금속 활자를 주조하였다.
③ 신기전 100발을 동시에 발사할 수 있는 화차를 개발하였다.
④ 한양을 기준으로 천체 운동을 계산한 『칠정산』을 만들었다.

10 밑줄 친 '저'에 대한 설명으로 옳은 것은?

올해 저는 비로소 책을 완성하여 그 이름을 『성학집요』라고 하였습니다. 이것을 바치는 것은 결국 도를 전하는 책임을 전하께 바라는 것이라 해도 지나치지 않습니다. …… 저의 정력을 이 책에 다 쏟았으니, 만일 항상 책상 위에 두시고 열람해 주신다면 전하께서 천부적인 덕성과 왕의 도리를 배우는 데 다소나마 도움이 없지 않을 것입니다.

① 예안 향약을 만들었다.
② 구도장원공이라고 불렸다.
③ 백운동 서원을 설립하였다.
④ 『조선경국전』을 저술하였다.

조선 후기 12일 하프모의고사 12회 조선의 변화(1)

제한 시간 7분 타이머를 맞추고 시작하세요.

01 밑줄 친 '왕'의 재위 시기에 있었던 사실로 옳은 것은?

> 왕이 말하기를, "우리나라의 모든 일은 모두 송나라의 제도를 모방하였는데 여러 왕의 글은 아직 봉안할 곳이 없었다. 이에 후원에 규장각을 세우고 이미 왕의 글들을 모셨으니 관리하는 관원이 없을 수 없다. …… 이에 관제(官制)를 세우고 직무를 분담하게 하니 점차 형세를 갖추었다.

① 『속대전』을 편찬하여 법률을 정비하였다.
② 홍경래 등의 봉기로 정주성이 점령되었다.
③ 신해통공을 단행해 상업 활동의 자유를 확대하였다.
④ 민간의 광산 개발을 허용하는 설점수세제를 처음 실시하였다.

02 (가)에 들어갈 명칭으로 옳은 것은?

> 국왕의 행차가 서울로 돌아왔으나, …… 이때에 임금께서 (가) 을/를 설치하여 군사를 훈련시키라고 명하시고 나를 그 책임자로 삼으시므로, …… 얼마 안 되어 수천 명을 얻어 조총 쏘는 법과 창, 칼 쓰는 기술을 가르치게 하였다.

① 어영청   ② 수어청
③ 훈련도감 ④ 금위영

03 다음 내용과 관련된 시기에 일어난 사실로 옳은 것은?

> ○ 60여 년 동안 안동 김씨나 풍양 조씨 같은 왕의 외척 세력이 권력을 행사하였다.
> ○ 각 지방의 수령과 향리들의 부당한 조세 수탈이 사회적 문제가 되었다.
> ○ 신분제가 붕괴되고 사회적 불만이 누적되었다.

① 준론 탕평 정책이 시행되었다.
② 비변사로의 권력 집중이 심화되었다.
③ 훈구 대신과 사림의 충돌로 사화가 발생하였다.
④ 왕실 예법을 둘러싸고 예송 논쟁이 발생하였다.

04 (가) 왕의 업적으로 옳은 것은?

> 정축년 2월에 (가) 은/는 소현 세자와 함께 인질로 심양에 갔다. 북행(北行)을 떠나면서부터 대궐을 더욱 간절하게 그리워했다. …… 소현 세자와 같은 관사에 거처하고 있었는데 형제 사이의 정성과 우애가 지극하였으므로 간간이 난처한 일이 있었어도 정성을 다하여 주선하여 기미가 밖으로 드러나는 경우가 없었으며 화기애애하여 사람들이 이간할 수 없었다.

① 『무예도보통지』를 편찬하였다.
② 김육 등의 건의로 시헌력을 채택하였다.
③ 명나라의 요청으로 중국에 원병을 파견하였다.
④ 우리나라의 문물을 정리한 『동국문헌비고』를 편찬하였다.

05 다음 상황이 나타난 시기의 경제 모습으로 옳지 않은 것은?

> 이른바 도고는 도성 백성이 견디기 어려운 폐단입니다. 근래에 물가가 뛰어오르는 것은 전적으로 부유한 도고가 돈을 많이 가지고서 높은 값으로 서울과 지방의 물건을 마구 사들여 저장해 두었다가, 때를 보아 이득을 노리기 때문입니다. 귀한 것, 천한 것 모두 그들이 장악하고 가격도 그들의 마음대로 하니 그 폐단으로 인해 백성이 더욱 어렵습니다.

① 장시가 전국적으로 확산되었다.
② 덕대가 광산을 전문적으로 경영하였다.
③ 지대 납부 방식이 타조법으로 바뀌어갔다.
④ 객주나 여각을 중심으로 금융업, 운송업 등이 발달하였다.

06 조선 시대의 서얼에 대한 설명으로 옳은 것은?
① 규장각 검서관에 등용되기도 하였다.
② 장례원을 통해 국가의 관리를 받았다.
③ 특정 직역을 세습하고 같은 신분 안에서 혼인하였다.
④ 법적으로 모든 관직에 나아갈 길이 금지되어 있었다.

07 조선 후기의 역사서에 대한 설명으로 옳은 것을 모두 고른 것은?

> ㉠ 『발해고』 – 유득공이 남북국이라는 용어를 처음 사용하였다.
> ㉡ 『금석과안록』 – 안정복이 단군 조선부터 고려 말까지의 역사를 강목체로 정리하였다.
> ㉢ 『해동역사』 – 한치윤이 중국 및 일본의 자료를 참고하여 편찬하였다.
> ㉣ 『연려실기술』 – 이익이 우리나라와 중국의 문화를 백과사전식으로 정리하였다.

① ㉠, ㉡   ② ㉠, ㉢   ③ ㉡, ㉣   ④ ㉢, ㉣

08 다음 내용과 관련된 학문에 대한 설명으로 옳지 않은 것은?

> 본래 사람의 생리 속에는 밝게 깨닫는 능력이 있기 때문에 스스로 두루 잘 통해서 어둡지 않게 된다. 따라서, 불쌍히 여길 줄 알고 부끄러워하거나 미워할 줄 알며 사양할 줄 알고 옳고 그름을 가릴 줄 아는 것 가운데, 어느 한 가지도 못하는 것이 없다. 이것이 본래 가지고 있는 덕이며 이른바 양지(良知)라고 하는 것이니, 또한 인(仁)이라고도 한다.

① 이황에 의해 이단으로 비판받았다.
② 중종 대에 우리나라에 처음 전해졌다.
③ 정제두에 의해 체계적으로 연구되어 발전하였다.
④ 조선 후기에 노론 세력에 의해 적극적으로 수용되었다.

09 다음 내용을 주장한 인물에 대한 설명으로 옳은 것은?

> 중국과 서양은 180도 정도 차이가 난다. 중국인은 중국을 중심으로 삼고 서양을 변두리로 삼으며, 서양인은 서양을 중심으로 삼고 중국을 변두리로 삼는다. 그러나 실제는 …… 중국도 변두리도 없이 모두가 중심이다.

① 지전설과 무한 우주론을 주장하였다.
② 농촌 생활 백과사전인 『임원경제지』를 편찬하였다.
③ 형옥에 관한 실무 지침서인 『흠흠신서』를 저술하였다.
④ 우주 현상과 지리 등에 대해 정리한 『지구전요』를 편찬하였다.

10 다음 주장을 한 인물에 대한 설명으로 옳은 것은?

> 국가는 마땅히 한 집의 재산을 헤아려 전(田) 몇 부(負)를 한정하여 1호(戶)의 영업전으로 삼는다. 그렇다고 해서 많이 소유한 자의 것을 줄이거나 빼앗지 않고, 모자라게 소유한 자라고 해서 더 주지 않는다. 돈이 있어 사고자 하는 자는 비록 천백 결(結)이라도 모두 허가하고, 토지가 많아 팔고자 하는 자도 단지 영업전 몇 부 이외에는 역시 허가한다.

① 『기언』을 통해 6조의 기능 강화를 주장하였다.
② 사농공상의 직업적 평등과 전문화를 주장하였다.
③ 화폐로 인해 발생하는 폐단을 지적하며 폐전론을 주장하였다.
④ 『열하일기』에서 청의 문물을 소개하고 수레와 선박의 필요성을 강조하였다.

01 밑줄 친 '왕'의 업적으로 옳지 않은 것은?

왕이 국초에 있었던 전례에 따라 창덕궁의 진선문과 시어소의 건명문 남쪽에 신문고를 다시 설치하도록 명하였다. 그리고 하교하기를, "이와 같이 옛 법을 회복한 후 …… 신문고의 전면과 후면에 '신문고'라고 세 글자를 써서 모든 백성이 알게 하라."고 하였다.

① 서원의 수를 대폭 줄였다.
② 초계문신제도를 실시하였다.
③ 압슬형 등의 가혹한 악형을 없앴다.
④ 준천사를 설치하고 청계천 준설 사업을 추진하였다.

02 다음 자료와 관련된 왕의 재위 기간에 있었던 사실로 옳은 것은?

○ 대동법을 전국적으로 실시하고, 상평통보를 법화로 지정하였다.
○ 창덕궁에 대보단을 짓고 명나라 신종 황제를 위해 제사를 올렸다.

① 기유처분이 발표되었다.
② 5군영 체제가 완비되었다.
③ 공노비 6만여 명을 해방하였다.
④ 『탁지지』와 『추관지』가 편찬되었다.

03 다음은 예송 논쟁과 관련된 주장이다. (가), (나)를 주장한 각 붕당에 대한 설명으로 옳은 것은?

예조가 아뢰기를, "자의 왕대비께서 선왕의 상에 입어야 할 복제를 결정해야 하는데, 어떤 사람은 (가) 삼년복을 입어야 한다고 하고 어떤 사람은 (나) 기년복을 입어야 한다고 하니 어떻게 결정해야 할지 모르겠습니다." 라고 하였다. 이에 국왕은 여러 대신에게 의견을 물은 다음 기년복으로 결정하였다.

① (가)를 주장한 붕당은 조식 학파를 중심으로 형성되었다.
② (가)를 주장한 붕당은 인현 왕후의 복위를 주장하였다.
③ (나)를 주장한 붕당은 광해군의 중립 외교를 지지하였다.
④ (나)를 주장한 붕당은 경신환국 이후 노론과 소론으로 분열하였다.

04 밑줄 친 '이 제도'로 옳은 것은?

이 제도를 제정하여 공물을 각종 현물 대신 쌀로 통일하여 징수하였고, 과세의 기준도 종전의 가호에서 토지의 결수로 변경하였다. 또 쌀을 납부하기 어려운 지방에서는 포목, 동전 등으로 대신하도록 하였다.

① 공법
② 호포법
③ 균역법
④ 대동법

05 다음과 같은 사회 현상에 대한 설명으로 옳지 않은 것은?

> 경상도 영덕의 오래되고 유력한 가문은 모두 남인이고, 이른바 신향(新鄕)은 서인이라고 자칭하는 자들입니다. 요즘 서인이 향교를 장악하면서 구향(舊鄕)과 마찰을 빚고 있던 중, 주자의 초상화가 비에 젖자 신향은 자신들이 비난을 받을까 봐 책임을 전가시킬 계획을 꾸몄습니다.

① 수령의 권한이 약화되는 계기가 되었다.
② 세도 정치 아래에서 농민 수탈이 극심해지는 배경이 되었다.
③ 경제력을 바탕으로 성장한 부농층은 향임직에 진출하였다.
④ 구향은 동족 마을을 형성하고, 촌락 단위의 동약을 실시하였다.

06 조선 후기의 신분제와 관련된 설명으로 옳지 않은 것은?

① 서얼의 청요직 진출이 부분적으로 허용되었다.
② 양반의 수는 늘어나고 상민과 노비의 수는 줄어들었다.
③ 양천제가 해체되면서 반상제를 법제적 신분제로 규정하였다.
④ 노비는 군공과 납속 등을 통해서 자신의 신분을 상승시킬 수 있었다.

07 밑줄 친 '나'에 대한 설명으로 옳은 것은?

> 경전에 실린 말들의 근본은 하나이나 그 실마리를 찾는 길은 수 천, 수 만 갈래이다. 즉 "한 가지 이치에서 백 가지 생각이 나오고, 결론은 같으면서도 그곳에 이르는 방법은 다르다"는 것이다. …… 그러므로 여러 사람의 장점과 생각들을 널리 모아야 비로소 완전하게 되는 것이다. 이에 나는 좁은 소견으로 터득한 것을 모아 책을 만들어 『사변록』이라 이름하였다.

① 노론의 영수로 기사환국 때 사사되었다.
② 백과사전식의 『지봉유설』을 저술하였다.
③ 청의 정세 변화를 기회로 북벌을 주장하였다.
④ 『색경』을 저술하여 농업 기술 발전에 이바지하였다.

08 밑줄 친 '이 책'에 대한 설명으로 옳은 것은?

> 이 책은 선조의 명으로 편찬이 시작되어 광해군 때 완성되었다. 한국과 중국의 서적 500여 권을 참조하여 편찬된 의학 서적으로 '동양 의학의 정수'라고 평가받았으며, 2009년에 유네스코 세계 기록유산에 등재되었다.

① 중국과 일본에서도 간행되었다.
② 허임이 저술하여 침구술을 집대성하였다.
③ 현존하는 우리나라의 가장 오래된 의학서이다.
④ 사람의 체질을 네 가지로 구분하여 치료법을 소개하였다.

09 밑줄 친 '문화'에 해당하는 내용으로 옳지 않은 것은?

> 이 시기에 농업 생산량이 늘어나고 상업이 발달하면서 경제적으로 여유 있는 서민들이 생겨났다. 서민들이 문화와 예술에 차츰 관심을 갖기 시작하면서 이들의 생각과 감정이 솔직하게 표현된 새로운 문화가 나타났다.

① 판소리, 잡가 등이 유행하였다.
② 양반의 위선을 풍자한 탈춤이 유행하였다.
③ 해인사 장경판전 등의 사원 건축물이 지어졌다.
④ 중인층을 중심으로 시사가 결성되어 문학 활동을 벌였다.

10 다음과 같이 주장한 인물에 대한 설명으로 옳은 것은?

> 검소하다는 것은 물건이 있어도 남용하지 않는 것을 말하는 것이지, 자신에게 물건이 없다 하여 스스로 단념하는 것을 말하는 것이 아니다. …… 이것은 물건을 이용하는 방법을 모르기 때문이다. 이용할 줄 모르니 생산할 줄 모르고, 생산할 줄 모르니 백성은 나날이 궁핍해지는 것이다.

① 『과농소초』에서 한전제를 주장하였다.
② 화성 건설을 위해 거중기를 설계하였다.
③ 정조 때 규장각 검서관으로 등용되었다.
④ 우리 역사를 체계화한 『동사강목』을 저술하였다.

01 밑줄 친 '이 기구'에 대한 설명으로 옳은 것은?

> 영의정이 아뢰기를, "이 기구가 설치되면서 의정부가 한가한 관청이 된 것은 그 이름과 실지를 헤아려볼 때 식견 있는 사람들이 항상 개탄해왔습니다. …… 이 기구를 창설한 것도 이미 300년이나 되었으니, 아직은 국왕에게 아뢰거나 관리 후보자를 추천하는 등의 일은 두 관청에 적당히 나누어 담당시켜 마치 송나라 때에 중서성과 추밀원에서 하던 것과 마찬가지로 해야 할 것입니다."하니, 하교하기를, "이로서 정식을 삼으라."하였다.
> — 「고종실록」

① 삼포왜란을 계기로 상설 기구가 되었다.
② 왕명 출납을 맡은 왕의 비서 기관이었다.
③ 조광조를 비롯한 사림의 건의로 혁파되었다.
④ 임진왜란 이후 군사 및 정무 전반을 관할하였다.

02 다음 내용과 관련된 사절단에 대한 설명으로 옳지 않은 것은?

> 일본 사람이 우리나라의 시문을 구하여 얻은 자는 귀한 사람, 천한 사람, 현명한 사람, 아둔한 사람을 막론하고 우러러보기를 신선처럼 하고 보배로 여기기를 주옥처럼 하지 않음이 없어, 비록 가마를 메고 말을 모는 천한 사람이라도 조선 사람의 해서(楷書)나 초서(草書)를 두어 글자만 얻으면 모두 손으로 이마를 받치고 감사의 성의를 표시한다.
> — 「해유록」

① 매년 정기적으로 파견되었다.
② 국왕의 외교 문서인 서계를 가지고 갔다.
③ 쇼군이 교체될 때 일본의 요청에 의해 파견되었다.
④ 이 사절단에 대한 기록이 유네스코 기록유산에 지정되었다.

03 밑줄 친 '왕' 재위 시기의 사실로 옳은 것은?

> 왕은 삼공 및 판서·승지 각 5인, 한림·주서 각 1인을 거느리고 삼전도에 따라 나아갔다. 멀리 바라보니 한(汗)이 앉아 있고 갑옷과 투구 차림에 활과 칼을 휴대한 자가 진을 치고 좌우에 응립하였다. …… 왕이 세 번 절하고 아홉 번 머리를 조아리는 예를 행하였다.

① 수어청이 설치되었다.
② 계해약조를 체결하였다.
③ 이인좌의 난이 일어났다.
④ 수원 화성이 축조되었다.

04 조선 후기의 수공업에 대한 설명으로 옳지 않은 것은?

① 납포장이 증가하였다.
② 선대제 수공업이 성행하였다.
③ 소(所)에서 수공업 제품을 생산하였다.
④ 철점, 사기점, 직조점 등이 확산되었다.

05 다음 상황이 나타난 시기의 화폐 경제에 대한 설명으로 옳지 않은 것은?

> 본래 구리는 대부분 나라 밖에서 들여왔으나, 양난 이후 총포를 찍고 동전을 내며 쓰임이 커지자 이를 충당하고자 동광을 여는 곳이 늘어나게 되었다. 개중 경기에서는 이천이 유명하였는데, 이천의 동광 개발과 함께 그 인근인 안성에 구리로 놋그릇을 만드는 공장이 번성하였다. 그 놋그릇이 전국 각지의 장시에서 팔려나가니, 『임원경제지』에 '본래 놋그릇은 왕가나 고관대작들이 쓰던 것이나 이제는 궁벽한 촌마을에도 놋그릇이 서너 벌씩 있다'고 한 연유가 바로 여기에 있다.

① 신용 화폐인 환·어음이 등장하였다.
② 화폐의 공급 부족으로 전황이 발생하였다.
③ 화폐로 조세와 소작료를 납부하는 비율이 증가하였다.
④ 교역의 활성화 및 산업의 발달로 고액 화폐인 은병이 주조되었다.

06 밑줄 친 '난'에 대한 설명으로 옳은 것은?

> 최근 남쪽에서 일어나는 난은 양민이 일으키는 것이 아니라 궁민(窮民)이 일으킨다. 이들은 생활할 만한 자산이 없으므로 밤낮 원망하고 난을 생각한 지 오래되었다. 비록 의리를 말하면서 그들을 타일러도 따르지 않는다. 요사이 남쪽 농민들의 소란은 대개 이들이 주동한 것이며 양민은 단지 협조자일 뿐이다.

① 조병갑의 수탈에 반발하여 일어났다.
② 몰락 양반인 유계춘이 봉기를 주도하였다.
③ 인삼 무역 등을 통해 봉기 자금을 마련하였다.
④ 선천, 정주 등 청천강 이북을 거의 장악하였다.

07 조선 후기의 가족 제도와 사회상에 대한 설명으로 옳은 것을 모두 고른 것은?

> ㉠ 일반적으로 남녀를 구분하지 않고 태어난 순서대로 족보에 기재하였다.
> ㉡ 입양 제도가 확대되고 부계 위주의 족보가 적극적으로 편찬되었다.
> ㉢ 문중이 주도하여 세운 서원과 사우가 급증하였다.
> ㉣ 혼인은 친영제에서 남귀여가혼으로 변화되었고, 재산은 균등하게 상속되었다.

① ㉠, ㉡   ② ㉠, ㉣   ③ ㉡, ㉢   ④ ㉢, ㉣

08 다음 서문이 실린 역사서로 옳은 것은?

> 부여씨가 망하고 고씨가 망함에 이르러 김씨가 그 남쪽을 차지하고, 대씨가 그 북쪽을 차지하고 …… 이를 남북국이라 한다. 마땅히 남북국의 역사책이 있어야 했는데, 고려가 이를 편찬하지 않은 것은 잘못된 일이다.

① 『택리지』   ② 『발해고』
③ 『성호사설』   ④ 『아방강역고』

09 다음은 호락 논쟁에 대한 내용이다. ㉠과 ㉡에 들어갈 내용들로 바르게 연결된 것은?

> 권상하, 한원진 등 호론으로 구분되는 호서(충청도)의 노론 인사들은 인간의 본성과 사물의 본성이 ㉠ 을 주장하였다. 이러한 사상은 근대 시기에 ㉡ 으로 계승되었다.

	㉠	㉡
①	같음	위정척사 사상
②	같음	개화 사상
③	다름	위정척사 사상
④	다름	개화 사상

10 다음 글을 쓴 인물에 대한 설명으로 옳은 것은?

> 오늘날 백성을 다스리는 자는 백성에게서 걷어들이는 데만 급급하고 백성을 부양하는 방법은 알지 못한다. …… '심서(心書)'라고 이름 붙인 까닭은 무엇인가? 백성을 다스릴 마음은 있지만 몸소 실행할 수 없기 때문에 그렇게 이름 붙인 것이다.

① 토지의 공동 소유와 공동 경작을 주장하였다.
② 흑산도로 유배를 가서 『자산어보』를 저술하였다.
③ 호민(豪民)이 나라의 중심이 되어야 한다고 주장하였다.
④ 신분에 따라 차등 있게 토지를 분배하는 균전론을 주장하였다.

01 (가), (나) 국가에 대한 설명으로 옳은 것은?

(가) 개마대산의 동쪽에 있는데, 큰 바닷가에 접해 있다. …… 그들은 장사를 지낼 적에는 큰 나무 곽(槨)을 만드는데 길이가 십여 장(丈)이나 되며 한쪽 머리를 열어 놓아 문을 만든다.

(나) 귀신을 믿어서 나라의 읍들이 각기 한 사람씩을 세워 천신에게 제사하는 것을 주관케 하였으니 그 이름을 천군이라 하였다. 나라마다 각각 소도라고 부르는 별읍이 있는데 큰 나무를 세우고 방울과 북을 매달아 귀신을 섬겼다.

① (가) - 매년 12월에 영고라는 제천 행사를 열었다.
② (가) - 읍군, 삼로 등의 군장이 각자 자기 부족을 다스렸다.
③ (나) - 혼인 풍속으로 매매혼의 일종인 민며느리제가 있었다.
④ (나) - 다른 부족의 영역을 침범하면, 노비와 소, 말로 변상하게 하였다.

02 밑줄 친 왕에 대한 설명으로 옳은 것은?

영동대장군 백제 사마왕은 나이가 62세 되는 계묘년 5월 임진일인 7일에 돌아가셨다. 을사년 8월 갑신일인 12일에 안장하여 대묘에 올려 뫼시며 기록하기를 이와 같이 한다.

① 금마저에 미륵사를 창건하였다.
② 신라 이찬 비지의 딸을 왕비로 맞이하였다.
③ 사비로 천도하고 국호를 남부여로 개칭하였다.
④ 지방에 22담로를 설치하고 왕족을 파견하였다.

03 밑줄 친 '그'에 대한 설명으로 옳은 것은?

그는 성 남쪽에다 술과 안주를 성대히 차려 두고, 여러 대신을 불러 함께 사열식을 보자고 하였다. 손님들이 이르자 모두 살해하니 모두 100여 명이었다. 그리고 말을 달려 궁궐로 들어가 왕을 시해하고, 왕의 시신을 잘라 여러 토막으로 내고 도랑에 버렸다. 이후 그는 왕의 동생의 아들 장(臧)을 왕으로 세우고 스스로 막리지가 되었다.

① 천리장성의 축조를 감독하였다.
② 수나라의 군대를 살수에서 격퇴하였다.
③ 신라에 투항하여 보덕국의 왕에 봉해졌다.
④ 한강 유역 수복을 위해 출정하였다가 전사하였다.

04 밑줄 친 '왕' 재위 기간의 사실로 옳은 것은?

왕 원년 윤 2월에 연등회를 다시 열었다. 나라의 풍속에 왕궁과 국도로부터 향읍에 이르기까지 정월 보름날이 되면 이틀 밤에 걸쳐 연등을 하였는데, 이전에 혁파하였던 것을 이때 이르러 다시 연 것이다.

① 국자감을 설치하였다.
② 초조대장경의 조판을 시작하였다.
③ 삼한통보와 해동통보 등의 화폐를 주조하였다.
④ 국가 수입 증대를 위해 주현공부법을 처음 실시하였다.

05 (가)와 고려의 관계에 대한 설명으로 옳은 것은?

　　(가)　에서 사신을 파견하여 낙타 50필을 보냈다. 왕은 　(가)　이/가 일찍이 발해와 지속적으로 화목하다가 갑자기 의심을 일으켜 맹약을 어기고 멸망시켰으니, 이는 매우 무도하여 친선관계를 맺을 이웃으로 삼을 수는 없다고 생각하였다. …… 낙타는 만부교 아래에 매어두니 모두 굶어죽었다.

① 박서가 귀주에서 (가)의 군대에 항전하였다.
② 이자겸이 (가)의 군신 관계 요구를 수용하였다.
③ 양규가 흥화진 전투에서 (가)의 군대를 물리쳤다.
④ (가)에서 저고여가 피살당한 것을 구실로 침입하였다.

06 다음 상황이 나타난 시기의 경제 모습에 대한 설명으로 옳은 것은?

　　주전도감에서 아뢰기를, "나라 사람들이 비로소 전폐(錢幣) 사용의 이로움을 알아 편리하게 되었으니 바라건대 종묘에 고하소서."라고 하였다. 이 해에 또한 은병을 사용하여 화폐로 삼았는데, 그 제도는 은 1근으로 만들고, 형상은 우리나라 지형으로 하였으며, 속칭 활구라고 하였다.

① 공물의 부과 기준이 가호에서 토지로 바뀌었다.
② 조세, 부역 등의 부과를 위해 민정 문서를 작성하였다.
③ 모내기법이 확산되어 벼와 보리의 이모작이 가능해졌다.
④ 소를 이용한 깊이갈이가 일반화되고 시비법이 발달하였다.

07 밑줄 친 '글'이 계기가 되어 일어난 사건의 결과로 옳은 것은?

　　어느 날 꿈에 신인이 나타나 "나는 초나라 회왕 손심(의제)인데, 서초 패왕(항우)에게 살해되어 강에 묻혀있다."라 하고 홀연히 사라졌다. 나는 꿈에서 깨어 놀라며 이르기를, '회왕은 초나라 사람이요, 나는 동이 사람으로 거리가 1만여 리가 되며, 세대의 선후도 역시 1000년이 훨씬 넘는데, 꿈속에 와서 감응하니, 이것이 무슨 상서로움일까?' 하였다. …… 드디어 글을 지어 조문하였다.

① 동인이 남인과 북인으로 갈리었다.
② 김일손 등의 사림 세력이 제거되었다.
③ 윤원형 세력이 윤임 세력을 축출하였다.
④ 현량과를 통해 등용된 사림이 화를 입었다.

08 밑줄 친 '이 기관'에 대한 설명으로 옳은 것은?

　　이 기관은 조선 시대의 언론 기관으로, 태종 때 문하부를 혁파하고 의정부를 설치하면서 문하부의 낭사가 독립한 것이다. 『경국대전』에 의하면 이 기관의 역할은 다음과 같다. "왕에게 간쟁하고, 정사의 잘못을 논박하는 직무를 관장한다."

① 옥당이라는 이름으로 불리기도 하였다.
② 발해의 중정대와 비슷한 업무를 수행하였다.
③ 반역죄, 강상죄 등을 범한 중죄인을 다스렸다.
④ 5품 이하 관리에 대한 서경권을 가지고 있었다.

09 다음 사건에 대한 설명으로 옳은 것은?

　　최명길을 보내 오랑캐에게 강화를 청하면서 그들의 진격을 늦추도록 하였다. 왕이 돌아와 수구문을 통해 남한산성으로 향했다. 이때 변란이 창졸간에 일어났으므로 신하들 중에는 간혹 도보로 따르는 자도 있었으며, 성 안 백성은 부자·형제·부부가 서로 흩어져 그들의 통곡소리가 하늘을 뒤흔들었다. 초경이 지나서 왕의 가마가 남한산성에 도착하였다.

① 훈련도감이 설치되는 계기가 되었다.
② 정묘약조가 체결되는 결과를 가져왔다.
③ 이여송이 이끄는 명의 지원병이 파견되었다.
④ 군신 관계를 맺는 조건으로 강화가 이루어졌다.

10 다음 인물에 대한 설명으로 옳은 것은?

○『금석과안록』에서 북한산비가 진흥왕 순수비임을 고증하였다.
○ 제주도 유배 생활 중 세한도를 그렸다.

① 『마과회통』을 저술하였다.
② 전국 지도인 대동여지도를 제작하였다.
③ 역대의 서체를 연구하여 추사체를 창안하였다.
④ 안평대군의 꿈을 바탕으로 몽유도원도를 그렸다.

근대 16일 하프모의고사 16회 근대 사회의 전개(1)

01 밑줄 친 '주상'이 재위하던 시기의 사실로 옳은 것은?

> 대왕대비가 전교하기를, "경복궁은 우리 왕조에서 수도를 세울 때 맨 처음으로 지은 정궁(正宮)이다. …… 그러나 불행하게도 전란에 의하여 불타버리고 난 다음에 미처 다시 짓지 못하였다. …… 우리 주상은 왕위에 오르기 이전부터 옛 왕들이 이 궁전을 사용하던 그 당시의 모습을 그리면서 한탄하였다. …… 이 궁전을 다시 지어 중흥의 큰 업적을 이루려면 여러 대신들과 논의해야 한다."고 하였다.

① 청과의 경계를 정한 백두산 정계비를 세웠다.
② 주문모, 이승훈 등의 천주교인들을 처형하였다.
③ 『대전통편』을 편찬하여 통치 체제를 정비하였다.
④ 양반에게도 군포를 징수하는 호포제를 추진하였다.

02 다음 사건에 대한 설명으로 옳은 것은?

> 그들 조선군은 비상한 용기를 가지고 응전하면서 성벽에 올라 미군에게 돌을 던졌다. 창칼로 상대하는데 창칼이 없는 병사들은 맨손으로 흙을 쥐어 적군 눈에 뿌렸다. 모든 것을 각오하고 한 걸음 한 걸음 다가드는 적군에게 죽기로 싸우다 마침내 총에 맞아 죽거나 물에 빠져 죽었다.

① 병인박해를 계기로 발생하였다.
② 어재연이 광성보에서 결사 항전하였다.
③ 제물포 조약이 체결되는 계기가 되었다.
④ 박규수가 평양 군민들과 함께 배를 불태웠다.

03 다음 상소문을 올린 인물에 대한 설명으로 옳은 것은?

> 저들의 욕심은 물화를 교역하는 데 있습니다. 저들의 물화는 대부분 수공 생산품이라 그 양이 무궁한 데 반하여, 우리의 물화는 대부분 백성들의 생명이 달린 것이고, 땅에서 나는 것으로 한정이 있는 것입니다.

① '시일야방성대곡'을 발표하였다.
② 왜양일체론을 주장하며 개항에 반대하였다.
③ 대한 광복회를 조직하여 친일 부호를 처단하였다.
④ 『화서아언』에서 서양 세력과의 항전을 주장하였다.

04 밑줄 친 내용이 원인이 되어 발생한 사건에 대한 설명으로 옳은 것은?

> 각하, 저는 조선의 작은 왕국에서 벌어진 참혹한 범죄 행위에 대해 공식적으로 알려드리려니 가슴이 아픕니다. …… 지난 3월 중에 조선을 복음화하고 있던 2명의 프랑스인 주교, 9명의 선교사 그리고 다수의 천주교인들이 학살당했습니다. 황제 폐하의 정부는 이토록 피를 바친 모욕을 징벌하지 않고 그냥 둘 수 없습니다. 조선의 왕이 우리의 불행한 동포들을 내리친 바로 그날이 그의 통치의 마지막 날이었습니다.

① 외규장각 도서가 약탈당하였다.
② 이용태가 안핵사로 파견되었다.
③ 영국 함대가 거문도를 점령하는 배경이 되었다.
④ 우리나라 최초의 근대적 조약이 체결되는 계기가 되었다.

05 밑줄 친 '조약'에 대한 설명으로 옳은 것은?

> 사신의 호칭은 수신사라 하고 김기수를 특별히 차출하고 따라가는 인원은 일을 아는 자로 적당히 가려서 보내십시오. 이는 수호 조약을 체결한 뒤에 처음 있는 일이니, 이번에는 특별히 당상관을 시켜 서계를 가지고 들어가게 하고, 이 뒤로는 서계를 옛날처럼 동래부에 내려 보내어 에도로 옮겨 보내는 것이 어떠하겠습니까?

① 최혜국 대우를 처음으로 규정하였다.
② 방곡령을 선포할 수 있는 조항을 명시하였다.
③ 부산 외 2곳에 개항장이 설치되는 결과를 가져왔다.
④ 체결 결과 조선이 일본 공사관 신축비를 지불하였다.

06 (가)에 대한 설명으로 옳은 것은?

> 미국은 제너럴셔먼호 사건을 구실로 통상을 요구해왔다. 이어 군함을 이끌고 강화도를 침략하였다. 조선군의 결사 항전과 정부의 통상 거부로 미군은 결국 퇴각했다. 그러나 개항 이후 조선 정부도 수교의 필요성을 인식하고 미국과 (가) 을(를) 체결하였다.

① 거중조정의 조항을 포함하였다.
② 조선 연해의 해양 측량권을 인정하였다.
③ 천주교 포교를 인정하는 근거가 되었다.
④ 수출입 상품에 대한 무관세를 규정하였다.

07 밑줄 친 '사건' 이후에 발생한 사실로 옳은 것을 모두 고른 것은?

> 너희 나라와 우리나라 사이에는 원래 왕래도 없었고, 은혜를 입거나 원수를 진 일도 없다. 이번 덕산 묘지에서 저지른 사건은 사람으로서 차마 할 수 있는 일이겠는가? 또한, 방비가 없는 것을 엿보아 몰래 들이닥쳐 소동을 일으키며, 무기를 빼앗고 백성들의 재물을 강탈하는 것도 사리로 볼 때 어찌 할 수 있는 일이겠는가?

㉠ 전국에 척화비가 세워졌다.
㉡ 한성근이 문수산성에서 항전하였다.
㉢ 운요호가 강화도에 접근하며 무력 시위를 하였다.
㉣ 제너럴셔먼호가 대동강에 나타나 통상을 요구하였다.

① ㉠, ㉡   ② ㉠, ㉢   ③ ㉡, ㉣   ④ ㉢, ㉣

08 다음 내용과 관련된 사건의 결과로 옳은 것은?

> 1. 흥선 대원군을 빨리 귀국시키고 종래 청에 행하던 조공의 허례를 폐지한다.
> 3. 지조법을 개혁하여 관리의 부정을 막고 백성을 보호하며 재정을 넉넉히 한다.
> 12. 모든 재정은 호조에서 관할한다.

① 보빙사가 파견되었다.
② 한성 조약이 체결되었다.
③ 통리기무아문이 설치되었다.
④ 묄렌도르프가 외교 고문으로 파견되었다.

09 다음 조약 체결의 배경이 된 사건에 대한 설명으로 옳은 것은?

> 제1관 지금부터 20일을 기한으로 조선국은 흉도들을 체포하여 그 수괴를 엄중히 심문하여 중죄에 처한다. 일본국이 파견한 인원은 공동으로 조사하여 다스린다. 기한 내에 체포하지 못할 경우 응당 일본국에서 처리한다.
> 제3관 조선국은 5만 원을 내어 해를 당한 일본 관리와 하급 직원의 유족 및 부상자에게 지급하여 특별히 돌보아 준다.
> 제5관 일본 공사관에 군사 약간을 두어 경비를 서게 한다.

① 명성황후가 옥호루에서 살해되었다.
② 김옥균, 박영효 등이 정변을 일으켰다.
③ 청군이 개입하여 3일 만에 진압되었다.
④ 구식 군인들이 선혜청을 습격하고 민겸호를 살해하였다.

10 다음 자료와 관련된 사절단에 대한 설명으로 옳은 것은?

> 강화도 조약 체결 이후 조선 정부 내에서는 근대화에 대한 관심이 크게 높아졌다. 이에 고종은 이홍장의 도움을 받아 일부 관원들을 선발하여 톈진으로 유학을 보낼 것을 결정하였다. 이에 유학한 조선 관원들은 무기의 제조와 구입 등에 관한 교육을 받았다.

① 암행어사의 형식으로 파견되었다.
② 농무 목축 시험장 설치에 기여하였다.
③ 공사 파견에 대한 답례로 파견되었다.
④ 정부의 지원 부족으로 조기 귀국하였다.

01 다음은 어느 인물의 유서이다. 이 유서의 계기가 된 조약에 대한 설명으로 옳은 것은?

> 아! 나라의 수치와 백성의 욕됨이 이에 이르렀으니 우리 인민은 장차 생존 경쟁에서 잔멸하리라. 다만 영환은 한번 죽음으로써 임금의 은혜에 보답하고 이천만 동포 형제에게 사죄하노라. …… 일심협력하여 우리의 자유와 독립을 회복하면 죽은 몸도 저승에서 기뻐 웃으리라. 아! 실망하지 말라. 우리 대한 제국 이천만 동포 형제들에게 이별을 고하노라.

① 각 부 차관에 일본인을 임명할 수 있도록 하였다.
② 조약 체결 등 일체의 외교권을 일본에 강탈당하였다.
③ 우리나라의 모든 통치권을 일본 황제에게 이양하게 되었다.
④ 법령 제정과 중요 행정 처분은 일본인 통감의 승인을 받도록 하였다.

02 (가) 단체에 대한 설명으로 옳은 것은?

> 안경수 씨가 연설하기를, "___(가)___ 이/가 처음 시작할 때 단지 회원이 네다섯 명이더니 오늘날 회원은 수천 명이다. 조선 인민들이 나라가 독립되는 것을 좋아하기에 궁벽한 시골에 사는 인민 중에서 독립문을 세우는 데 돈을 보조하는 사람들이 있으며, 외국 사람 중에서도 돈을 낸 사람들이 많이 있었다."

① 일본의 황무지 개간권 요구를 저지하였다.
② 자금 마련을 위해 독립 공채를 발행하였다.
③ 중추원 개편을 통한 의회 설립을 추진하였다.
④ 자주 독립의 뜻을 담은 독립 서고문을 낭독하였다.

03 다음 조약에 대한 설명으로 옳은 것은?

> 제1조 대한 정부는 대일본 정부가 추천한 일본인 1명을 재정 고문으로 하여 대한 정부에 용빙하고, 재무에 관한 사항은 일체 그 의견을 물어 시행할 것

① 서울에 통감부가 설치되는 계기가 되었다.
② 최익현이 의병 운동을 처음 시작한 원인이 되었다.
③ 스티븐스가 외교 고문으로 부임하는 계기가 되었다.
④ 일본이 군사상 필요한 지역을 사용할 수 있도록 하였다.

04 다음 내용을 발표한 정부가 시행한 정책으로 옳은 것은?

> 제1조 대한국은 세계 만국에 공인된 자주 독립 제국이니라.
> 제2조 대한국의 정치는 만세 불변할 전제 정치이니라.
> 제3조 대한국 대황제께서는 무한한 군권을 향유하시느니라.

① 상공 학교와 광무 학교를 설립하였다.
② 별기군을 폐지하고 5군영을 복구하였다.
③ 개국 기년을 폐지하고 '건양' 연호를 제정하였다.
④ 삼정의 문란을 바로잡기 위하여 삼정이정청을 설치하였다.

05 (가) 시기에 있었던 사실로 옳은 것은?

> 전봉준의 주도로 농민들 사이에 사발통문을 돌리고 1천여 명의 농민군이 봉기하여 고부 관아를 습격하였다.
> ↓
> (가)
> ↓
> 농민군은 농민 자치 조직으로, 전라도 53개 군현의 관아에 집강소를 설치하였고, 전주에 집강소의 총본부인 대도소를 설치하였다.

① 논산에서 남·북접의 동학 농민군이 집결하였다.
② 농민군이 공주 우금치에서 일본군과 정부군에게 패하였다.
③ 동학 교도들이 궁궐 앞에서 교조 신원을 주장하는 집회를 열었다.
④ 농민군이 황토현과 황룡촌 등에서 관군을 물리치고 전주성을 점령하였다.

06 다음 호소문이 발표된 시기를 연표에서 옳게 고른 것은?

> 본인들은 대한 제국의 대표임에도 불구하고 일본의 강압에 의하여 이 회의에 참석할 수 없다는 사실이 몹시 통탄스럽습니다. …… 대한 제국과 여러 국가 간의 외교 관계 단절은 한국의 의사에 의한 것이 아니라 일본이 우리나라의 권리를 침해한 결과라는 점에 비추어, 우리는 각하 제위들께 우리가 이 회의에 참석하여 일본인들의 수단과 방법을 폭로함으로써 우리나라의 권리를 수호할 수 있도록 대표 여러분들의 호의적인 중재를 허용해 주실 것을 간청하는 바 입니다.

	(가)		(나)		(다)		(라)	
	강화도 조약		한성 조약		청·일 전쟁		러·일 전쟁		한·일 병합

① (가) ② (나) ③ (다) ④ (라)

07 밑줄 친 '이 내각'의 개혁 내용으로 옳은 것은?

> 이 내각의 개혁 정책은 초정부적 비상 기구인 군국기무처를 중심으로 추진되었다. 군국기무처는 총재 1명, 부총재 1명, 그리고 16명 내지 20명 미만의 회의원으로 구성되었으며, 박정양, 유길준 등의 개화 인사들이 참여하였다.

① 원수부를 설치하였다.
② 개국 기년을 사용하였다.
③ 혜상공국을 폐지하였다.
④ 토지 소유자에게 지계를 발급하였다.

08 밑줄 친 '적'이 주장한 내용으로 옳지 않은 것은?

> 적은 모두 천민 노예이므로 양반과 사족을 가장 증오하였다. 길에서 갓을 쓴 자를 만나면 곧바로 꾸짖으며 말하였다. 너도 양반인가? 갓을 빼앗아 찢어 버리거나 자기가 쓰고 거리를 돌아다니며 양반을 욕주었다. …… 이들은 서로를 접장이라 부르면서 적의 법도를 따랐다.

① 무명의 잡세는 일체 폐지할 것
② 토지는 균등히 나누어 경작하게 할 것
③ 관리 채용에 지벌을 타파하고 인재를 등용할 것
④ 총명한 젊은이들을 파견하여 외국의 학술을 견습시킬 것

09 다음 칙령과 관련된 의병 활동으로 옳은 것은?

> 현재 우리나라 군대는 용병으로 만들어진 까닭에, 상하가 일치하여 국가를 지키는 데 충분하지 못하다. 짐은 지금부터 군제 쇄신을 꾀하여 사관 양성에 전력하고 이후 징병법을 발표하여 공고한 병력을 구비하려 한다. 이에 짐은 유사(有司)에게 명하여 황실 시위에 필요한 자를 일부 남기고 기타는 해산하노라.

① 민종식 의병 부대가 홍주성을 점령하였다.
② 고종의 해산 권고 조칙으로 대부분 해산하였다.
③ 최익현이 태인, 순창에서 의병 활동을 전개하였다.
④ 서울 진공 작전을 전개하여 동대문 인근까지 진출하였다.

10 다음 취지문을 발표한 단체에 대한 설명으로 옳은 것은?

> 무릇 우리 대한인은 내외를 막론하고 통일 연합으로써 그 진로를 정하고 독립 자유로써 그 목적을 세움이니 …… 간단히 말하면 오직 신(新) 정신을 불러 깨우쳐서 신(新) 단체를 조직한 후에 신국(新國)을 건설할 뿐이다.

① 6·10 만세 운동을 주도하였다.
② 오산 학교, 대성 학교를 설립하였다.
③ 연통제를 통해 독립운동 자금을 모았다.
④ 헌정 연구회를 계승하여 국권 회복 운동을 전개하였다.

근대 18일 하프모의고사 18회 근대 사회의 전개(3)

제한 시간 7분 타이머를 맞추고 시작하세요.

01 다음은 개항 이후의 경제 상황이다. ㉠~㉣을 순서대로 바르게 나열한 것은?

㉠ 청 상인들이 내지 통상권을 획득하였다.
㉡ 황국 중앙 총상회가 조직되었다.
㉢ 일본 상인들이 개항장을 중심으로 무역을 시작하였다.
㉣ 동양 척식 주식회사가 설립되었다.

① ㉠ - ㉡ - ㉢ - ㉣
② ㉡ - ㉣ - ㉠ - ㉢
③ ㉢ - ㉠ - ㉡ - ㉣
④ ㉢ - ㉡ - ㉠ - ㉣

02 (가), (나) 시기에 있었던 사실로 옳은 것은?

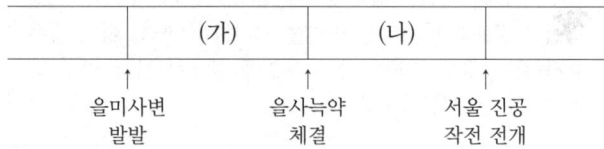

① (가) - 산미 증식 계획이 시행되었다.
② (가) - 대한천일은행이 설립되었다.
③ (나) - 물산 장려 운동이 시작되었다.
④ (나) - 함경도 관찰사 조병식이 방곡령을 내렸다.

03 다음은 어느 회사의 규칙이다. (가)에 들어갈 명칭으로 옳은 것은?

1. 본사는 ＿(가)＿(이)라 칭함
1. 주주는 본국인만으로 허용할 것
1. 본사는 국내의 황무지 개간·관개 사무와 산림·천택·식양·벌채 등의 사무 외에 금·은·동·철·연·매·운모·석유 등 각종 광물 채굴 등의 사무에 담당 종사할 것.
1. 개간·식벌·채굴 등의 권한의 허가를 얻을 때에는 납세 등은 국내에서 시행되는 예에 의거할 것이므로, 개간한 토지는 3년 후에 세금을 납부하고 채굴 등은 집행 실적에 따라 진행할 것.

① 혜상공국
② 농광 회사
③ 대동 상회
④ 종로 직조사

04 개항 이후 ㉠의 경제적 침탈 내용으로 옳은 것은?

조선의 땅은 실로 아시아의 요충에 자리 잡고 있어서 형세가 반드시 싸우는 곳이 되니, 조선이 위태로우면 즉 동아시아의 형세가 날로 급해질 것이다. ＿㉠＿이/가 땅을 공략하고자 하면 반드시 조선으로부터 시작할 것이다. 아! ＿㉠＿이/가 범과 이리 같은 진나라처럼 정벌에 힘을 쓴 지 300여 년, 처음에는 유럽에 있었고, 다음에는 중앙아시아였고, 오늘날에는 다시 동아시아에 있어서 조선이 그 피해를 입게 될 것이다. 그러므로 오늘날 조선의 책략은 ＿㉠＿을/를 막는 일보다 더 급한 것이 없을 것이다.

① 은산 금광 채굴권을 차지하였다.
② 전등 및 전화 부설권을 획득하였다.
③ 압록강, 두만강의 삼림 벌채권을 획득하였다.
④ 경인선, 경부선 등의 철도 부설권을 차지하였다.

05 밑줄 친 '이 운동'에 대한 설명으로 옳은 것은?

이 운동이 전개되자 남자는 담배를 끊고 부녀자들은 비녀·가락지 등을 팔아서 민족언론 기관에 다양한 액수의 돈을 보내며 호응했다. 이는 정부가 일본으로부터 빌린 차관 1,300만 원이라는 액수를 상환하여 경제적 독립을 이룩하기 위한 것이었다.

① 사회주의자들의 비판을 받았다.
② 대구에서 서상돈의 주도로 시작되었다.
③ 대한민국 임시 정부가 설치되는 계기가 되었다.
④ '한민족 1천 만이 한 사람이 1원씩'이라는 구호를 제창하였다.

06 다음 경제 조치에 대한 설명으로 옳은 것은?

> 제1조 구 백동화 교환에 관한 사무는 금고로 처리케 하여 탁지부 대신이 이를 감독함.
> 제3조 구 백동화의 품위(品位)·양목(量目)·인상(印象)·형체(形體)가 정화(正貨)에 준할 수 있는 것은 매 1개에 대하여 금 2전 5푼의 가격으로 새 화폐로 교환함이 가함.

① 화폐 주조를 위한 전환국을 설립하였다.
② 은 본위 화폐 제도에 입각하여 추진되었다.
③ 동양 척식 주식회사를 주무 기관으로 하였다.
④ 일본 제일은행이 중앙 은행의 역할을 하게 되는 결과를 가져왔다.

07 밑줄 친 '이곳'에 대한 설명으로 옳은 것은?

> 이곳에는 외국인으로 성품이 선량하고 재간 있으며 총명한 사람 3명을 초빙하여 '교사'라고 부를 것이며 가르치는 일을 전적으로 맡도록 한다. …… 원(院)은 좌원과 우원을 설립하고 각각 학생을 채워서 매일 공부한다.

① 우리나라 최초의 여성 교육 기관이다.
② 우리나라 최초의 근대적 관립 학교이다.
③ 관민이 함께 기금을 조성하여 설립하였다.
④ 외국어 통역관을 양성하기 위해 설립되었다.

08 (가)에 들어갈 신문으로 옳은 것은?

> 우리가 ㅤ(가)ㅤ을/를 오늘 처음으로 출판하는데, 조선에 있는 내외국 인민에게 우리 주의를 미리 말하여 아시게 하노라. …… 우리가 이 신문을 출판하는 것은 이익을 취하려는 것이 아닌 고로 값을 싸게 하였고, 모두 언문으로 쓴 것은 남녀 상하 귀천이 모두 보게 함이요, 또 구절을 띄어 쓰는 것은 알아보기 쉽도록 함이다.

① 황성신문   ② 한성순보
③ 독립신문   ④ 제국신문

09 (가) 종교의 활동으로 옳은 것은?

> 제2대 교주인 최시형이 순교한 뒤, 제3대 교주가 된 손병희는 교정 일치(敎政一致)를 강조하면서 조직의 재정비와 여러 가지 개혁을 시도하였다. 그러나 이용구 등 교도들의 일부가 점차 친일화되자, 손병희는 교정 분리(敎政分離)의 원칙을 내걸고 1905년 교명을 ㅤ(가)ㅤ(으)로 개칭하였다.

① 조선 불교 유신론을 발표하였다.
② 북간도에서 중광단을 결성하였다.
③ 만세보를 발행하여 민중 계몽에 힘썼다.
④ 경향신문을 발간하여 애국 계몽 운동을 전개하였다.

10 밑줄 친 '이 기구'에 대한 설명으로 옳지 않은 것은?

> 갑오개혁 이래 조정에서는 비로소 언문을 조칙이나 공문서에 간간이 사용하면서 국문(國文)이라 불렀다. …… 학부대신 이재곤이 이 기구를 설치하고 위원 몇 명을 두었다. 발음의 맑고 탁함과 글자의 높낮이 문제가 풀리지 않아서 그것을 연구하도록 했는데 끝내 이룬 바가 없었다.

① 조선어 연구회로 계승되었다.
② 주시경, 지석영 등이 활동하였다.
③ 우리말의 체계를 연구·정리하였다.
④ 한글 맞춤법 통일안 및 표준어를 제정하였다.

01 밑줄 친 '그'에 대한 설명으로 옳은 것은?

> 병인년 이래 그는 오로지 척양(斥洋)의 의리만을 주장하여 천주교도 20여만 명을 죽였고 외국을 업신여겼으며 해안 곳곳에 포대를 구축하였다. 이때에 이르러서는 돌을 캐 종로에 비석을 세웠다. 그 비면에 글을 써서 이르기를, "서양 오랑캐가 침범하는데 싸우지 않으면 즉 화친하는 것이요, 화친을 주장함은 나라를 팔아먹는 짓이다."라고 하였다.

① 군국기무처의 총재관으로 활동하였다.
② 갑신정변 때 청군의 개입을 요청하였다.
③ 임오군란으로 재집권하여 5군영을 복구하였다.
④ 재정과 군정에 대해 정리한 『만기요람』을 편찬하였다.

02 밑줄 친 '나'에 대한 설명으로 옳은 것은?

> 1905년에 5개 조약이 체결되었으니 이것이 바로 보호조약인데, 그때 한국의 황제를 비롯해서 한국의 국민은 누구나 모두 일본의 보호를 받고자 한 사실이 없음에도 불구하고, 이등(伊藤)은 마치 한국 측에서 희망하여 조약을 체결한 것처럼 말했었다. …… 한국과 일본 두 나라의 친선을 저해하고 동양의 평화를 어지럽힌 장본인은 바로 이등이므로, 나는 한국의 의병 중장의 자격으로서 그를 제거한 것이다.

① 한인 애국단에 소속되어 있었다.
② 13도 창의군의 군사장을 역임하였다.
③ 뤼순 감옥에서 『동양평화론』을 저술하였다.
④ 샌프란시스코에서 외교 고문 스티븐스를 사살하였다.

03 다음 협약이 체결된 시기로 옳은 것은?

> 제1조 일·청 양국 정부는 도문강을 청국과 한국의 국경으로 하고 강의 발원지에 있는 정계비를 기점으로 하여 석을수를 두 나라의 경계로 한다.
> 제6조 청국 정부는 앞으로 길장 철도를 연길의 남쪽 경계까지 연장하여 한국의 회령에서 한국의 철도와 연결할 수 있다.

(가)	(나)	(다)	(라)
1차 갑오개혁	대한 제국 수립	러·일 전쟁 발발	한·일 신협약 체결	국권 피탈

① (가) ② (나) ③ (다) ④ (라)

04 다음 취지서를 발표한 단체에 대한 설명으로 옳은 것은?

> 국민의 지혜를 열고 국가의 힘을 기르는 길은 교육과 산업의 발달에 달려 있다고 아니할 수 있겠는가! 교육과 산업의 발달이 곧 자강의 방도임을 알 수 있는 것이다. 그러나 만일 이 자강의 목적을 관철하기를 바랄진대 부득불 먼저 그 국민의 정신을 배양하여 단군과 기자 이래 4천 년 한국의 정신으로 2천만 모든 사람의 정신 속에 흐르도록 하여, 한 번 숨을 들이고 내쉬는 시간에도 자기 나라 정신을 잊지 않게 만든 연후에야 바야흐로 자강의 마음을 단련하고 국권 회복의 활기를 만들게 될 것이다.

① 보부상을 중심으로 조직되었다.
② 러시아의 절영도 조차 요구를 저지하였다.
③ 태극 서관을 설립하여 서적을 출판·보급하였다.
④ 고종 강제 퇴위 반대 운동을 벌이다 해산되었다.

05 일본의 국권 침탈 과정을 순서대로 바르게 나열한 것은?

㉠ 일제에 의해 대한 제국의 군대가 강제로 해산되었다.
㉡ 일본인 메가타가 재정 고문으로, 미국인 스티븐스가 외교 고문으로 임명되었다.
㉢ 대한 제국의 외교권이 박탈당하고, 서울에 통감부가 설치되었다.
㉣ 대한 제국의 사법권과 감옥 사무 처리권이 박탈당하였다.

① ㉡ - ㉠ - ㉢ - ㉣
② ㉡ - ㉢ - ㉠ - ㉣
③ ㉢ - ㉠ - ㉡ - ㉣
④ ㉢ - ㉡ - ㉠ - ㉣

06 다음 법령을 발표한 내각이 추진한 개혁의 내용으로 옳은 것은?

제1조 국내의 육군을 친위와 진위 2종으로 나눈다.
제2조 친위는 경성에 주둔하여 왕성 수비를 전적으로 맡는다.
제3조 진위는 부(府) 혹은 군(郡)의 중요한 지방에 주둔하여 지방 진무와 변경 수비를 전적으로 맡는다.

① 의정부 산하의 6조를 8아문으로 개편하였다.
② 지방 행정 구역을 8도에서 23부로 개편하였다.
③ 궁내부를 신설하여 왕실과 정부 사무를 분리하였다.
④ 태양력을 채택하고 우체사를 설치하여 우편 사무를 재개하였다.

07 다음 상황이 일어난 배경으로 옳은 것은?

11일 오전 10시쯤 궁내부 관리가 찾아와 보고하길, "오늘 아침 새벽쯤 대군주 폐하와 세자 전하께서 몰래 대궐을 나와 러시아 공사관에 들어가셨다. 또 러시아 병사 4명이 전(前) 경무관 이용환과 동행하여 경무청에 와서 경무관 안환을 붙잡아 러시아 공사관으로 구인하였다."라고 하였습니다.

① 을미사변이 일어났다.
② 을사늑약이 체결되었다.
③ 중·일전쟁이 발발하였다.
④ 용암포 사건이 발생하였다.

08 밑줄 친 '황제'의 재위 시기의 사실로 옳은 것은?

황제가 다음과 같이 말하였다. "짐은 스스로 결단을 내려 이에 한국의 통치권을 종전부터 친근하게 믿고 의지하던 이웃 나라 대일본 황제 폐하에게 양여하여 밖으로 동양의 평화를 공고히 하고 안으로 8도의 민생을 보전하게 하니 그대들 대소 신민들은 번거롭게 소란을 일으키지 말고 일본 제국의 문명한 새 정치에 복종하여 행복을 함께 받길 바란다."

① 교정청을 설치하였다.
② 홍경래의 난이 일어났다.
③ 한·청 통상 조약을 체결하였다.
④ 남한 대토벌 작전이 시작되었다.

09 다음 조약에 대한 설명으로 옳은 것은?

제2조 중국 상인이 조선 항구에서 만일 개별적으로 고소를 제기할 일이 있을 경우 중국 상무위원에게 넘겨 심의 판결한다. …… 조선 상인이 개항한 중국의 항구에서 범한 일체의 재산에 관한 범죄 등 사건에 있어서는 피고와 원고가 어느 나라 인민(人民)이든 모두 중국의 지방관이 법률에 따라 심의하여 판결하고, 아울러 조선 상무위원에게 통지하여 등록하도록 한다.

① 거중조정 조항을 명시하였다.
② 갑신정변을 계기로 체결되었다.
③ 청과 대등한 관계에서 체결되었다.
④ 조약 체결 이후 청과 일본의 상권 경쟁이 치열해졌다.

10 (가)에 들어갈 교육 기관으로 옳은 것은?

방금 덕원 부사 정현석의 장계를 보니, '덕원부는 해안의 요충지에 위치하고 아울러 개항지입니다. …… 그래서 (가) 을/를 설치하여, 문사(文士)는 먼저 경의(經義)를 가르치고, 무사(武士)는 먼저 병서를 가르친 다음, 아울러 산수·격치와 각종 기기·농잠·광산 채굴 등을 가르치고 ……' 라고 하였습니다.

① 동문학
② 육영 공원
③ 원산 학사
④ 배재 학당

20일 하프모의고사 20회 - 민족 독립운동의 전개(1)

01 다음 방침과 관련된 일제 강점기에 시행된 정책으로 옳지 않은 것은?

> - 조선인 중 진실로 우리들과 동일한 이상과 정신을 가지고 목숨을 바쳐 이상과 정신을 영위할 친일 분자를 물색하고, 귀족·양반·유생·부호·실업가·교육가·종교가 등에 침투시켜 그 계급과 사정에 따라 각종 친일 단체를 조직케 할 것
> - 친일적인 민간 유지자(有志者)에게 편의와 원조를 제공하고, 수재 교육의 이름 아래 조선 청년을 친일 분자의 인재로 양성할 것

① 헌병 경찰을 보통 경찰로 대체하였다.
② 조선 사상범 보호 관찰령을 공포하였다.
③ 원칙적으로 문관 총독의 임명이 가능해졌다.
④ 신은행령을 제정하여 은행 설립을 제한하였다.

02 ㉠ 법령이 시행된 시기 일제의 정책으로 옳지 않은 것은?

> 한·일 병합 이후 일반 기업들이 발흥하여 회사 조직으로써 각종 사업을 경영하려 하는 자가 점차 증가함으로, 일본 정부는 한인의 사업 경영에 제한을 주기 위해 총독부 제령으로서 ㉠ 을/를 공포하여 허가주의를 채택하여 사소한 일까지 간섭을 하였다.

① 서당 규칙을 제정하였다.
② 호남선 철도를 개설하였다.
③ 조선 임야 조사령을 발표하였다.
④ 신문지법과 보안법을 제정하였다.

03 (가)에 들어갈 독립군 부대로 옳은 것은?

> 대전자령은 일본군이 서남부의 왕칭현쪽으로 가려면 반드시 지나가야 하는 지점이었다. 대전자령의 양쪽은 절벽과 울창한 산림 지대로 되어 있어 적을 공격하기에 알맞은 곳이었다. 이 전투에 (가) 의 500여명과 중국 의용군인 길림구국군 2,000여 명이 참여하였고, 이들은 산기슭의 참호 속에 매복하여 일본군 습격 준비를 마쳤다.

① 조선 혁명군
② 조선 의용대
③ 한국 독립군
④ 한국광복군

04 (가) 정책의 실행 결과로 옳은 것은?

> 일본 인구는 해마다 약 70만 명이 증가하고 있을 뿐만 아니라 국민생활 향상과 함께 1인당 쌀소비량도 역시 점차 증가할 것이 분명한 기세이다. 이런 상황의 추이로 장래 쌀 공급량은 더욱 부족할 것이다. 그러므로 지금 (가) 을/를 수립하여 제국 식량문제 해결에 밑거름으로 삼는 것은 정말로 국책상 긴급을 요하는 급무라고 믿는다. …… 농가의 주요 작물의 증산을 도모하는 것은 실제로 그 경제 상태가 극히 빈약한 조선의 농민을 구제하는 지름길이다.

① 만주로부터 잡곡 수입이 늘어났다.
② 농민의 관습적 경작권이 부정되었다.
③ 동양 척식 주식회사의 보유 토지가 증가하였다.
④ 한국인의 1인당 쌀 소비량이 이전보다 증가하였다.

05 다음 법령이 제정된 이후에 실시된 일제의 정책으로 옳지 않은 것은?

> 제5조 정부는 전시에 국가 총동원상 필요한 경우에는 칙령이 정하는 바에 따라 제국 신민 및 제국 법인, 기타 단체가 국가, 지방 공공 단체 또는 정부가 지정하는 자가 행하는 총동원 업무에 협력하게 할 수 있다.

① 사립 학교령을 제정하였다.
② 소학교의 명칭을 국민학교로 개칭하였다.
③ 국민 징용령을 제정하여 노동력을 착취하였다.
④ 일본식 성과 이름으로 고치는 창씨개명을 시행하였다.

06 다음 약력에 해당하는 인물에 대한 설명으로 옳은 것은?

> ○ 북간도에서 서전서숙을 설립하였다.
> ○ 네덜란드 헤이그에서 개최된 만국 평화 회의에 고종의 특사로 파견되었다.
> ○ 연해주에서 유인석과 함께 13도 의군을 조직하였다.

① 「독사신론」을 연재하였다.
② 『서유견문』을 저술하였다.
③ 대한인 국민회를 조직하였다.
④ 대한 광복군 정부의 정통령을 역임하였다.

07 다음 대한민국 임시 정부의 개헌 과정에서 명칭과 내용이 옳지 않은 것은?

① 제1차 개헌(1919) - 대통령 중심제
② 제2차 개헌(1925) - 국무령 중심의 내각 책임제
③ 제3차 개헌(1927) - 국무 위원 집단 지도 체제
④ 제4차 개헌(1940) - 주석(김구)·부주석(김규식) 체제

08 다음 자료와 관련된 민족 운동에 대한 설명으로 옳은 것은?

> 이화 학당 동기인 관순이와 나는 종로와 장충단, 남산, 남대문을 돌아다니며 '대한 독립 만세'를 불렀어. 그리고 관순이는 고향 병천으로, 나는 그 옆 동네인 목천으로 가서 만세 운동을 했지. …… 고문이 어찌나 심한지 허리가 부러지고 무릎이 부서졌는데 내 목숨은 어찌나 질기던지. 관순이는 1년 반 만에 숨졌는데 …… – 남동순의 증언

① 순종의 인산일을 계기로 전개되었다.
② 진주에서 시작되어 전국적으로 확산되었다.
③ 일본 유학생들의 2·8 독립 선언에 영향을 받았다.
④ 광주에서 일어난 한·일 학생들 간의 충돌에서 비롯되었다.

09 ㉠ 단체에 대한 설명으로 옳지 않은 것은?

> 3·1 운동 이후 정부를 수립하려는 움직임은 활발해졌다. 국내에서는 13도 대표로 조직된 국민 대회를 개최하고 한성 정부 수립을 선포하였다. 중국 상하이에서도 각 지역의 독립지사들이 모여서 정부의 수립을 선포하였다. 연해주에서는 손병희를 대통령으로 하는 대한 국민 의회를 조직하여 정부의 수립을 발표하였다. 이렇게 정부를 칭하는 단체가 여러 곳에서 만들어지자 통합된 민족 운동의 추진이 어려웠다. 이에 각 정부의 지도자들은 서로의 통합을 모색하여 마침내 1919년 9월에 상하이에 ㉠ 을/를 두고 민주 공화제 정부를 수립하였다.

① 조선 혁명 간부 학교를 설립하였다.
② 만주 지역의 무장 투쟁 세력들도 참여하였다.
③ 구미 위원부를 설치하여 외교 활동을 하였다.
④ 초대 대통령은 이승만, 국무총리에 이동휘가 임명되었다.

10 (가) 단체에 대한 설명으로 옳은 것은?

> 임병찬은 고종의 지시로 (가) 을/를 몰래 조직하였다. 그는 안으로 의롭고 용감한 사람들을 선발하여 기회를 보아 조선의 독립을 선언하고, 밖으로는 문명 열강의 도움을 받아 독립을 회복하려 하였다.

① 「조선혁명선언」을 활동 지침으로 하였다.
② 일제가 꾸며낸 105인 사건으로 해체되었다.
③ 독립운동의 이념으로 복벽주의를 주장하였다.
④ 경북 지방 유생들이 조직한 비밀 결사 단체이다.

일제 강점기 21일 하프모의고사 21회 민족 독립운동의 전개(2)

제한 시간 7분 타이머를 맞추고 시작하세요.

01 다음 법령에 따라 실시된 정책으로 옳은 것은?

> 제4조 토지 소유자는 조선 총독이 정하는 기간 안에 주소, 씨명, 명칭 및 소유지의 소재, 지목, 자번호, 사표, 등급, 결수를 임시 토지 조사 국장에게 신고해야 한다. 단, 국유지는 보관 관청이 임시 토지 조사 국장에게 통보해야 한다.

① 회사령
② 방곡령
③ 산미 증식 계획
④ 토지 조사 사업

02 ㉠~㉢ 사건을 일어난 순서대로 바르게 나열한 것은?

> ㉠ 한국 독립군이 대전자령 전투에서 승리하였다.
> ㉡ 임시 정부 산하의 한국광복군이 창설되었다.
> ㉢ 북로 군정서군이 청산리 전투에서 대승을 거두었다.
> ㉣ 조선 독립 동맹과 조선 의용군이 조직되었다.

① ㉠ - ㉡ - ㉢ - ㉣
② ㉠ - ㉢ - ㉣ - ㉡
③ ㉢ - ㉠ - ㉡ - ㉣
④ ㉢ - ㉠ - ㉣ - ㉡

03 밑줄 친 '이 부대'에 대한 설명으로 옳은 것은?

> 30여 년이나 비밀리에 행동한 조선 혁명 청년은 지금도 중국 항일전에서 혁명 행동의 기회를 얻어, …… 이 부대는 10월 10일 한커우에서 성립, 중앙군의 이동에 따라 계림으로 왔다. 이 부대의 대장 진국빈 선생은 금년 41세로, 1919년 조선의 3월 운동 및 의열단 사건 등도 그들에 의한 것이다.

① 일부가 한국광복군에 합류하였다.
② 중국 의용군과 연합 작전을 전개하였다.
③ 대종교 인사들이 중심이 되어 조직되었다.
④ 만주에서 결성된 한국 독립당의 지휘 통제를 받았다.

04 (가) 인물이 일으킨 사건의 영향에 대한 설명으로 옳은 것은?

> 일제는 1월 28일 일본 승려 사건을 계기로 전쟁을 도발하였다. 일본은 이때 시라카와 대장을 사령관으로 삼아 중국과의 전쟁을 승리로 이끌었다. (가) 은/는 이해 봄 야채상으로 가장하여 일본군의 정보를 탐지한 뒤, 4월 29일 이른바 천장절 겸 전승 축하 기념식에 폭탄을 투척하기로 하였다. 식장에 참석하여 수류탄을 투척함으로써 파견군 사령관 시라카와, 일본 거류민 단장 가와바다 등은 즉사하였다.

① 민족 유일당인 신간회가 결성되었다.
② 일본군의 보복으로 간도 참변이 일어났다.
③ 상하이에서 국민 대표 회의가 개최되었다.
④ 중국 국민당이 대한민국 임시 정부를 지원하게 되었다.

05 (가) 단체의 활동으로 옳은 것은?

> 대한민국 임시 정부는 대한민국 원년에 정부가 공포한 군사 조직법에 의거하여 (가) 을/를 조직하고, 공동의 적인 일본 제국주의자들을 타도하기 위해 연합군의 일원으로 항전을 계속한다. …… 이때 우리는 큰 희망을 갖고 우리 조국의 독립을 위해 우리의 전투력을 강화할 시기가 왔다고 확신한다.

① 팔로군과 연합 작전을 전개하였다.
② 미국 전략 정보처(OSS)와 국내 진공을 준비하였다.
③ 중국 관내에서 조직된 최초의 한국인 군사 조직이었다.
④ 연해주에서 러시아 적군과 연합 전선을 구축하려고 하였다.

06 ㉠ 조직에 대한 설명으로 옳은 것은?

> 중국 상하이에서 ㉠ 이/가 일본 육군 대장 타나카 기이치를 암살하고자 한 사건이 발생하였다. 이때 체포된 독립운동가들은 일본 경찰에 인도되어 심문을 받게 되었는데, 그 심문 과정에서 ㉠ 에 속한 김익상이 작년 9월 조선 총독부 건물에 폭탄을 던진 사건의 당사자라는 사실이 밝혀졌다.

① 태평양 전쟁 발발 이후에 조직되었다.
② 만민 공동회를 열어 민권 신장을 추구하였다.
③ 임시 정부 활동에 활기를 불어넣고자 결성되었다.
④ 일부 단원이 황포 군관 학교에 입학하여 군사 교육을 받았다.

07 1920년대의 문화·예술 활동에 대한 설명으로 옳지 않은 것은?

① 나운규의 아리랑이 처음으로 상영되었다.
② 신경향파 문인들이 카프(KAPF)를 결성하였다.
③ 도쿄 유학생들을 중심으로 토월회가 결성되었다.
④ 매일신보에 이광수의 소설 「무정」이 연재되었다.

08 밑줄 친 '그'에 대한 설명으로 옳은 것은?

> 그는 평안도 양덕 사람으로 체격이 장대하고 지기가 왕성하였는데, 의협심이 있어 남을 돕는 일을 급무로 삼았으며 이러한 이유로 사람들이 많이 따랐다. …… 국권 피탈 이후에는 만주로 건너가 독립군 양성에 힘썼으며, 대한 독립군의 총사령관이 되었다.

① 산포수들을 모아 의병을 구성하였다.
② 샌프란시스코에서 흥사단을 조직하였다.
③ '삼천만 동포에게 읍고함'이라는 글을 발표하였다.
④ 조선 의용대를 결성하고 항일 투쟁을 전개하였다.

09 다음 주장을 한 인물에 대한 설명으로 옳은 것은?

> 우리 조선의 역사적 발전의 전 과정은 가령 지리적 조건, 인종학적 골상, 문화 형태의 외형적 특징 등 다소의 차이는 인정되더라도, 외관적인 소위 특수성은 다른 문화 민족의 역사적 발전 법칙과 구별되어야 하는 독자적인 것이 아니며, 세계사적인 일원론적 역사 법칙에 의해 다른 민족과 거의 같은 궤도로 발전 과정을 거쳐 온 것이다.

① 「5천 년간 조선의 얼」을 동아일보에 연재하였다.
② '조선심'을 강조하였으며 조선학 운동을 전개하였다.
③ 순수 학문을 표방하면서 식민주의 사학에 대항하였다.
④ 「조선 민족의 진로」에서 '연합성 신민주주의'를 제창하였다.

10 (가)에 들어갈 민족 운동에 대한 설명으로 옳은 것은?

> 조선 청년 학생 대중이여! 제국주의적 침략에 대한 반항적 투쟁으로써 (가) 을/를 지지하고 성원하라! 우리는 이제 과거의 약자가 아니다. …… 이것은 광주 조선 학생 동지의 학살의 음모인 동시에 조선 학생에 대한 압살적 시위이다.

① 조선 소년 연합회에서 주도하였다.
② 정우회 선언이 발표되는 계기가 되었다.
③ 3·1 운동 이후 전개된 최대 규모의 민족 운동이었다.
④ 식민지 교육에 반발하여 민립 대학을 설립하고자 하였다.

일제 강점기 22일 하프모의고사 22회 민족 독립운동의 전개(3)

01 (가) 단체에 대한 설명으로 옳지 않은 것은?

┌─────────────────────────────────────┐
│　(가)　은/는 비타협적 민족주의 세력과 사회주의 │
│세력이 연합하여 창립하였다.　(가)　은/는 '정치적·경 │
│제적 각성을 촉진함', '단결을 공고히 함', '기회주의를 부 │
│인함'을 강령으로 삼아 활동하였으며, 순회 강연단을 구성 │
│하고 전국 각지에서 강연회를 열어 민족의식을 고취하였다. │
└─────────────────────────────────────┘

① 원산 노동자 총파업을 지원하였다.
② 보안법의 적용을 받아 강제로 해산되었다.
③ 광주 학생 항일 운동에 조사단을 파견하였다.
④ 전국에 140여 개의 지회가 있었다.

02 밑줄 친 '본사'에 대한 설명으로 옳은 것은?

┌─────────────────────────────────────┐
│　본사의 여름 학생 브나로드 운동은 계획을 발표한 때가 │
│여름 직전이었음에도 불구하고 감격적인 반응을 받아 이 │
│제는 브나로드 대원이 전 조선 13도 200여 주에 가득 차 │
│게 되었다. 강습을 위한 교본도 이미 한글, 실용 산수에 │
│관한 것이 인쇄되어 각지의 대원에게 발송되고 있다. │
└─────────────────────────────────────┘

① 신민회의 기관지 역할을 담당하였다.
② 『개벽』, 『신여성』, 『어린이』 등의 잡지를 발행하였다.
③ 일장기 말소 사건으로 인해 정간 처분을 받았다.
④ 한글 보급 운동에 앞장서 『한글원본』을 만들었다.

03 다음 글을 쓴 인물에 대한 설명으로 옳은 것은?

┌─────────────────────────────────────┐
│　대개 국교(國敎)·국학·국어·국문·국사는 혼(魂)에 속 │
│하는 것이요, 전곡·군대·성지(城池)·함선·기계 등은 백 │
│(魄)에 속하는 것으로 혼의 됨됨은 백에 따라 죽고 사는 것 │
│이 아니다. 그러므로 국교와 국사가 망하지 않으면 그 나 │
│라도 망하지 않는 것이다. │
└─────────────────────────────────────┘

① 진단 학회 조직에 참여하였다.
② 「조선혁명선언」을 작성하였다.
③ 『한국통사』를 저술하였다.
④ 『조선상고사』를 저술하였다.

04 (가) 단체의 활동으로 옳은 것은?

┌─────────────────────────────────────┐
│　당시 정세로 말하자면, 우리 민족의 독립 사상을 떨치기 │
│로 보나, 만보산 사건, 만주 사변 같은 것으로 우리 한인 │
│에 대해 심히 악화된 중국인의 악감정을 풀기로 보나, 무 │
│슨 새로운 국면을 타개할 필요가 있었다. 그래서 우리 임 │
│시 정부에서 회의한 결과　(가)　을/를 조직하여 암살 │
│과 파괴 공작을 하되, 돈이나 사람이나 내가 전담하고, 다 │
│만 그 결과를 정부에 보고하도록 위임을 받았다. │
└─────────────────────────────────────┘

① 김지섭이 도쿄 궁성 앞 이중교에 폭탄을 던졌다.
② 이봉창이 도쿄에서 일왕의 마차에 폭탄을 던졌다.
③ 강우규가 서울역에서 총독 사이토의 암살을 시도하였다.
④ 나석주가 동양 척식 주식회사와 조선식산은행을 공격하였다.

05 다음 민족 운동에 대한 설명으로 옳지 않은 것은?

┌─────────────────────────────────────┐
│　어제 오전 8시에 돈화문을 떠나기 시작한 순종 황제의 │
│장례 행렬이 황금정 거리에까지 뻗쳤다. 대여가 막 관수교 │
│를 지나가시며 그 뒤에 이왕 전하, 이강 공 전하가 타신 │
│마차가 지나는 오전 8시 40분경에 그 행렬 동편에서 수십 │
│인이 활판으로 인쇄한 격문 수만 매를 뿌리며 조선 독립 │
│만세를 불렀다. │
└─────────────────────────────────────┘

① 8시간 노동제 채택을 주장하였다.
② 학도 지원병제의 폐지를 요구하였다.
③ 사회주의 세력과 학생들이 준비하였다.
④ 민족 유일당 운동이 전개되는 계기가 되었다.

06 다음 궐기문에 의해 전개된 민족 운동에 대한 설명으로 옳은 것은?

> 보아라! 우리가 먹고 입고 쓰는 것이 거의 다 우리의 손으로 만든 것이 아니었다. 이것이 세상에 제일 무섭고 위태한 일인 줄을 오늘에야 우리는 깨달았다.
> :
> 입어라! 조선 사람이 짠 것을
> 먹어라! 조선 사람이 만든 것을
> 써라! 조선 사람이 지은 것을
> 조선 사람 조선 것.

① 동양 척식 주식회사의 폐지를 주장하였다.
② 점차 근검절약, 금주·단연 운동으로 확대되었다.
③ 사회주의 세력의 적극적인 지지를 받아 전개되었다.
④ 조만식 등이 중심이 되어 대구에서 운동을 시작하였다.

07 다음 자료에 해당하는 전투에 대한 설명으로 옳은 것은?

> 우리 중대는 백운평에서 본대와 합류하였다. 1920년 10월 21일부터 적군과의 싸움이 시작되었다. 적의 기병을 섬멸하고 포위망을 교묘히 빠져나가면서 싸웠다. 완루구에서는 우리 군대의 복장이나 모자가 적들과 비슷한데다가 짙은 안개 때문에 적군들은 서로 싸우다가 죽기도 하였다. 우리는 6일간의 전투에서 포위를 뚫고 기적적으로 살아남았다.

① 대한 국민 의회가 주도하였다.
② 한·중 연합 작전으로 전개되었다.
③ 쌍성보에서 일본군과 교전하였다.
④ 북로 군정서군 중심의 연합 부대가 참전하였다.

08 다음 글을 쓴 역사가에 대한 설명으로 옳은 것은?

> 역사란 무엇이뇨. 인류 사회의 아와 비아의 투쟁이 시간부터 발전하며 공간부터 확대하는 심적 활동 상태의 기록이니, 세계사라 하면 세계 인류의 그리되어 온 상태의 기록이며, 조선사라 하면 조선 민족의 그리되어 온 상태의 기록이니라.

① 조선사 편수회에 참여하였다.
② 유물 사관으로 식민 사학의 정체성 이론을 반박했다.
③ 『여유당전서』를 발간하여 조선 후기 실학자들을 재평가하였다.
④ 묘청의 난을 '조선 역사상 일천년래 제일대사건'이라고 칭하였다.

09 (가)에 들어갈 단체로 옳은 것은?

> (가) 은/는 한글 맞춤법 통일안을 제정하여 일반 사회에 발표한다. 이 통일안이 이루어짐에 대하여 그 경과의 개략을 말하면, 1930년 12월 13일 본회 총회의 결의로 한글 맞춤법의 통일안을 제정하기로 되어, 처음에 위원 12인으로써 2개년간 심의를 거듭하여 1932년 12월에 이르러 맞춤법 원안의 작성을 마치었다.

① 조선어 연구회   ② 국문 연구소
③ 조선어 학회   ④ 헌정 연구회

10 다음은 일제가 발표한 교육령의 일부이다. 이 법령에 대한 설명으로 옳은 것은?

> 제5조 보통 교육은 보통의 지식, 기능을 부여하고, 특히 국민된 성격을 함양하며, 국어(일본어)를 보급함을 목적으로 한다.
> 제9조 보통 학교의 수업 연한은 4년으로 한다. 단 지방 실정에 따라 1년을 단축할 수 있다.

① 한국어 과목을 수의 과목으로 전환하였다.
② 낮은 수준의 실업 교육을 통해 노동 인력을 양성하고자 하였다.
③ 3·1 운동 이후 한국인의 반일 감정을 무마하기 위해 제정되었다.
④ 태평양 전쟁 이후 황국 신민화 교육을 더욱 강화하기 위해 제정되었다.

23일 하프모의고사 23회 — 민족 독립운동의 전개(4)

01 무단 통치 시기의 사실로 옳은 것은?
① 조선 사상범 예방 구금령이 제정되었다.
② 보통학교의 수업 연한이 4년에서 6년으로 늘어났다.
③ 교사가 제복을 입고 칼을 차는 등 공포 분위기가 조성되었다.
④ 치안 유지법이 제정되어 독립운동가를 탄압하는 데 이용되었다.

02 밑줄 친 '이 회의'에 대한 설명으로 옳은 것은?

> 베이징 방면의 인사는 분열을 통탄하며 통일을 촉진하는 단체를 출현시키고 상하이 일대의 인사는 이를 고려하여 개혁을 제창하고 있다. …… 독립운동의 신국면을 타개하려고 함에는 다만 민의뿐이므로 우리 국민은 노력 분투하지 않으면 안 된다. 이에 이 회의의 소집을 제창한다.

① 이승만 대통령의 탄핵이 결정되었다.
② 창조파는 임시 정부의 개혁과 존속을 주장하였다.
③ 김구가 이 회의의 해산을 명하는 내무부령을 발표하였다.
④ 개조파는 외교론을 비판하는 무장 투쟁론자들로 구성되었다.

03 다음 협정이 체결된 이후에 일어난 사실로 옳은 것은?

> • 한국인이 무기를 가지고 다니거나 한국으로 침입하는 것을 엄금하며, 위반자는 검거하여 일본 경찰에 인도한다.
> • 만주에 있는 한인 단체를 해산시키고 무장을 해제하며, 무기와 탄약을 몰수한다.
> • 일본이 지명하는 독립운동가를 체포하여 일본 경찰에 인도한다.

① 3·1 운동이 전개되었다.
② 대한 광복회가 조직되었다.
③ 대한 독립 군단이 자유시로 이동하였다.
④ 일제가 만주 사변을 일으키고 만주국을 수립하였다.

04 (가) 부대에 대한 설명으로 옳은 것은?

> (가) 와/과 중국 의용군의 한·중 연합군은 영릉가의 뒷산에 대기하고 있다가 적을 요격하여 수 시간의 격전이 벌어졌다. 적은 마침내 30여 명의 사상자를 내고 일몰과 함께 패퇴하고 말았다. …… 영릉가는 드디어 아군에게 점령되었다.

① 북만주 지역을 중심으로 활동하였다.
② 조선 의용군으로 개편되어 옌안으로 이동하였다.
③ 양세봉을 총사령관으로 흥경성 전투 등에서 승리하였다.
④ 중국 국민당 정부의 지원을 받아 한커우에서 창설되었다.

05 다음 설명에 해당하는 인물로 옳은 것은?

> ○ 김구, 이동녕 등과 한국 독립당을 창당하였으며, 임시 정부의 외무 부장을 역임
> ○ 개인과 개인, 민족과 민족, 국가와 국가 사이의 완전한 균등을 주장함

① 여운형　　　　　② 조소앙
③ 김규식　　　　　④ 안재홍

06 밑줄 친 '이 지역'에서 있었던 사실로 옳은 것은?

> 이 지역에서는 한인 집단 거주지인 신한촌이 형성되어 자치 기구와 학교가 만들어졌으며, 다양한 독립운동이 일어났다. 이곳에서 이상설 등은 성명회를 조직하여 독립운동을 벌였고, 이후 임시 정부의 성격을 가진 대한 국민 의회가 전로 한족회 중앙 총회로부터 개편 조직되었다.

① 권업회라는 단체가 조직되었다.
② 숭무 학교를 설립하여 독립군을 양성하였다.
③ 서전서숙을 설립하여 민족 교육을 실시하였다.
④ 신한청년당을 결성하여 외교 활동을 전개하였다.

07 밑줄 친 '나'에 대한 설명으로 옳은 것은?

> 4월 29일 이른 아침 나는 내가 조직한 우리 단체의 청년 동지 윤봉길 군을 불러서 내가 제작한 폭탄 2개를 그에게 주었다. 1개는 우리의 적인 일본 군벌을 살해하기 위해, 또 1개는 행위가 끝난 뒤 그 자신을 죽이기 위해. …… 나는 자동차를 빌려 윤봉길 군을 홍커우 공원으로 보냈다. 그는 몸에 단지 2개의 폭탄과 돈 4달러를 가지고 있을 뿐이었다. 그의 성공을 기원했다.

① 신흥 강습소를 세웠다.
② 대한민국 임시 정부의 주석을 역임하였다.
③ 국제 연맹에 의한 위임 통치를 주장하였다.
④ 파리 강화 회의에 파견되어 독립 청원서를 제출하였다.

08 다음 정책이 시행된 이후의 사실로 옳은 것은?

> 조선인 호주는 본령 시행 후 6개월 이내에 새로 씨(氏)를 설정하여 부윤 또는 읍·면장에게 신고해야 한다. 전항의 규정에 따른 신고를 하지 않았을 때는 호주의 성을 씨로 삼는다.

① 회사령이 철폐되었다.
② 조선 총독부가 설치되었다.
③ 조선 태형령이 제정되었다.
④ 조선어 학회 사건이 발생하였다.

09 다음 사건에 대한 설명으로 옳은 것은?

> 문평 라이징 선 석유 회사의 일본인 감독 고다마가 조선인 노동자를 구타한 사건이 발생하자, 이에 분노한 노동자들은 열악한 노동 조건의 개선과 감독 파면을 요구하면서 파업을 벌였다.

① 암태도 소작 쟁의에 영향을 주었다.
② 조선 노동 총동맹이 결성되는 계기가 되었다.
③ 일제가 문화 통치를 실시하는 배경이 되었다.
④ 일본, 프랑스 등 국외 노동 단체의 지지를 받았다.

10 다음 강령을 발표한 단체에 대한 설명으로 옳은 것은?

> 1. 여성에 대한 사회적·법률적인 일체의 차별을 철폐한다.
> 2. 일체의 봉건적인 인습과 미신을 타파한다.
> 3. 조혼을 폐지하고 결혼의 자유를 확립한다.
>   ⋮
> 7. 부인 및 소년공의 위험 노동 및 야근을 폐지한다.

① 여권통문을 발표하였다.
② 배재 학당을 설립하였다.
③ 기관지로 『근우』를 발간하였다.
④ 이병도, 손진태 등이 조직하였다.

현대 24일 하프모의고사 24회 — 현대 사회의 발전(1)

01 다음 강령을 발표한 단체에 대한 설명으로 옳지 않은 것은?

> 1. 우리는 완전한 독립 국가의 건설을 기함.
> 2. 우리는 전 민족의 정치적, 경제적, 사회적 기본 요구를 실현할 수 있는 민주주의 정권의 수립을 기함.
> 3. 우리는 일시적 과도기에 있어서 국내 질서를 자주적으로 유지하여 대중 생활의 확보를 기함.

① 조선 건국 동맹을 개편하여 조직하였다.
② 조선 민주주의 인민 공화국을 선포하였다.
③ 치안대를 설치하고 145개의 지부를 조직하였다.
④ 송진우 등의 민족주의 우파는 참여하지 않았다.

02 다음 자료와 관련된 단체에 대한 설명으로 옳은 것은?

> 조선의 좌우 합작은 민주 독립의 단계요, 남북 통일의 관건인 점에서 3천만 민족의 지상 명령이며 국제 민주화의 필연적인 요청이었음에도 불구하고 저간의 복잡다단한 내외 정세로 오랫동안 파란곡절을 거듭해 오던바, 드디어 …… 다음과 같은 7원칙을 정하였다.

① 미 군정의 반대와 탄압 속에서 활동하였다.
② 여운형과 김규식 등의 중도 세력이 주도하였다.
③ 삼균주의를 바탕으로 한 건국 강령을 발표하였다.
④ 일본인 소유의 재산 처리를 위해 귀속 재산 처리법을 제정하였다.

03 (가)~(라)를 시기순으로 바르게 나열한 것은?

> (가) 제1차 미·소 공동 위원회가 개최되었다.
> (나) 모스크바에서 3국의 외무장관이 모여 회의를 하였다.
> (다) 유엔 소총회에서 남한만의 단독 선거 실시를 결정하였다.
> (라) 평양에서 정당·사회 단체 대표자 연석 회의가 개최되었다.

① (가) - (나) - (라) - (다)
② (가) - (다) - (나) - (라)
③ (나) - (가) - (라) - (다)
④ (나) - (가) - (다) - (라)

04 다음 결정문을 발표한 회의에 대한 설명으로 옳지 않은 것은?

> ○ 조선을 독립시키고 민주 국가로 발전시키는 동시에, 가혹한 일본의 조선 통치 잔재를 빨리 청산하기 위해 조선에 임시 민주주의 정부를 수립한다.
> ○ 조선 임시 정부의 구성을 원조할 목적으로 먼저 그 적절한 방안을 마련하기 위하여 남조선 합중국 관구와 북조선 소련 관구의 대표자들로 공동 위원회가 설치될 것이다.

① 1945년 12월에 모스크바에서 개최하였다.
② 미국, 영국, 소련 세 나라의 외무 장관이 참석하였다.
③ 한반도에서 미군과 소련군의 군정 실시를 결정하였다.
④ 4개국이 최고 5년간 한국을 신탁 통치할 것을 협의하였다.

05 밑줄 친 '협상'에 대한 설명으로 옳은 것은?

> 우리는 조국 흥망의 가장 중요한 지점에서 이 위기를 극복하기 위해 오직 민족 자결 원칙에 의하여 조국의 남북 통일과 민주 독립을 촉진해야겠다. 우리 민족 자주 연맹 중앙집행위원회는 김구 선생과 김규식 박사의 제안에 의하여 실현되는 정치 협상을 전적으로 지지하며, 아울러 그 성공을 위하여 적극적으로 협력할 것을 결의한다.

① 국가 보안법이 제정되는 계기가 되었다.
② 미·소 공동 위원회의 조속한 재개를 요구하였다.
③ 남한만의 단독 선거가 결정된 것을 계기로 개최되었다.
④ 몰수·유조건 몰수·체감 매상의 원칙에 따라 토지를 분배할 것을 주장하였다.

06 다음 내용을 발표한 인물에 대한 설명으로 옳은 것은?

> 이제 무기한 휴회된 미·소 공위가 재개될 기색도 보이지 않으며, 통일 정부를 고대하나 여의케 되지 않으니, 남한만이라도 임시 정부, 혹은 위원회 같은 것을 조직하여 38도 이북에서 소련이 철회하도록 세계 여론에 호소해야 할 것이다.

① 5·10 총선거에 불참하였다.
② 조선 건국 동맹을 조직하였다.
③ 독립 촉성 중앙 협의회를 조직하였다.
④ 남조선 과도 입법 의원의 의장을 역임하였다.

07 (가)~(라) 시기에 있었던 사실로 옳은 것은?

(가)	(나)	(다)	(라)
6·25 전쟁 발발	인천 상륙 작전	1·4 후퇴	휴전 회담 시작	휴전 협정 체결

① (가) - 애치슨 선언이 발표되었다.
② (나) - 흥남 철수 작전이 이루어졌다.
③ (다) - 이승만 정부가 반공 포로를 석방하였다.
④ (라) - 한·미 상호 방위 원조 협정이 체결되었다.

08 밑줄 친 '이 사건'이 발생한 배경으로 옳은 것은?

> 55년 전 평화로운 섬 이곳 제주도에서 한국 현대사의 커다란 비극 중의 하나인 '이 사건'이 발생했습니다. 저는 위원회가 2년여의 조사를 통해 의결한 진상 조사 결과를 보고 받았습니다. …… 저는 위원회의 건의를 받아들여 국정을 책임지고 있는 대통령으로서 과거 국가 권력의 잘못에 대해 유족과 제주도민 여러분께 진심으로 사과와 위로의 말씀을 드립니다.
> - 2003. 10. 31

① 여수·순천 10·19 사건이 발생하였다.
② 이한열이 시위 도중 최루탄에 맞아 사망하였다.
③ 유엔 소총회에서 남한의 단독 선거가 결정되었다.
④ 북한의 기습 남침으로 전쟁이 발발하였다.

09 다음 법령에 대한 설명으로 옳지 않은 것은?

> 제1조 일본 정부와 통모하여 한·일 합병에 적극 협력한 자, 한국의 주권을 침해하는 조약 또는 문서에 조인한 자와 모의한 자는 사형 또는 무기 징역에 처하고 그 재산과 유산의 전부 혹은 2분의1 이상을 몰수한다.

① 이 법령은 제헌 국회에서 제정되었다.
② 법령 시행을 위한 특별 재판부가 구성되었다.
③ 법령의 공소 시효가 2년에서 약 1년으로 단축되었다.
④ 이 법령에 따라 친일 반민족 행위 진상 규명 위원회가 구성되었다.

10 다음 선언이 발표된 회담으로 옳은 것은?

> 세 위대한 연합국은 해로와 육로, 항공로로 야만적인 적국에 대하여 끊임없는 압력을 가할 결의를 표명하였다. 이 압박은 이미 증대하고 있다. 세 위대한 연합국은 일본의 침략을 제지하고 이를 벌하기 위하여 이 전쟁을 수행하고 있다. 연합국은 자국을 위하여 어떠한 이익도 요구하지 않으며, 영토를 확장할 의도 역시 갖고 있지 않다. …… 동맹국은 조선 인민의 노예 상태에 유의하여 적당한 시기에 한국을 자주 독립시킬 것을 결의한다.

① 얄타 회담
② 카이로 회담
③ 포츠담 회담
④ 제네바 회담

01 다음 헌법이 시행된 시기의 사실로 옳은 것은?

> 제39조 제1항 대통령은 통일 주체 국민 회의에서 토론 없이 무기명 투표로 선거한다.
> 제40조 제1항 통일 주체 국민 회의는 국회의원 정수의 1/3에 해당하는 수의 국회의원을 선거한다.
> 제47조 대통령의 임기는 6년으로 한다.

① 4·19 혁명이 전개되었다.
② 부·마 민주 항쟁이 일어났다.
③ 6·29 민주화 선언이 발표되었다.
④ 여수·순천 10·19 사건이 발생하였다.

02 다음 내용을 발표한 민주화 운동 이후의 사실로 옳은 것은?

> 1. 마산, 서울 기타 각지의 학생 데모는 주권을 빼앗긴 국민의 울분을 대신하여 궐기한 학생들의 순진한 정의감의 발로이며 부정과 불의에 항거하는 민족 정기의 표현이다.
> 5. 3·15 선거는 불법 선거이다. 공명 선거에 의하여 정·부통령 선거를 다시 실시하라.

① 토지 분배를 위해 농지 개혁을 시작하였다.
② 정부에 비판적이던 경향신문이 폐간되었다.
③ 중립화 통일론과 남북 협상론 등이 제기되었다.
④ 대통령 직선제와 양원제를 골자로 한 개헌이 이루어졌다.

03 다음 방침을 발표한 정부 시기의 사실로 옳은 것은?

> 1. 일본과의 국교 정상화 및 유엔 감시하의 남북한 자유 선거에 의한 통일 달성
> 3. 3·15 부정 선거 관련자와 부정·불법 축재자 처벌
> 5. 군비 축소와 군의 정예화 추진을 통한 국방력 강화 및 군의 정치적 중립 확보

① 수출 100억 달러를 달성했다.
② 경제 개발 5개년 계획을 수립하였다.
③ 3저 호황으로 경제 위기를 벗어났다.
④ 소련, 중국과 외교 관계를 수립하였다.

04 다음 각서가 작성된 시기로 옳은 것은?

> ○ 미국은 한국에 있는 한국군의 현대화 계획을 위하여 앞으로 수년 동안에 걸쳐 상당량의 장비를 제공한다.
> ○ 미국 정부가 한국과 약속했던 1억 5천만 달러 규모의 차관 공여와 더불어 …… 한국의 경제 발전을 돕기 위한 추가 AID차관을 제공한다.

	(가)	(나)	(다)	(라)	
대한민국 정부 수립		한·미 상호 방위 조약 체결	5·16 군사 정변	유신 헌법 공포	10·26 사태

① (가)
② (나)
③ (다)
④ (라)

05 밑줄 친 '정부'에 대한 설명으로 옳은 것은?

> 정부는 육군 및 공군 장성에 대한 정기인사를 단행해 연합사 부사령관과 9군단장, 2군단장 등 모두 5명의 하나회 출신 고위 장성들을 보직 해임할 방침이다. …… 이번 인사로 하나회 출신 중장 이상 장성은 모두 해임되며, 이에 따라 연합사의 부사령관은 오는 18일자로, 9군단장 등은 7월말에 각각 전역 조처된다.

① 지방 자치제를 전면 실시하였다.
② 서독에 광부와 간호사를 파견하였다.
③ 친일 반민족 행위 진상 규명 위원회를 조직하였다.
④ 국제 통화 기금(IMF)의 관리 체제를 극복하였다.

06 다음은 대한민국 헌법 개정의 주요 내용이다. (가)~(라)를 순서대로 바르게 나열한 것은?

> (가) 대통령은 직선으로 선출하고 임기는 5년으로 한다.
> (나) 대통령과 부통령의 임기는 4년으로 하며, 1차 중임할 수 있다. 단, 이 헌법 공포 당시의 대통령에 대하여 중임 제한을 적용하지 않는다.
> (다) 대통령은 대통령 선거인단에서 선출하고, 임기는 7년으로 한다.
> (라) 대통령의 3선 연임을 허용하며, 국회의원의 행정부 장·차관의 겸직을 허용한다.

① (가) - (나) - (다) - (라)
② (나) - (다) - (라) - (가)
③ (나) - (라) - (다) - (가)
④ (다) - (라) - (가) - (나)

07 다음 결의문과 관련된 민주화 운동이 일어난 배경으로 옳은 것은?

> • 이번 사태의 모든 책임은 과도 정부에 있다. 과도 정부는 모든 피해를 보상하고 즉각 물러나라.
> • 정부와 언론은 이번 광주 의거를 허위 조작, 왜곡 보도하지 말라.
> • 우리가 요구하는 것은 피해 보상과 연행자 석방만이 아니다. 우리는 진정한 민주 정부 수립을 요구한다.

① 김주열 군의 시신이 발견되었다.
② 박종철 고문 치사 사건이 발생하였다.
③ 신군부가 계엄령을 전국으로 확대하였다.
④ YH 무역 사건 이후 김영삼이 국회에서 제명되었다.

08 다음 조약에 대한 설명으로 옳은 것은?

> 제2조 1910년 8월 22일 및 그 이전에 대한 제국과 일본 제국 간에 체결된 모든 조약 및 협정이 이미 무효임을 확인한다.
> 제3조 대한민국 정부가 국제 연합 총회의 결의 제195(Ⅲ)호에 명시된 바와 같이 한반도에 있어서의 유일한 합법 정부임을 확인한다.

① 한·일 신협약이라고도 부른다.
② 한국군의 베트남 파병을 규정하였다.
③ 조약 체결 결과 경제 협력 자금으로 차관이 들어왔다.
④ 국제 통화 기금의 긴급 금융 지원을 받는 계기가 되었다.

09 다음 내용이 발표된 민주화 운동에 대한 설명으로 옳은 것은?

> 당일 10시 각 본부별 종파별로 고문 살인 조작 규탄 및 호헌 철폐 국민대회를 개최한 후 오후 6시를 기하여 성공회 대성당에서 집결, 국민운동본부가 주관하는 국민 대회를 개최한다.

① 유신 체제에 저항하였다.
② 일본과의 국교 정상화에 반대하였다.
③ 대통령이 하야하는 결과를 가져왔다.
④ 5년 단임의 대통령 직선제 개헌을 이끌어 냈다.

10 다음 연설이 있었던 정부 시기의 사실로 옳은 것은?

> 저는 지금 이 자리에 서면서 깊은 감회를 느낍니다. 여러분이 아시는 대로 저는 민주주의와 인권, 그리고 평화를 향해 오랜 고난과 순례의 길을 걸어왔습니다. …… 그리고 마침내 오늘 한국에서 평화적 정권 교체를 이룩한 첫 번째 민주 정부의 대통령으로서, 그리고 영광스러운 노벨 평화상의 수상자로서 이 나라에 다시 오게 되었습니다.

① 금강산 관광이 처음 실시되었다.
② 조선 총독부 건물이 철거되었다.
③ 경제 협력 개발 기구(OECD)에 가입하였다.
④ 3당 합당을 통해 여소야대 국면을 극복하였다.

26일 하프모의고사 26회 현대 사회의 발전(3)

01 다음 기념사를 발표한 정부의 통일 정책으로 옳은 것은?

> 오늘 국민 교육 헌장 선포 1주년에 즈음하여, 나는 온 국민과 더불어 뜻깊은 이날을 경축하면서 헌장 이념의 구현을 위한 우리들의 결의를 새로이 하게 된 것을 매우 기쁘게 생각하는 바입니다. 국민 교육 헌장은 우리 민족이 지녀야 할 사명감과 윤리관을 정립한 역사적 장전이며, …… 국가의 백년대계를 기약하는 국민 교육의 실천 지침인 것입니다.

① 남북 조절 위원회를 구성하였다.
② 대북 화해 협력 정책을 추진하였다.
③ 민족 화합 민주 통일 방안을 제시하였다.
④ 최초의 이산가족 고향 방문을 실현하였다.

02 다음 선언문을 발표한 정부의 통일 노력으로 옳은 것은?

> 1. 남과 북은 나라의 통일 문제를 그 주인인 우리 민족끼리 서로 힘을 합쳐 자주적으로 해결해 나가기로 하였다.
> 2. 남과 북은 나라의 통일을 위한 남측의 연합제 안과 북측의 낮은 단계의 연방제 안이 서로 공통성이 있다고 인정하고 앞으로 이 방향에서 통일을 지향시켜 나가기로 하였다.

① 4·27 판문점 선언을 발표하였다.
② 남북 기본 합의서를 채택하였다.
③ 개성 공업 지구 건설에 합의하였다.
④ 최초의 남북 적십자 회담을 개최하였다.

03 다음 선언이 발표된 시기로 옳은 것은?

> 1. 남과 북은 핵무기의 시험, 제조, 생산, 접수, 보유, 저장, 배치, 사용을 아니한다.
> 2. 남과 북은 핵 에너지를 오직 평화적 목적에만 이용한다.
> 3. 남과 북은 핵 재처리 시설과 우라늄 농축 시설을 보유하지 아니한다.

	(가)	(나)	(다)	(라)	
6·25 전쟁 발발		5·16 군사 정변		서울 올림픽 개최	금융 실명제 실시	김대중 대통령 당선

① (가)
② (나)
③ (다)
④ (라)

04 다음 선언을 발표한 정부의 통일 노력으로 옳은 것은?

> 1. 남과 북은 6·15 공동 선언을 고수하고 적극 구현해 나간다.
> 5. 남과 북은 민족 경제의 균형적 발전과 공동의 번영을 위해 경제 협력 사업을 공리공영과 유무상통의 원칙에서 적극 활성화하고 지속적으로 확대 발전시켜 나가기로 하였다.
> 7. 남과 북은 인도주의 협력 사업을 적극 추진해 나가기로 하였다.

① 남북한이 동시에 유엔에 가입하였다.
② 한민족 공동체 통일 방안이 발표되었다.
③ 금강산 육로 관광을 처음 시작하였다.
④ 유엔 감시 아래 남북한 총선거를 시행할 것을 주장하였다.

05 다음 조약이 체결된 정부 시기의 경제 상황으로 옳은 것은?

> 제2조 당사국 중 어느 일국의 정치적 독립 또는 안전이 외부로부터의 무력 공격에 의하여 위협을 받고 있다고 어느 당사국이든지 인정할 때에는 언제든지 당사국은 서로 협의한다. ……
> 제4조 상호적 합의에 의하여 미합중국의 육군, 해군과 공군을 대한민국의 영토 내와 그 부근에 배치하는 권리를 대한민국은 이를 허용하고 미합중국은 이를 수락한다.

① 베트남 전쟁 파병에 따른 특수를 누렸다.
② 제3차 경제 개발 5개년 계획을 실시하였다.
③ 국제 통화 기금의 구제 금융 지원을 받았다.
④ 제분, 제당, 면방직 등의 소비재 공업이 발달하였다.

06 다음 연설이 발표된 정부 시기의 경제 상황에 대한 설명으로 옳은 것은?

> 우리는 오늘 옛 조선 총독부를 철거하는 역사적 작업을 시작하였습니다. 이 건물이 철거되어야만 우리 민족사의 정통성을 상징하는 경복궁이 본래의 모습을 되찾을 수 있습니다. 여기에는 식민잔재를 깨끗이 청산하고 우리의 민족정기를 회복하자는 온 국민의 뜻과 의지가 함께 담겨 있습니다.

① 새마을 운동을 전개하였다.
② 세계 무역 기구(WTO)에 가입하였다.
③ 칠레와 자유 무역 협정(FTA)을 체결하였다.
④ 건설업의 중동 진출로 석유 파동을 극복하였다.

07 밑줄 친 '개혁'에 대한 설명으로 옳지 않은 것은?

> 정부는 제헌 헌법에 의거하여 1949년 6월 21일 법률 제31호로 농지를 농민에게 적절히 분배하는 개혁을 추진하였다. 그것을 통하여 농가 경제 자립과 농업 생산력 증진으로 인한 농민 생활의 향상 및 국민 경제의 균형과 발전을 도모하였다.

① 북한 토지 개혁의 영향을 받았다.
② 농지 소유의 상한선이 법적으로 규정되지 않았다.
③ 농지를 매각한 지주에게 지가 증권을 발급하였다.
④ 시행 결과 소작농이 감소하고 자영농이 증가하였다.

08 박정희 정부 시기의 경제 정책으로 옳은 것은?

① 한·미 원조 협정을 체결하였다.
② '최고 소작료 결정의 건'을 공포하였다.
③ 익산을 수출 자유 무역 지역으로 선정하였다.
④ 우루과이 라운드를 타결하여 쌀 시장을 개방하였다.

09 다음 개헌안에 대한 설명으로 옳은 것은?

> 제55조 대통령과 부통령의 임기는 4년으로 한다. 단, 재선에 의하여 1차 중임할 수 있다. 대통령이 궐위된 때에는 부통령이 대통령이 되고 잔임 기간 중 재임한다.
> 부칙 이 헌법 공포 당시의 대통령에 대하여는 제55조 제1항 단서의 제한을 적용하지 아니한다.

① 통일 주체 국민 회의의 설치를 명시하였다.
② 6·25 전쟁 중에 임시 수도인 부산에서 통과되었다.
③ 대통령이 국회의원의 3분의 1을 지명하도록 규정하였다.
④ 자유당이 사사오입의 논리를 적용해 억지로 통과시켰다.

10 다음은 교육 정책과 관련된 사실들이다. ㉠~㉣을 시행된 순서대로 바르게 나열한 것은?

> ㉠ 과외 금지 조치가 내려졌다.
> ㉡ 6-3-3 학제가 처음 마련되었다.
> ㉢ 중학교 무시험 진학 제도가 도입되었다.
> ㉣ 국민학교의 명칭을 초등학교로 바꾸었다.

① ㉠ - ㉡ - ㉣ - ㉢
② ㉠ - ㉣ - ㉡ - ㉢
③ ㉡ - ㉠ - ㉢ - ㉣
④ ㉡ - ㉢ - ㉠ - ㉣

01 (가), (나) 사이 시기에 있었던 사실로 옳은 것은?

(가) 미국 배가 다시 항구로 들어와서 광성진을 습격하고 함락하였는데, 중군(中軍) 어재연이 힘껏 싸우다가 목숨을 바쳤고, 사망한 군사가 매우 많습니다.
(나) 군국기무처에서 올린 의안이 다음과 같았는데, "…… 1. 문벌, 양반과 상민들의 등급을 없애고 귀천에 관계없이 인재를 선발하여 등용한다. …… 1. 공노비와 사노비에 관한 법을 일체 폐지하고 사람을 사고파는 일을 금지한다."

① 일본이 경복궁을 습격하여 명성 황후를 시해하였다.
② 독일 상인 오페르트가 남연군의 묘를 도굴하려 하였다.
③ 서재필 등이 민중 계몽을 위하여 독립신문을 창간하였다.
④ 이만손 등이 『조선책략』의 유포에 반대하여 영남 만인소를 올렸다.

02 밑줄 친 '이 단체'에 대한 설명으로 옳은 것은?

오늘 이 단체가 각 대신에게 통문으로 요청하였다. "삼가 말씀드릴 것은 지금 산림·천택·벌판의 황무지를 일본 사람이 청구하여 이것을 허가한다면, 즉 국가가 존속하느냐 멸망하느냐의 위급한 때이며 인민의 생사와 관계되는 날입니다."

① 월보를 간행하고 지회를 설치하였다.
② 송수만, 심상진 등을 중심으로 조직되었다.
③ 만민 공동회를 개최하여 외국의 간섭을 비판하였다.
④ 농광회사를 설립하여 토지 개간 사업 등을 추진하였다.

03 다음 협약이 체결된 시기로 옳은 것은?

제1조 한국 정부는 시정 개선에 관하여 통감의 지도를 받는다.
제2조 한국의 법령 제정 및 중요한 행정상의 처분은 미리 통감의 승인을 거친다.
제5조 한국 정부는 통감이 추천하는 일본인을 한국 관리에 임명한다.

	(가)	(나)	(다)	(라)	
대한국 국제 반포		한·일 의정서 체결		을사늑약 체결		기유각서 체결		조선 총독부 설치

① (가)
② (나)
③ (다)
④ (라)

04 다음 약력에 해당하는 인물에 대한 설명으로 옳은 것은?

1898년 경상남도 밀양에서 출생
1919년 의열단 조직
1926년 황푸 군관 학교 졸업
1935년 민족 혁명당 조직

① 하와이에서 대조선 국민 군단을 결성하였다.
② 하얼빈에서 초대 통감 이토 히로부미를 사살하였다.
③ 충칭으로 이동하여 한국광복군의 총사령관을 역임하였다.
④ 중도 좌파 단체를 모아 조선 민족 전선 연맹을 결성하였다.

05 다음과 같은 통치 이념이 적용된 시기의 사실로 옳은 것은?

> 무릇 내선일체라는 국시(國是)는 고매하고 장엄한 것으로, 그 궁극의 목적은 반도 동포로 하여금 충량한 황국 신민으로 만들고, 객관적·주관적으로 일본인과 조선인 간에 어떤 구별도 발견할 수 없는 지경에 도달하는 데 있습니다.

① 회사령이 제정되었다.
② 미쓰야 협정이 체결되었다.
③ 아침마다 궁성요배를 강요하였다.
④ 제2차 조선 교육령이 공포되었다.

06 다음 사회 운동에 대한 설명으로 옳은 것은?

> 조선 민족 2천만의 한 사람으로서 갑오년 6월부터 백정의 칭호가 없어지고 평민이 된 우리들이다. 애정으로써 상호 부조하며 생활의 안정을 도모하고 공동의 존영을 기하려 한다. 이에 40여 만의 단결로써 본사의 목적인 그 주지를 선명하게 표명하는 바이다.

① 혜상공국의 혁파를 주장하였다.
② 중국의 5·4 운동에 영향을 주었다.
③ 조선 형평사의 주도로 전개되었다.
④ 신분 제도가 법적으로 폐지되는 계기가 되었다.

07 (가)에 들어갈 인물로 옳은 것은?

> 1956년에 시행된 제3대 대통령 선거에 출마한 (가) 은/는 평화 통일론을 주장하며 전체 유효표의 약 30%를 차지하였다. (가) 이/가 진보당을 창당하여 국민들에게 많은 지지를 받자, 위협을 느낀 이승만 정부는 진보당의 정당 등록을 취소시키고, 1959년에는 (가) 을/를 사형시켰다.

① 김종필
② 조봉암
③ 윤보선
④ 장준하

08 다음 문서에 대한 설명으로 옳은 것은?

> 첫째, 통일은 외세에 의존하거나 외세의 간섭을 받음이 없이 자주적으로 해결하여야 한다.
> 둘째, 통일은 서로 상대방을 반대하는 무력 행사에 의거하지 않고 평화적 방법으로 실현하여야 한다.
> 셋째, 사상과 이념, 제도의 차이를 초월하여 우선 하나의 민족으로서 민족적 대단결을 도모하여야 한다.

① 노태우 정부 때 발표되었다.
② 남북 군사 공동 위원회 설치를 명시하였다.
③ 금강산 관광 사업을 추진하기로 협의하였다.
④ 남북 조절 위원회가 설치되는 계기가 되었다.

09 (가) 정부 시기의 사실로 옳은 것은?

> (가) 정부는 민주화 운동을 탄압하기 위해 보도 지침을 각 언론사에 보내 신문과 방송 기사에 대한 검열을 강화하였다. 이와 동시에 컬러 TV 보급을 통한 방송의 탈정치화를 유도하였으며, 프로 야구와 프로 축구 등을 출범시키고 해외 여행 자유화를 통한 유화 정책을 펼치기도 하였다.

① 서울 올림픽이 개최되었다.
② 농지 개혁법이 제정되었다.
③ 6월 민주 항쟁이 일어났다.
④ 국제 통화 기금(IMF)에 지원을 요청하였다.

10 다음 합의문을 발표한 정부의 통일 정책으로 옳은 것은?

> 쌍방 사이의 관계가 나라와 나라 사이의 관계가 아닌 통일을 지향하는 과정에서 잠정적으로 형성되는 특수 관계라는 것을 인정하고, 평화 통일을 성취하기 위한 공동의 노력을 경주할 것을 다짐하면서, 다음과 같이 합의하였다.
> 제1조 남과 북은 서로 상대방의 체제를 인정하고 존중한다.

① 10·4 남북 공동 선언을 발표하였다.
② 경의선 철로 복원 사업을 착공하였다.
③ 한반도 비핵화 공동 선언을 채택하였다.
④ 분단 후 최초로 남북 정상 회담을 개최하였다.

01 밑줄 친 '이 나라'에 대한 설명으로 옳은 것은?

> 이 나라에서는 가축 이름으로 관직명을 정하였는데, 마가·우가·저가·구가·대사·대사자·사자가 있다. …… 여러 가(加)는 별도로 사출도를 다스렸는데, 큰 곳은 수천 집, 작은 곳은 수백 집이었다.

① 매년 10월에 동맹이라는 제천 행사를 열었다.
② 단궁, 과하마, 반어피 등이 특산물로 유명하였다.
③ 왕이 죽으면 노비 등을 묻는 순장의 풍습이 있었다.
④ 아이의 머리를 돌로 눌러 납작하게 하는 풍습이 있었다.

02 밑줄 친 '왕'의 업적으로 옳은 것은?

> 왕이 병사 3만을 거느리고 백제를 침공하여 백제의 서울 한성을 점령한 후, 개로왕을 죽이고 남녀 8천 명을 생포하여 돌아왔다.

① 역사서인 『신집』을 편찬하였다.
② 광개토 대왕릉비를 건립하였다.
③ 수도를 졸본에서 국내성으로 옮겼다.
④ 시장 감독 기관인 동시전을 설치하였다.

03 다음의 상소를 올린 인물에 대한 설명으로 옳은 것은?

> 광종께서는 예로써 아랫사람을 접하며 밝은 관찰력으로 사람을 잘 알아보았습니다. …… 즉위한 해로부터 8년간 정치와 교화가 청백 공평하였고 형벌과 표창을 남용하지 않았습니다. 그러나 쌍기를 등용한 후로부터 문사를 높이고 대우하는 것이 지나치게 후하였습니다.

① 성주사 낭혜화상 탑비의 비문을 작성하였다.
② 9재 학당을 설립하고 9경과 3사를 가르쳤다.
③ 민생 안정을 위해 왕에게 편민 18사를 올렸다.
④ 팔관회 등 불교 행사의 축소와 폐지를 주장하였다.

04 (가) 시기의 사실로 옳은 것은?

> 일본 원정을 위해 정동행성이 설치되었다.
> ↓
> (가)
> ↓
> 원의 수도 연경에 만권당이 설치되었다.

① 화주에 쌍성총관부가 설치되었다.
② 이제현에 의해 『사략』이 편찬되었다.
③ 관제 개혁을 통해 사림원이 설치되었다.
④ 정치와 경제를 개혁하기 위해 정치도감이 설치되었다.

05 밑줄 친 '왕'에 대한 설명으로 옳은 것은?

왕이 꾸짖기를 "그대들은 어찌하여 나를 배반하였는 가?" 하니 성삼문이 소리치며 말하기를 "옛 임금을 복위시 키려 했을 뿐입니다. 천하에 그 누가 자기 임금을 사랑하 지 않는 자가 있겠습니까?" 하였다.

① 『동문선』을 편찬하였다.
② 『동국병감』을 편찬하였다.
③ 직전법을 실시하였다.
④ 의정부 서사제를 시행하였다.

06 다음 소설을 저술한 인물이 쓴 책으로 옳은 것은?

허생은 만 금을 얻어 갖고는 다시 집으로 돌아가지 않고 언뜻 생각하기를, '저 안성(安城)은 경기도와 충청도의 접 경 지역이요, 삼남(三南)의 어귀렷다.'하고는, 곧 이곳에 머물러 살았다. 그리하여 대추·밤·감·배·석류·귤·유자 등의 과실을 모두 값을 두 배로 주고 사서 저장하였다. 허 생이 과실을 몽땅 사들여 도고(都庫)하자, 온 나라가 잔치 나 제사를 치르지 못하게 되었다.

① 『곽우록』 ② 『목민심서』
③ 『임하경륜』 ④ 『한민명전의』

07 (가), (나) 국가에 대한 설명으로 옳은 것은?

○ 영국이 [(가)]의 남하 정책을 견제하기 위하여 거 문도 사건을 일으켰다.
○ [(나)]에 민영익, 홍영식 등이 보빙사로 파견되었다.

① (가)는 운산 금광 채굴권을 차지하였다.
② (나)는 조선이 처음으로 최혜국 대우를 보장한 나라이다.
③ (가)에 조사 시찰단이 파견되었다.
④ (나)는 삼국 간섭을 통해 일본을 견제하였다.

08 밑줄 친 '이 신문'에 대한 설명으로 옳은 것은?

한국 내 신문이 가진 권력이란 비상한 것이다. 나의 백 마디 말보다 신문의 기사 한 줄이 한국인을 훨씬 감동시키 는데, 이에 더해 지금 한국에서 외국인 베델이 발간하는 이 신문은 한국인을 선동함이 그칠 날이 없으니, 이에 관 하여는 통감이 책임을 질 수밖에 없다.

① 우리나라 신문 최초로 상업 광고를 게재하였다.
② 10일에 한번씩 발간되었으며, 관보적 성격을 띠었다.
③ 을사늑약의 불법성을 폭로한 고종의 친서를 발표하였다.
④ 천도교의 기관지로 일진회 등의 매국 행위를 주로 비판하 였다.

09 밑줄 친 '이 지역'에서 전개된 독립운동으로 옳은 것은?

이 지역에서 1917년에 신규식, 박은식 등이 독립운동의 활로를 모색하고자 국민 주권설과 임시 정부의 수립과 운 영을 위한 강령 등으로 구성된 대동 단결 선언을 발표하였 다. 이듬해에는 국내에서 망명해 온 김규식, 여운형 등이 참여한 신한청년당이 조직되어 독립운동을 전개하였다.

① 한흥동이 건설되었다.
② 동제사가 조직되었다.
③ 해조신문이 발간되었다.
④ 명동 학교를 설립하였다.

10 (가) 시기에 있었던 사실로 옳은 것은?

	(가)	
4·19 혁명 발발		유신 헌법 공포

① 귀속 재산 처리법이 공포되었다.
② 3·1 민주 구국 선언이 발표되었다.
③ 국가 재건 최고 회의가 조직되었다.
④ 진보당 사건으로 조봉암이 사형되었다.

01 신석기 시대의 유적과 유물에 대한 설명으로 옳은 것은?

① 여주 흔암리 유적에서 불에 탄 쌀이 발견되었다.
② 청원 두루봉 동굴 유적에서는 홍수 아이라고 불리는 인골이 발견되었다.
③ 부산 동삼동 유적에서는 조개껍데기 가면, 일본산 흑요석기 등이 출토되었다.
④ 연천 전곡리 유적에서는 돌의 양면을 가공한 아슐리안형 주먹 도끼가 출토되었다.

02 밑줄 친 '왕'의 재위 시기에 있었던 사실로 옳은 것은?

> 왕은 대당 강경책을 전개하여 당과 연결을 시도하였던 흑수말갈을 공격하여 후방을 안정시키고, 장문휴의 수군으로 하여금 당 산둥 지방의 덩저우를 선제공격하였다. 또한 일본, 돌궐 등과 교류하여 당과 신라를 견제함으로써 동북아시아의 세력 균형을 유지하였다.

① 당으로부터 해동성국이라고 불리었다.
② '인안'이라는 독자적인 연호를 사용하였다.
③ 상경 용천부에서 동경 용원부로 천도하였다.
④ 5경 15부 62주의 지방 행정 체제를 완비하였다.

03 다음 사건을 시기순으로 바르게 나열한 것은?

> (가) 고려군이 고창 전투에서 후백제군을 상대로 승리를 거두었다.
> (나) 고려군이 일리천 전투에서 후백제군에 승리하였다.
> (다) 후백제군이 경주를 습격하여 신라 경애왕을 살해하였다.
> (라) 후백제의 견훤이 고려에 투항하였다.

① (가) - (나) - (다) - (라)
② (가) - (다) - (나) - (라)
③ (다) - (가) - (라) - (나)
④ (다) - (라) - (가) - (나)

04 다음 역사서에 대한 설명으로 옳은 것은?

> 동명왕의 본기를 보니 그 신비한 사적이 세상에서 이야기하는 것보다 더했다. 처음에는 믿지 못하고 귀신이나 환상으로 여겼는데, 반복하여 읽어서 그 근원에 들어가니, 허구가 아니고 신성한 것이었다. …… 나라를 창시한 신기한 사적이니, 이것을 기술하지 않으면 후세 사람들이 앞으로 무엇을 보고 알 것인가? 그러므로 시를 지어 기록하여 우리나라가 본래 성인(聖人)의 나라라는 것을 천하에 알리려고 한다.

① 「왕력」, 「기이」, 「흥법」, 「의해」 등으로 구성되어 있다.
② 상권에 중국사를, 하권에 우리나라의 역사를 서술하였다.
③ 발해의 역사를 처음으로 우리 민족의 역사로 포함하였다.
④ 고구려 건국 설화를 5언시체로 재구성한 영웅 서사시이다.

05 조선 전기 사림에 대한 설명으로 옳지 않은 것은?

① 유교 윤리가 담긴 『소학』과 『주자가례』 등을 중시하였다.
② 고려 말 온건파 사대부 길재, 정몽주 등의 학통을 계승하였다.
③ 15세기 중반 이후에 영남과 기호 지방을 중심으로 성장하였다.
④ 사장(詞章)을 중시하였고, 성리학 이외의 타 사상에 대해 개방적이었다.

06 밑줄 친 '이 정책'에 대한 설명으로 옳은 것은?

> 2필 양역의 폐단이 나라를 망치는 근저가 된 지 오래되었습니다. …… 급기야 임금께서 재차 궁궐 문에 임하시어 민정을 널리 물으셨지만, 호전·결포의 주장을 모두 행할 수 없게 되자 마침내 개연히 눈물을 흘리시며 "2필의 양역을 비록 다 혁파할 수는 없지만 1필로 줄이는 이 정책을 행하지 않을 수 없다."라고 하교하시기에 이르렀습니다.

① 양반들도 군포를 납부하게 하였다.
② 농민의 결작세 부담을 줄이기 위해 시행되었다.
③ 도결, 은결 등의 문제를 해결하기 위해 제정되었다.
④ 줄어든 재정을 보충하고자 선무군관포를 징수하였다.

07 다음 조약에 대한 설명으로 옳은 것은?

> 제37관 조선국에서 가뭄과 홍수, 전쟁 등의 일로 인하여 국내에 양식이 결핍할 것을 우려하여 일시 쌀 수출을 금지하려고 할 때에는 1개월 전에 지방관이 일본 영사관에게 통지하여 미리 그 기간을 항구에 있는 일본 상인들에게 전달하여 일률적으로 준수하는 데 편리하게 한다.

① 조선이 청의 속방이라는 것을 명시하였다.
② 일본 상선에 대한 무항세 조항이 포함되었다.
③ 일본 관리와 백성에 대한 최혜국 대우를 인정하였다.
④ 일본인의 활동 범위를 개항장에서 10리로 제한하였다.

08 (가)의 내용으로 옳은 것은?

> 제2차 갑오개혁 때 고종은 종묘에서 자주 독립의 맹세를 하고 국정 개혁의 기본 강령인 ___(가)___ 을/를 반포하였다. 이를 통해 청에 의존하는 관계를 끊고 국내외에 자주 독립을 선포하였다.

① 의정부와 6조 외에 불필요한 관청을 없앤다.
② 왕실 사무와 국정 사무를 나누어 혼동하지 않는다.
③ 7종 천인의 대우를 개선하고 백정이 쓰는 평량갓은 없앤다.
④ 국가 재정은 탁지부에서 전담하고 예산과 결산은 인민에게 공포한다.

09 다음 선전문이 발표된 민족 운동에 대한 설명으로 옳은 것은?

> 여러분들의 고향에는 조선 문자도 모르고 숫자도 모르는 이가 얼마쯤 있는가. …… 우리는 모름지기 자신을 초월한 것이다. 모든 이들을 위해 자신의 이해와 고락을 희생할 것이다. 우리는 보수를 바라지 않는 일꾼이 되어야 할 것이다. 새로운 사상을 갖는 새로운 학생들을 보라! …… 참으로 민중을 생각하는 마음으로 민중을 대하라. 그리하여 민중의 계몽자가 되고, 민중의 지도자가 되어라!
> – 동아일보

① 신간회가 결성되는 계기가 되었다.
② '내 살림 내 것으로'의 구호를 내세웠다.
③ 광주 지역의 독서회가 중심이 되어 일어났다.
④ 학생들이 중심이 되어 미신 타파, 구습 제거 등을 추진하였다.

10 다음 선언이 발표된 정부 시기의 경제 상황으로 옳은 것은?

> 여야 합의하에 조속히 대통령 직선제 개헌을 하고, 새 헌법에 의한 대통령 선거를 통해 평화적 정부 이양을 실현토록 해야겠습니다. 오늘 이 시점에서 저는 사회적 혼란을 극복하고 국민적 화합을 이룩하기 위하여는, 대통령 직선제를 택하지 않을 수 없다는 결론에 이르게 되었습니다.

① 경부 고속 국도를 건설하였다.
② 금융 실명제를 전면적으로 실시하였다.
③ 금 모으기 운동으로 외환 위기를 극복하였다.
④ 저금리, 저유가, 저달러의 3저 호황을 맞이하였다.

01 밑줄 친 '왕'의 업적으로 옳은 것은?

영락 6년에 왕이 몸소 수군을 이끌고 백잔(百殘)을 토벌하였다. 백잔이 복종하지 않고 감히 나와 싸우니 왕이 크게 노하여 아리수를 건너 병사를 보내 그 수도에 육박하였고, 백잔군이 퇴각하니 곧 수도를 포위하였다. 이에 백잔의 왕이 남녀 1천 명과 세포 천 필을 바치면서 왕에게 항복하고, "지금 이후로는 영원히 노객(奴客)이 되겠습니다."라고 맹세하였다.

① 불교를 수용하고 태학을 설립하였다.
② 서안평을 점령하고 요동으로 진출하였다.
③ 빈민을 구제하기 위해 진대법을 처음 실시하였다.
④ 숙신과 비려를 정벌하여 만주 일대를 차지하였다.

02 밑줄 친 '그'에 대한 설명으로 옳은 것은?

그는 29세에 황복사에서 머리를 깎고 승려가 되었다. 얼마 후 당나라에 가서 부처의 교화를 보고자 하여 동료와 함께 구도의 길을 떠났다. …… 이후 태백산에 돌아와 조정의 뜻을 받들어 부석사를 창건하고 대승 불교를 널리 전파하였다.

① 유식학을 발전시켜 서명학파를 형성하였다.
② 보현십원가를 지어 불교의 대중화를 꾀하였다.
③ 화엄 사상을 정립하고 해동 화엄종을 개창하였다.
④ 『십문화쟁론』을 지어 종파 간 대립을 극복하려 하였다.

03 (가) 신분층에 대한 설명으로 옳은 것은?

신라 말에 모든 읍의 토인(土人)들이 그 읍을 다스리고 호령하였다. 그런데 고려 왕조 통합 이후 토인에게 직호를 내리고 해당 지방의 백성을 다스리게 하였으니 이를 호장이라 하였다. …… 성종 때에 이르러 수령에게 호장을 통제하도록 하고, 드디어 강등하여 (가) (으)로 만들었다.

① 역의 대가로 보수를 지급받지 못하였다.
② 사심관에 임명되어 해당 지역을 통제하였다.
③ 과거에 응시하여 중앙 관직에 진출할 수 없었다.
④ 지방관이 파견되지 않는 속현의 실무를 담당하였다.

04 (가)에 들어갈 기구로 옳은 것은?

내가 들으니 덕은 오직 정치를 잘하는 것이고 정치는 민을 기르는데 있으며, 나라는 사람을 근본으로 삼고 사람은 먹는 것을 하늘로 삼는다고 하였다. 이에 우리 태조께서 이에 흑창을 두셨다. 지금 백성들이 점차 늘어나고 있는데 저축한 바는 늘어나지 않았으니, 쌀 1만 석을 더하고 이어서 이름을 (가) (이)라고 고친다.

① 의창
② 상평창
③ 제위보
④ 구제도감

05 조선의 중앙 통치 조직에 대한 설명으로 옳지 않은 것은?

① 승정원은 왕명의 출납을 담당하였다.
② 의금부는 노비와 관련된 사법 문제 처리를 담당하였다.
③ 예문관은 하급 관원이 『실록』의 기초가 되는 「사초」를 작성하였다.
④ 홍문관은 집현전을 계승한 것으로, 정2품 대제학을 중심으로 운영되었다.

06 다음 글을 쓴 인물에 대한 설명으로 옳은 것은?

> 길동이 점점 자라 8세가 되자, 총명하기가 보통이 넘어 하나를 들으면 백 가지를 알 정도였다. 그래서 공은 더욱 귀여워하면서도 출생이 천해, 길동이 늘 아버지니 형이니 하고 부르면 즉시 꾸짖어 그렇게 부르지 못하게 하였다. 길동이 열 살이 넘도록 감히 부형을 부르지 못하고, 종들로부터 천대받는 것을 뼈에 사무치게 한탄하면서 마음 둘 바를 몰랐다.

① 「양반전」을 지어 양반의 허례와 무능을 풍자하였다.
② 「유재론」에서 능력에 따른 인재 등용을 주장하였다.
③ 『우서』에서 사농공상의 평등과 전문화를 주장하였다.
④ 『아방강역고』를 지어 역사 지리에 대한 이해를 심화시켰다.

07 (가) 시기에 있었던 사실로 옳은 것은?

| 미국 상선 제너럴셔먼호가 평양 관민에 의해 불태워졌다. |
| ↓ |
| (가) |
| ↓ |
| 일본의 군함 운요호가 초지진을 공격하였다. |

① 통리기무아문이 설치되었다.
② 교육 입국 조서가 발표되었다.
③ 조·미 수호 통상 조약이 체결되었다.
④ 양헌수가 정족산성에서 프랑스군을 격퇴하였다.

08 다음 법령 시행기에 전개된 독립운동에 대한 설명으로 옳은 것은?

> 제2조 국어를 상용하는 자의 보통 교육은 소학교령, 중학교령 및 고등여학교령에 의한다.
> 제3조 국어를 상용하지 않는 자에게 보통 교육을 하는 학교는 보통학교, 고등보통학교 및 여자고등보통학교로 한다.
> 제5조 보통학교의 수업 연한은 6년으로 한다. 단, 지역의 정황에 따라 5년 또는 4년으로 할 수 있다.

① 독립 의군부가 결성되었다.
② 신흥 무관 학교가 설립되었다.
③ 광주 학생 항일 운동이 전개되었다.
④ 도쿄 유학생들이 2·8 독립 선언서를 발표하였다.

09 다음 정책을 추진한 정부 시기의 사실로 옳은 것은?

> ○ 친일 반민족 행위의 진상을 규명하기 위해 친일 반민족 행위 진상 규명 위원회를 설립하였다.
> ○ 과거사 정리 사업의 일환으로 진실 화해를 위한 과거사 정리 위원회를 설립하였다.

① 여성부를 신설하였다.
② 호주제를 폐지하였다.
③ 평창 동계 올림픽이 개최되었다.
④ 전국 민주 노동 조합 총연맹이 결성되었다.

10 (가)에 대한 설명으로 옳은 것은?

> 모스크바 삼상 회의에서 결정한 조선에 관한 제3조 제2항에 의거하여 조선 임시 민주 정부 조직에 협력하여 이에 대한 제 방책을 준비·작성하기 위해 구성된 (가) 이/가 3천만의 큰 희망 속에 20일 드디어 덕수궁 석조전에서 출범하였다. 조선의 진로를 좌우하는 중대한 관건을 쥐고 있는 만큼 그 추이는 자못 3천만 민중의 주목을 받고 있다.

① 조선 인민 공화국의 수립을 선포하였다.
② 좌·우익 정치 세력의 합작을 위한 7원칙을 발표하였다.
③ 유엔 감시 하 남북한 총선거를 통한 정부 수립을 결정하였다.
④ 임시 정부 수립을 위한 협의 대상을 선정하는 문제로 논쟁하였다.

해커스공무원
gosi.Hackers.com

해커스공무원 단원별 매일 하프모의고사 한국사
약점 점검표

1. 모의고사 채점 후, 틀린 개수를 적습니다. 한 시대의 하프모의고사를 모두 풀고 나면, 이 시대에서 총 몇 문제를 틀렸는지 적습니다.
2. 틀린 개수가 3개 이상인 회차는 본 교재 6p의 〈단원별 연계 학습 점검표〉를 활용해 추가 학습합니다.
3. 복습할 때에는, 다른 시대보다 틀린 문제가 더 많은 시대를 골라 추가 학습합니다.

	회차	틀린 개수		회차	틀린 개수
선사 시대	하프모의고사 01회	___개	근대	하프모의고사 16회	___개
틀린 개수 총합		___개		하프모의고사 17회	___개
고대	하프모의고사 02회	___개		하프모의고사 18회	___개
	하프모의고사 03회	___개		하프모의고사 19회	___개
	하프모의고사 04회	___개	틀린 개수 총합		___개
	하프모의고사 05회	___개	일제 강점기	하프모의고사 20회	___개
틀린 개수 총합		___개		하프모의고사 21회	___개
고려 시대	하프모의고사 06회	___개		하프모의고사 22회	___개
	하프모의고사 07회	___개		하프모의고사 23회	___개
	하프모의고사 08회	___개	틀린 개수 총합		___개
	하프모의고사 09회	___개	현대	하프모의고사 24회	___개
틀린 개수 총합		___개		하프모의고사 25회	___개
조선 전기	하프모의고사 10회	___개		하프모의고사 26회	___개
	하프모의고사 11회	___개	틀린 개수 총합		___개
틀린 개수 총합		___개	근현대	하프모의고사 27회	___개
조선 후기	하프모의고사 12회	___개	틀린 개수 총합		___개
	하프모의고사 13회	___개	전범위	하프모의고사 28회	___개
	하프모의고사 14회	___개		하프모의고사 29회	___개
틀린 개수 총합		___개		하프모의고사 30회	___개
전근대	하프모의고사 15회	___개	틀린 개수 총합		___개
틀린 개수 총합		___개			

해커스공무원

gosi.Hackers.com

해커스공무원
단원별 매일 하프모의고사
한국사

매일 하프 모의고사 01~30일

| 정답 및 해설 |

선사 시대 01일 하프모의고사 01회 정답·해설 — 선사 시대의 전개~고조선과 여러 나라의 성장

▶ 정답 한눈에 보기

01	③	02	②	03	③	04	④	05	③
06	①	07	④	08	④	09	②	10	②

▶ [선사 시대의 전개~고조선과 여러 나라의 성장] 출제 경향 & 빈출 키워드

출제 경향 선사 시대에서는 구석기 시대에서 철기 시대까지의 사회상을 묻는 문제와 고조선의 발전 과정 및 위만 조선에 대한 문제가 자주 출제됩니다. 그리고 초기 여러 나라의 특징과 풍속을 묻는 문제가 주로 출제됩니다.

빈출 키워드 빗살무늬 토기, 가락바퀴, 고인돌, 미송리식 토기, 반량전, 고조선, 8조법, 위만 조선, 부여(영고), 고구려(제가 회의), 옥저(골장제), 동예(무천, 책화, 족외혼), 삼한(천군, 소도)

---

01 구석기 시대의 생활 모습 난이도 하 ●○○

자료분석
동굴 또는 바위 그늘에서 살거나 강가에 막집을 지어 거주함 → (가) 구석기

정답설명
③ 구석기 시대에는 고래와 물고기 등이 새겨진 예술품을 만들어 사냥의 성공과 번성을 기원하였다.

오답분석
① 신석기 시대: 가락바퀴를 이용하여 실을 뽑아 옷을 지은 것은 신석기 시대이다.
② 청동기 후기~철기 시대: 거푸집을 이용하여 청동검 등의 무기를 제작한 것은 청동기 시대 후기~철기 시대이다.
④ 청동기 시대: 지배자의 무덤으로 고인돌을 축조한 것은 청동기 시대이다.

---

02 신석기 시대 난이도 하 ●○○

자료분석
농경과 목축을 시작 + 조, 수수, 피 등 잡곡류를 생산 → (가) 신석기

정답설명
② 소를 이용한 깊이갈이가 일반화된 것은 고려 시대이다. 한편, 소를 이용한 농사가 시작된 것은 철기 시대로 추측되는데, 『삼국사기』에는 신라 지증왕 때 소를 이용한 농사(우경)가 보급되었다는 기록이 있다.

오답분석
① 신석기 시대에는 빗살무늬 토기 등의 토기가 제작되었다.
③ 신석기 시대에는 뼈바늘과 가락바퀴를 이용하여 그물을 짜거나 옷을 만들어 입었다.
④ 신석기 시대에는 곡물이나 씨앗의 껍질을 벗기는데 갈돌과 갈판과 같은 간석기를 조리 도구로 사용하였다.

🖊 **이것도 알면 합격!**

신석기 시대

시기	우리나라에서는 기원전 8000년경 시작됨
생활	• 돌을 갈아서 만든 간석기 사용 • 빗살무늬 토기, 이른 민무늬 토기, 덧무늬 토기 등 제작 • 바닥이 둥근 움집을 지었으며, 움집 중앙에는 화덕을 둠 • 조, 피, 수수 등을 재배하는 농경과 목축이 시작됨

---

03 청동기 시대 난이도 하 ●○○

자료분석
반달 돌칼 + 직사각형 형태의 움집 + 화덕의 위치는 벽면으로 이동 → 청동기 시대

정답설명
③ 청동기 시대에는 목을 길게 단 미송리식 토기를 제작하였다. 이외에 청동기 시대의 대표적인 토기로는 민무늬 토기, 송국리식 토기 등이 있다.

오답분석
① 철기 시대: 반량전 등의 중국 화폐를 사용한 것은 철기 시대이다. 중국 화폐인 반량전이 우리나라에서 출토된 것을 통해 철기 시대에 우리나라가 중국과 활발하게 교류하였음을 알 수 있다.

② **신석기 시대**: 덧무늬 토기에 도토리 등의 식량을 저장하였던 것은 신석기 시대이다.
④ **구석기 시대**: 상원 검은모루, 공주 석장리 등은 구석기 시대 유적지이다.

이것도 알면 합격!

청동기 시대

시기	한반도에서 기원전 2000년경에서 기원전 1500년경에 시작
도구	• 석기: 반달 돌칼, 돌도끼, 홈자귀 등의 농기구와 간돌검 등의 무기 • 청동기: 비파형동검, 거친무늬 거울 등 • 토기: 미송리식 토기, 민무늬 토기, 송국리식 토기 등
경제 생활	밭농사가 본격화됨. 일부 저습지를 중심으로 벼농사가 시작
사회	사유 재산 및 계급 발생

04 고조선 난이도 중 ●●○

자료분석
이 나라의 후(侯) 역시 스스로 왕이라 칭함 + 연나라를 공격하려고 함 → 고조선

정답설명
④ 고조선은 사회 질서를 유지하기 위해 8조의 법을 제정하였는데, 그 중 세 개의 조항만 중국의 역사서인 『한서』「지리지」를 통해 전해진다.

오답분석
① **삼한**: 신지, 읍차 등의 지배자가 있던 나라는 삼한이다. 삼한은 지배자 중 세력이 큰 자는 신지·견지, 작은 자는 부례·읍차 등으로 불렀다.
② **고구려**: 귀족 회의인 제가 회의에서 국가의 중대사를 결정한 나라는 고구려이다.
③ **부여·고구려**: 형이 죽으면 형수를 아내로 맞는 형사취수혼의 풍습이 있던 나라는 부여와 고구려이다.

05 위만 조선 난이도 중 ●●○

자료분석
상투를 틀고 오랑캐의 복장을 함 + 동쪽으로 도망하여 패수를 건넘 → (가) 위만 → 위만 조선(기원전 194~108년)

정답설명
③ 위만 조선은 지리적 이점을 이용하여 한반도 남부의 진국과 중국의 한나라 사이의 직접 교역을 막고, 중계 무역을 전개하여 막대한 경제적 이익을 획득하였다.

오답분석
① 고조선이 연나라의 장수 진개의 공격으로 요동을 상실한 것은 기원전 3세기 초 단군 조선 시기로, 위만 조선 성립 이전의 사실이다.
② 준왕이 부왕으로부터 왕위를 물려받은 것은 기원전 3세기경 단군 조선 시기로, 위만 조선 성립 이전의 사실이다.
④ 한나라가 고조선의 영토에 네 개의 군현(낙랑, 진번, 임둔, 현도)을 설치한 것은 고조선(위만 조선) 멸망 이후의 사실이다.

06 부여의 사회 풍습 난이도 하 ●○○

자료분석
국토의 면적은 사방 2천리 + 토질은 오곡이 자라기에 적당함 → 부여

정답설명
① 무천은 해마다 10월에 동예에서 거행되었던 제천 행사이다. 한편, 부여에서는 해마다 12월에 영고라는 제천 행사를 거행하였다.

오답분석
② 부여에서는 도둑질을 하면 그 물건 값의 12배를 변상하는 1책 12법의 사회 풍습이 있었다.
③ 부여에서는 소를 죽여 소의 발굽 모양을 보고 길흉을 점친 뒤 국가의 중대사를 결정하는 우제점법의 풍습이 있었다.
④ 부여에서는 왕이 죽으면 많은 사람을 부장품과 함께 껴묻는 순장의 사회 풍습이 있었다.

07 삼한 난이도 중 ●●○

자료분석
5월이면 씨뿌리기를 마치고 귀신에게 제사를 지냄(수릿날) + 10월에 농사일을 마치고 나서도 함(계절제) → 삼한

정답설명
④ 상가·고추가 등의 대가들이 각기 사자·조의·선인 등의 관리를 거느렸던 나라는 고구려이다.

오답분석
① 삼한 중에서는 마한의 세력이 가장 컸으며, 그중에서도 목지국의 세력이 가장 컸다. 이에 목지국의 지배자가 마한왕 또는 진왕으로 추대되어 삼한 전체를 주도하였다.
② 삼한은 철제 농기구를 사용하여 농경이 발달하였고 벼농사를 지었다. 또한 삼한은 벼농사의 발달로 저수지가 축조되었는데, 대표적으로 밀양 수산제·제천 의림지 등이 있다.
③ 삼한의 주민들은 주로 초가 지붕의 반움집이나 통나무를 이용해 지은 귀틀집, 흙방(토실) 등에서 거주하였다.

08 옥저   난이도 하 ●○○

자료분석
여자의 나이가 10세가 되기 전에 혼인 약속을 함 → 민며느리제 → 옥저

정답설명
④ 옥저에서는 사람이 죽으면 가매장한 다음 뼈만 추려 목곽에 안치하는 골장제의 풍습이 있었다.

오답분석
① 삼한: 소도라는 신성 지역이 있었던 나라는 삼한이다. 삼한에서는 제사장인 천군이 주관하는 소도라는 지역이 있었으며, 이곳은 정치적 지배자인 군장의 세력이 미치지 못하는 신성 지역이어서 죄인이 도망하여 이곳에 오면 잡아가지 못하였다.
② 고구려: 집집마다 부경이라는 작은 창고가 있었던 나라는 고구려이다. 고구려는 대부분 산악 지대였기 때문에 식량이 부족하여 정복 활동을 통해 식량을 조달하였으며, 집집마다 부경이라는 창고를 두고 조달해 온 식량을 저장하였다.
③ 동예: 단궁이라는 활과 작은 말인 과하마, 바다표범 가죽인 반어피 등의 특산물이 생산되었던 나라는 동예이다.

🔖 이것도 알면 합격!

옥저와 동예

구분	옥저	동예
정치	왕이 없고 군장(읍군, 삼로, 후)이 다스림	
경제	소금, 해산물 등 풍부	특산물(단궁·과하마·반어피) 생산
풍속	민며느리제, 골장제	제천 행사(무천, 10월), 족외혼, 책화

09 동예   난이도 하 ●○○

자료분석
후, 읍군, 삼로 + 산과 내마다 각기 구분이 있어서 함부로 들어가지 않음 → 동예

정답설명
② 동예는 폐쇄적인 씨족 사회의 전통으로 족외혼을 엄격하게 지켜 혼인을 할 때에는 다른 씨족과 혼인하였다.

오답분석
① 부여: 매년 12월에 영고라는 제천 행사를 거행한 나라는 부여이다.
③ 삼한: 국읍마다 천신에 대한 제사를 주관하는 제사장인 천군이 있었던 나라는 삼한이다. 삼한은 정치적 지배자인 군장 외에 제사장인 천군이 있어 소도에서 종교와 농경에 대한 의례를 주관하였다.

④ 고구려: 건국 시조인 주몽과 그의 어머니인 유화 부인을 조상신으로 섬겨 제사를 지낸 나라는 고구려이다.

10 고구려   난이도 하 ●○○

자료분석
대가 + 좌식자 + 하호 + 동맹 → 고구려

정답설명
② 진대법은 고구려 고국천왕이 시행한 것으로, 춘궁기에 백성들에게 곡식을 빌려주고 추수기에 갚도록 한 빈민 구휼 정책이었다.

오답분석
① 동예: 다른 마을을 함부로 침범하면 소, 말, 노비 등으로 배상하도록 한 책화의 풍습이 있었던 나라는 동예이다.
③ 백제: 정사암 회의를 통해 재상을 선발한 나라는 백제이다.
④ 고구려는 국왕 중심의 중앙 집권 국가로 발전하였다. 중앙 집권 국가로 발전하지 못하고 주변 국가에 병합된 나라로는 고구려에 복속된 동예와 옥저, 연맹 국가 단계에서 멸망한 가야 등이 있다.

🔖 이것도 알면 합격!

고구려의 풍속

제천 행사	• 매년 10월에 동맹이라는 제천 행사를 치름 • 왕과 신하들이 국동대혈(나라 동쪽의 큰 동굴)에 모여 제사를 지냄
혼인	• 서옥제: 일종의 데릴사위제, 노동력 중시, 지배층의 혼인 풍습 • 형사취수제(부여의 영향)
장례	돌을 쌓아 봉분(돌무지무덤)을 만들고, 봉분 주변에 소나무와 잣나무를 심음
법률	1책 12법, 투기가 심한 부인은 사형에 처함(부여의 영향)

| 고대 | **02일** | **하프모의고사 02회 정답·해설** 고대의 발전(1) |

정답 한눈에 보기

01	②	02	②	03	①	04	②	05	③
06	④	07	④	08	④	09	①	10	②

[고대의 발전(1)] 출제 경향 & 빈출 키워드

출제 경향 고대는 정치사에서 각국의 주요 왕이나 각국 간의 항쟁 및 통치 구조를 묻는 문제가 가장 많이 출제되며, 경제·사회사에서는 제도·상황을 묻는 문제가 주로 출제됩니다. 문화사에서는 승려 문제의 출제 비중이 높습니다.

빈출 키워드 소수림왕, 고이왕, 대가야, 성왕, 골품제, 진골, 6두품, 이불병좌상, 금동 연가 7년명 여래 입상, 원광, 의상

---

01 소수림왕의 업적 〔난이도 하 ●○○〕

자료분석
승려 순도 + 불상과 경문 → 소수림왕

정답설명
② 소수림왕은 국가 통치의 기본 법인 율령을 반포하여 중앙 집권 체제를 강화하였다.

오답분석
① 장수왕: 도읍을 국내성에서 평양으로 옮긴 왕은 고구려 장수왕이다.
③ 광개토대왕: 영락이라는 독자적인 연호를 사용한 왕은 고구려 광개토대왕이다.
④ 법흥왕: 병부와 상대등을 처음 설치한 왕은 신라 법흥왕이다.

02 고이왕의 정책 〔난이도 중 ●●○〕

자료분석
내신좌평 + 내두좌평 → 6좌평 제도 → 고이왕

정답설명
② 고이왕은 관리들의 위계질서를 바로 세우기 위하여 자·비·청색의 공복 제도를 정비하였다.

오답분석
① 근초고왕: 『서기』를 편찬한 왕은 근초고왕이다. 근초고왕은 활발한 대외 정복 사업을 통해 강화된 왕권을 과시하기 위해 박사 고흥에게 백제의 역사서인 『서기』를 편찬하게 하였다.
③ 무왕: 백제 중흥을 내세우며 익산(금마저)에 미륵사를 창건한 왕은 무왕이다. 익산 미륵사는 백제 최대 규모의 사찰로 무왕 시기에 왕권이 강화되었음을 보여준다.
④ 무령왕: 지방에 22담로를 설치하고 왕족을 파견한 왕은 무령왕이다. 무령왕은 지방의 효율적인 통치를 위해 지방에 22담로를 설치하고 이곳에 왕족을 파견하였다.

🖊️ 이것도 알면 합격!

고이왕

왕권 강화 및 체제 정비	• 왕위의 형제 상속제 확립 • 관등제(6좌평, 16관등), 관복제(자색, 비색, 청색) 정비 • 삼국 중 최초로 율령 반포 • 왕과 귀족들이 모여서 정사를 보는 남당 설치
영토 확장	낙랑군과 대방군 공격, 목지국을 밀어내면서 한강 유역 완전히 장악

03 대가야 〔난이도 하 ●○○〕

자료분석
이진아시왕 + 고령 + 후기 가야 연맹의 맹주 → (가) 대가야

정답설명
① 대가야는 진흥왕 때 이사부 등의 공격을 받아 멸망하였다.

오답분석
② 통일 신라: 중앙군으로 9서당이 있었던 나라는 통일 신라이다.
③ 금관가야: 주요 유적으로 김해 대성동 고분군이 있는 나라는 금관 가야이다. 대가야의 대표적인 유적지로는 고령 지산동 고분군이 있다.

④ **신라**: 박, 석, 김의 3성이 교대로 왕위를 계승하였던 나라는 신라이다. 신라는 4세기 내물 마립간에 의해 김씨가 독점적으로 왕위를 계승하기 전까지 박, 석, 김씨가 교대로 왕위를 계승하였다.

04 삼국 시대의 통치 제도   난이도 하 ●○○

정답설명
② 옳은 것을 모두 고르면 ㉠, ㉢이다.
㉠ 고구려는 수도와 지방을 각각 5부로 정비하였다. 지방의 5부(대성)에는 지방관으로 욕살을 파견하였다.
㉢ 백제는 지방에 5방(동·서·남·북·중)을 두었고, 방에는 지방관인 방령을 파견하였다.

오답분석
㉡ **백제**: 22개의 관부로 구성된 중앙 통치 제도를 운영한 나라는 백제이다. 백제는 성왕 때 중앙 통치 제도를 내관 12부와 외관 10부로 정비하였다. 한편, 신라는 통일 이후 신문왕 때 집사부 등 14개 관부로 구성된 중앙 통치 제도를 완비하였다.
㉣ **신라**: 상대등이 주관하는 귀족 회의인 화백 회의가 있었던 나라는 신라이다. 한편, 고구려의 귀족 회의는 제가 회의이다.

🏆 이것도 알면 합격!

삼국의 중앙 행정 조직과 관등제

구분	고구려	백제	신라
수상	대대로(대막리지)	상좌평(내신좌평)	상대등
중앙 조직	내평, 외평, 주부	6좌평제, 22부	10부 (통일 후 14부)
관등	10여 관등	16관등	17관등

05 백제 성왕의 업적   난이도 중 ●●○

자료분석
관산성을 공격 + 고간 도도가 왕을 죽임 → (가) 백제 성왕

정답설명
③ 백제 성왕은 수도를 대외 진출에 유리한 사비(현재의 부여)로 옮기고 국호를 남부여로 고쳤다.

오답분석
① **근초고왕**: 왕인과 아직기를 일본에 파견하여 백제 문화를 전파한 왕은 근초고왕이다. 근초고왕은 왕인과 아직기를 일본에 보내 선진 문물인 한문, 유학, 『논어』, 『천자문』 등을 전하였다.
② **의자왕**: 장군 윤충을 파견하여 신라의 대야성을 공격한 왕은 백제 의자왕이다. 의자왕은 활발한 정복 활동을 전개하여 신라의 대야성을 비롯한 40여 성을 탈취하였다.

④ **고이왕**: 한강 유역을 장악하고 한 군현과 대립한 왕은 백제의 고이왕이다. 고이왕은 마한의 소국인 목지국을 밀어내고 한강 유역을 완전히 장악하였으며, 낙랑군과 대방군의 한 군현을 적극적으로 공격하였다.

🏆 이것도 알면 합격!

백제 성왕의 정책

사비 천도	대외 진출에 유리한 사비(부여)로 천도하고, 국호를 남부여로 변경
체제 정비	• 중앙 관청을 22부로 정비 • 수도를 5부·지방을 5방으로 정비
불교 진흥	• 겸익을 등용하여 불교 진흥 • 노리사치계를 일본에 파견하여 불교 전파

06 녹읍   난이도 하 ●○○

자료분석
신문왕이 혁파 + 경덕왕이 다시 내려줌 → (가) 녹읍

정답설명
④ 녹읍은 국가에서 관리에게 직역에 대한 대가로 지급한 토지로, 조세를 수취하고 노동력을 징발할 수 있는 권리를 부여하였다.

오답분석
① **과전**: 경기(京畿) 지방에 한정하여 지급한 토지는 조선 시대의 과전이다.
② **식읍**: 전쟁에서 공을 세운 공신에게 공로의 대가로 지급한 토지는 식읍이다.
③ **구분전**: 하급 관료와 군인의 유가족에게 지급한 토지는 고려 시대의 구분전이다.

🏆 이것도 알면 합격!

통일 신라 토지 제도의 변화

관료전 지급, 녹읍 폐지(신문왕)	• 관리에게 봉급 대신 관등에 따라 관료전 지급 • 중앙과 지방 관리들의 녹읍 폐지
정전 지급(성덕왕)	왕토 사상에 근거하여 일반 백성들에게 정전 지급
녹읍 부활(경덕왕)	관리에게 주던 녹봉을 폐지하고, 녹읍 부활

07 삼국의 사회 모습   난이도 하 ●○○

정답설명
④ 신라의 골품제는 관등 승진뿐만 아니라 가옥의 규모와 대문의 장식 등 개인의 일상생활까지 규제하였다.

오답분석
① 고구려는 도둑질 한 자에게 훔친 물건의 12배를 배상하도록 하는 1책 12법이 시행되었다. 한편, 1책 12법은 부여에서도 시행되었다.
② 고구려에서는 남녀 간의 자유로운 교제를 통해 결혼하였다. 이때, 신랑 집에서는 돼지고기와 술을 보낼 뿐 다른 예물을 보내지 않았다.
③ 백제의 지배층은 왕족인 부여씨와 8성(진씨, 해씨, 연씨, 백씨, 사씨, 목씨, 국씨, 협씨)의 귀족들로 이루어져 있었다.

08 6두품   난이도 하 ●○○

자료분석
아찬까지만 승진 할 수 있음 + 중위제를 적용받음 + 최치원, 최승우 → 6두품

정답설명
④ 6두품은 신라 말기에 지방 토착 세력인 호족과 결탁하여 사회 개혁을 추구하였다.

오답분석
① **진골**: 자색 공복을 입을 수 있었던 신분은 진골이다. 6두품은 6관등(아찬)까지만 승진할 수 있었기 때문에 비·청·황색의 관복만 입을 수 있었다.
② **진골**: 중앙 관청의 우두머리나 지방 장관직을 독점한 신분은 진골이다. 6두품은 대개 차관급에 임명되었다.
③ **진골**: 성골이 소멸한 신라 중대 이후에 왕위를 계승하기도 했던 신분은 진골이다. 진덕 여왕 이후 성골이 소멸하자 김춘추가 최초의 진골 출신 왕이 되었다.

이것도 알면 합격!

6두품

신분적 한계	6관등인 아찬까지만 진출 가능 → 법제적으로 주(州)의 장관직(도독)까지 오를 수 있었으나, 실제로는 진골 귀족이 독점하였음
활동	• 신라 중대에 왕권과 결탁하여 왕권 전제화에 기여 • 행정·학문·종교 등 다양한 분야에서 활동 • 신라 하대에 호족과 결탁하여 사회 개혁 추구

09 발해의 문화재   난이도 하 ●○○

자료분석
(가)의 왕은 옛날부터 대씨를 성으로 삼음 → (가) 발해

정답설명
① 이불병좌상은 발해의 대표적인 불상으로, 고구려 불상 양식의 영향을 받아 제작되었다.

오답분석
② **백제**: 정림사지 5층 석탑은 부여에 위치한 대표적인 백제의 석탑으로, 조화미와 균형미가 뛰어난 것이 특징이다.
③ **통일 신라**: 감은사지 3층 석탑은 통일 신라의 석탑으로, 이층 기단 위에 삼 층의 탑신부를 얹은 전형적인 통일 신라의 석탑 양식으로 건립되었다.
④ **고구려**: 금동 연가 7년명 여래 입상은 고구려에서 제작된 불상으로, 불상의 광배 뒤에 연가 7년에 고구려에서 제작되었음을 밝히는 내용의 명문이 새겨져 있다.

10 원광   난이도 중 ●●○

자료분석
왕(진평왕)이 수나라에 군사를 청하는 글(걸사표)을 요청함 → (가) 원광

정답설명
② 원광은 세속 5계(사군이충, 사친이효, 교우이신, 임전무퇴, 살생유택)를 통해 화랑이 지켜야 할 규율을 제시하여 화랑도의 정신적 기반을 마련하였다.

오답분석
① **의상**: 당에서 유학하고 돌아와 부석사를 창건한 인물은 의상이다. 의상은 당나라에 유학을 가서 당의 화엄종 승려인 지엄에게 화엄학을 배웠으며, 이후 귀국하여 영주 부석사, 양양 낙산사 등의 사찰을 창건하였다.
③ **의상**: 관음 신앙을 이끌었던 인물은 의상이다. 의상은 질병이나 재해 등 인간의 현실적인 문제점을 해결해주는 관음보살을 신봉하는 관음 신앙을 전파하였다.
④ **도선**: 풍수지리 사상이 반영된 지리 도참서인 『송악명당기』를 저술한 인물은 도선이다. 도선은 중국으로부터 풍수지리설을 들여왔으며, 풍수지리 사상은 산세와 수세를 살펴 도읍, 주택, 묘지 등의 선정에 영향을 미쳤다.

이것도 알면 합격!

신라의 승려

원광	• 수나라에 고구려 원정을 청하는 걸사표 작성 • 화랑이 지켜야 할 세속 오계 제시
자장	• 선덕 여왕에게 황룡사 구층 목탑 건립 건의 • 대국통에 임명되어 출가자의 규범과 계율 주관
원측	당의 현장으로부터 유식학을 배우고, 중국 서명사에서 서명학파 형성
혜초	인도 등을 순례한 뒤 기행문인 『왕오천축국전』 저술

고대 03일 하프모의고사 03회 정답·해설 고대의 발전(2)

▶ 정답 한눈에 보기

| 01 | ④ | 02 | ② | 03 | ④ | 04 | ④ | 05 | ② |
| 06 | ③ | 07 | ② | 08 | ② | 09 | ③ | 10 | ② |

▶ [고대의 발전(2)] 출제 경향 & 빈출 키워드

출제 경향 고대는 정치사에서 각국의 주요 왕이나 각국 간의 항쟁 및 통치 구조를 묻는 문제가 가장 많이 출제되며, 경제·사회사에서는 제도·상황을 묻는 문제가 주로 출제됩니다. 문화사에서는 승려 문제의 출제 비중이 높습니다.

빈출 키워드 황산벌 전투, 매소성 전투, 신문왕, 발해 문왕, 원종과 애노의 난, 화랑도, 자장, 원효

---

01 삼국 통일 과정   난이도 중 ●●○

정답설명
④ 순서대로 바르게 나열하면 (다) 황산벌 전투(660) → (라) 계림 도독부 설치(663) → (가) 평양성 함락(668) → (나) 매소성 전투(675)가 된다.

- (다) **황산벌 전투**: 김유신이 이끄는 신라군이 사비로 진격하자 백제의 장군인 계백의 군대가 이를 막기 위해 황산벌에서 항전하였다. 그러나 결국 백제군은 패배하였고, 계백은 전사하였다(660).
- (라) **계림 도독부 설치**: 당나라는 백제 멸망 이후 웅진(지금의 공주)에 웅진 도독부를 설치(660)하고, 신라의 수도인 경주에 계림 도독부를 설치하였다(663).
- (가) **평양성 함락**: 나·당 연합군이 고구려의 수도인 평양성을 함락시키면서 고구려가 멸망하였다(668).
- (나) **매소성 전투**: 나·당 전쟁 과정에서 신라는 당의 이근행이 이끄는 20만 대군을 매소성에서 격파하여 나·당 전쟁의 주도권을 장악하였다(675).

이것도 알면 합격!

나·당 전쟁

원인	당이 웅진 도독부·계림 도독부·안동 도호부를 설치하며 한반도 지배 야욕을 드러냄
과정	• 매소성 전투(675): 매소성에서 당나라 이근행의 20만 대군 격파 • 기벌포 전투(676): 기벌포에서 당나라 설인귀의 수군을 섬멸
결과	신라가 대동강에서 원산만을 경계로 삼국 통일 달성(676)

---

02 신문왕   난이도 중 ●●○

자료분석
도성에서 반란이 일어남 + 역적의 우두머리 흠돌 → 김흠돌의 난 → 신문왕

정답설명
② 신문왕은 국학을 설치하여 유학을 교육하도록 하였으며, 이를 통해 유교 정치 이념을 확립하여 왕권을 강화하고자 하였다.

오답분석
① **소지 마립간**: 사방에 우역을 처음 설치한 왕은 소지 마립간이다.
③ **원성왕**: 관리 채용을 위해 독서삼품과를 시행한 왕은 원성왕이다.
④ **진평왕**: 관리의 인사를 담당하는 관청인 위화부를 설치한 왕은 진평왕이다.

---

03 발해 문왕   난이도 중 ●●○

자료분석
대흥보력효감금륜성법대왕의 둘째 딸 → 정혜 공주 → 발해 문왕

정답설명
④ 발해 문왕은 수도를 중경 현덕부에서 상경 용천부로 옮겼다.

오답분석
① **발해 무왕**: 장문휴를 보내 등주(덩저우)를 공격한 왕은 발해 무왕이다.
② **발해 고왕**: 동모산에 진국을 세운 왕은 발해 고왕(대조영)이다.
③ **진흥왕**: 대창, 홍제 등의 연호를 사용한 왕은 신라 진흥왕이다. 한편, 발해 문왕은 대흥, 보력 등의 연호를 사용하였다.

04 원종과 애노의 난이 일어난 시기 난이도 중 ●●○

자료분석
원종, 애노 등이 사벌주에 웅거하여 반란을 일으킴 → 원종과 애노의 난(889)
- (가) 백제 멸망(660)~신문왕 즉위(681)
- (나) 신문왕 즉위(681)~정전 지급(722)
- (다) 정전 지급(722)~혜공왕 피살(780)
- (라) 혜공왕 피살(780)~고려 건국(918)

정답설명
④ 원종과 애노의 난은 (라) 시기인 889년에 일어났다. 진성 여왕 때 정부의 강압적인 조세 징수, 진골 귀족의 농민 수탈 강화 등으로 농민의 불만이 심화되면서 원종과 애노가 사벌주(상주)에서 난을 일으켰다.

05 신라 촌락 문서 난이도 중 ●●○

자료분석
도다이지 쇼소인에서 발견됨 + 서원경 부근 4개 촌락의 경제적 상황을 기록 → 신라 촌락 문서

정답설명
② 신라 촌락 문서에 재산의 상속과 분배에 대한 내용은 정리되어있지 않다.

오답분석
① 신라 촌락 문서에서 인구는 남녀를 각각 연령에 따라 6등급으로 나누어 기록하였으며, 소아의 수와 노비의 수까지 호구를 자세히 기록하였다. 이를 통해 신라가 노동력 수취를 중시하였음을 알 수 있다.
③ 신라 촌락 문서는 촌주가 매년 변동 사항을 조사하여 3년마다(식년 기록) 한 번씩 작성하였다.
④ 신라 촌락 문서에는 촌주위답(촌주가 역의 대가로 지급받은 토지), 연수유전답(정전과 같은 성격의 토지), 내시령답(내시령에게 지급된 관료전) 등과 같은 각종 토지의 종류와 총 면적이 기록되어있다.

🔖 이것도 알면 합격!

신라 촌락 문서

발견	일본 도다이지 쇼소인(1933)
작성	촌주가 3년마다 작성(매년 호구의 감소만을 기재하는 추가 기록 존재)
내용	• 조사 대상: 각 촌락의 호 수, 인구 수, 우마 수, 토지 크기 등 • 인구: 남녀를 각각 연령에 따라 6등급으로 구분 • 호(戶): 사람의 다소(多少)에 따라 9등급으로 구분 • 토지: 논, 밭 및 촌주위답, 연수유전답, 내시령답, 관모전답, 마전 등의 총 면적 기재

06 발해의 사회 모습 난이도 하 ●○○

자료분석
선조성 + 중대성 + 정당성 + 대내상 → 발해

정답설명
③ 발해 주민의 대다수를 이루고 있는 말갈인들은 대체로 피지배층을 이루었지만, 이들 중 일부는 지배층에 편입되는 경우도 있었다.

오답분석
① 발해의 지배층은 왕족인 대씨와 고구려 유민인 고씨 등이 차지하였다. 발해의 지배층을 형성한 소수의 고구려 유민들은 자사와 현승 등으로 임명되어 지방을 다스리기도 하였다.
② 발해의 지식인들은 당나라에서 외국인을 대상으로 시행하는 시험인 빈공과에 응시하여 우수한 성적을 내기도 하였다.
④ 발해에서는 유학 교육 기관인 주자감을 설치하여 귀족 자제에게 유교 경전과 한문학을 가르쳤다.

🔖 이것도 알면 합격!

발해의 사회 구조

지배층	• 왕족인 대씨와 귀족인 고씨 등 고구려계 사람 • 중요한 관직을 차지하고 노비와 예속민을 거느림 • 상층 사회에서는 당의 제도와 문화를 수용, 빈공과 응시
피지배층	• 대다수가 말갈인 • 일부는 지배층이 되거나 자신이 거주하는 촌락의 우두머리(촌장, 수령)가 됨 • 고구려나 말갈 사회의 생활 모습을 유지

07 화랑도 난이도 중 ●●○

자료분석
진흥왕 때 처음으로 둠 + 명산과 대천을 돌아다님 → (가) 화랑도

정답설명
② 화랑도는 원광이 지은 세속오계(사군이충, 사친이효, 교우이신, 임전무퇴, 살생유택)를 계율로 삼아 활동하였다.

오답분석
① 화랑도는 귀족부터 평민까지로 구성되었다. 화랑도는 진골 출신의 화랑과 귀족과 평민으로 이루어진 낭도로 구성되었다.
③ **화백 회의**: 만장일치로 국가의 주요 정책을 결정한 것은 신라의 귀족 회의인 화백 회의이다.
④ 경당에서 한학과 무술 등을 연마한 것은 고구려로, 신라의 화랑도와는 관련이 없다.

08 삼국의 고분　　　　난이도 중 ●●○

자료분석
(가) 강서 대묘 → 고구려의 굴식 돌방무덤
(나) 무령왕릉 → 백제의 벽돌무덤
(다) 황남대총 → 신라의 돌무지덧널무덤

정답설명
② 백제의 무령왕릉은 중국 남조의 영향을 받아 벽돌무덤 양식으로 축조되었다.

오답분석
① 석촌동 고분: 백제의 건국 세력이 고구려와 같은 계통임을 보여주는 고분은 석촌동 고분이다. 석촌동 고분은 백제 한성 시기의 무덤으로 계단식 돌무지무덤으로 축조되었으며, 이는 고구려 초기의 돌무지무덤 양식과 비슷하여 백제의 건국 세력이 고구려와 같은 계통임을 보여준다.
③ 김유신 묘 등: 봉토 주위에 둘레돌을 두르고 12지 신상을 조각한 것은 통일 신라 시대의 무덤 양식으로, 대표적으로는 김유신 묘 등이 있다. 한편, 황남대총은 신라 초기의 무덤 양식인 돌무지덧널무덤 양식으로 축조되었다.
④ 고구려의 굴식 돌방무덤인 강서 대묘의 벽면에서는 도교의 방위신인 사신도가 발견되었으나, 무령왕릉과 황남대총에서는 벽화가 발견되지 않았다.

09 자장　　　　난이도 하 ●○○

자료분석
황룡사 + 본국으로 돌아가 9층 탑을 절 안에 세움 → (가) 자장

정답설명
③ 자장은 선덕 여왕 때 대국통으로 임명되어 출가자의 규범과 계율을 주관하였으며, 계율종을 개창하였다.

오답분석
① 원효: 『화엄경』의 내용을 쉽게 이해할 수 있도록 무애가를 지어 불교의 대중화에 기여한 인물은 원효이다.
② 진표: 점찰 법회를 정착시키고 미륵 신앙을 전파한 인물은 진표이다. 진표는 통일 신라의 법상종 승려로 점찰법에 의한 참회 불교의 체계를 정립하였고, 일반 서민들에게 미륵 신앙을 전파하여 불교 대중화에 기여하였다.
④ 혜초: 인도와 중앙아시아 등의 성지를 여행하고 그 지역의 풍습, 언어, 종교 등을 기록한 기행문인 『왕오천축국전』을 지은 인물은 혜초이다.

10 원효　　　　난이도 중 ●●○

자료분석
모든 것은 한마음에서 나온다는 일심 사상 + 나무아미타불만 염불하면 누구나 극락왕생할 수 있음 → (가) 원효

정답설명
② 원효는 당시 존재하던 거의 모든 불교 서적에 대한 폭넓은 이해를 바탕으로 『대승기신론소』, 『금강삼매경론』 등을 저술하여 불교의 사상적 이해 기준을 확립하였다.

오답분석
① 원측(통일 신라): 당의 현장으로부터 유식학을 배우고, 이를 기반으로 서명 학파를 개창하여 자신의 학설을 강의한 승려는 원측이다.
③ 의상(통일 신라): 『화엄일승법계도』를 지어 화엄 사상을 정리한 승려는 의상이다.
④ 요세(고려): 자신의 행동을 참회하는 법화 신앙을 중심으로 백련 결사를 제창한 승려는 요세이다.

이것도 알면 합격!

원효

불교 이해 기준 확립	여러 불교 서적에 대한 폭넓은 이해를 바탕으로 『대승기신론소』, 『금강삼매경론』 등 저술
종파 융합에 기여	일심 사상을 바탕으로 사상적 대립을 조화시키고 분파 의식을 극복하기 위해 『십문화쟁론』 저술
불교 대중화에 기여	나무아미타불만 염불하면 누구나 극락왕생할 수 있다는 아미타 신앙 전파
법성종 개창	화엄학 연구에 노력하면서 교종의 하나인 법성종 창시

고대 04일 하프모의고사 04회 정답·해설 고대의 발전(3)

정답 한눈에 보기

| 01 | ④ | 02 | ① | 03 | ④ | 04 | ③ | 05 | ② |
| 06 | ④ | 07 | ③ | 08 | ① | 09 | ① | 10 | ② |

[고대의 발전(3)] 출제 경향 & 빈출 키워드

출제 경향 고대는 정치사에서 각국의 주요 왕이나 각국 간의 항쟁 및 통치 구조를 묻는 문제가 가장 많이 출제되며, 경제·사회사에서는 제도·상황을 묻는 문제가 주로 출제됩니다. 문화사에서는 승려 문제의 출제 비중이 높습니다.

빈출 키워드 지증왕, 근초고왕, 진흥왕, 선덕 여왕, 을지문덕, 최치원, 노리사치계, 황룡사

---

01 진흥왕   난이도 하 ●○○

자료분석
『국사』를 편찬함 → 진흥왕

정답설명
④ 진흥왕은 백제 성왕과 함께 고구려가 차지하고 있던 한강 지역을 공격하여 한강 상류 지역을 확보하였으며, 이후 백제 성왕을 배신한 뒤 한강 하류 지역까지 차지하였다.

오답분석
① 지증왕: 이사부를 파견하여 우산국을 정벌한 왕은 지증왕이다.
② 신문왕: 장인인 김흠돌이 일으킨 난을 진압한 왕은 신문왕이다.
③ 선덕 여왕: 자장의 건의로 황룡사 9층 목탑을 세운 왕은 선덕 여왕이다. 한편, 진흥왕은 황룡사를 건립하였다.

02 선덕 여왕 재위 시기의 사실   난이도 중 ●●○

자료분석
신라 최초의 여성 왕 + 인평 → 선덕 여왕

정답설명
① 선덕 여왕 때는 분황사를 건립하였으며, 돌을 다듬어 벽돌 모양으로 축조한 분황사 모전석탑을 세웠다.

오답분석
② 진덕 여왕: 당의 황제를 찬양하는 오언태평송을 지은 것은 진덕 여왕 때이다.
③ 흥덕왕: 사치 금지 교서를 내린 것은 흥덕왕 때이다. 삼국 통일 후 사치 풍조가 점차 심해지자 흥덕왕은 이를 금하는 교서를 내렸다.

④ 진성 여왕: 대구 화상과 각간 위홍이 향가집인 『삼대목』을 편찬한 것은 진성 여왕 때이다.

03 지증왕 대의 사실   난이도 중 ●●○

자료분석
'신라'를 나라 이름으로 삼음 → (가) 지증왕

정답설명
④ 지증왕 때 농업 노동력을 확보하기 위해 순장을 금지하고, 우경을 장려하여 농업 생산력이 증대되었다.

오답분석
① 진흥왕: 단양 지역에 적성비를 세운 것은 진흥왕 때이다.
② 내물 마립간: 김씨 왕위 계승 체제가 확립된 것은 내물 마립간 때이다.
③ 소지 마립간: 백제 동성왕과 혼인 동맹을 맺어 고구려의 남하에 대항한 것은 소지 마립간 때이다.

🖊 이것도 알면 합격!

지증왕의 업적

한화 정책	• 중국 제도를 채택하여 정치 제도 정비 • 국호를 신라로 정하고, 왕호를 마립간에서 왕으로 개칭
행정 구역 정비	지방의 주·군을 정비하고 주에 군주 파견
우산국 정벌	이사부를 파견하여 우산국 복속
산업 발전	• 농업 생산력 증대: 우경 장려, 수리 사업 전개 • 시장(동시) 관리 감독 기관인 동시전 설치
순장 금지	농업 노동력 확보를 위해 순장 금지

04 을지문덕   난이도 하 ●○○

자료분석
수나라 군대가 살수에 이르자 공격 → 을지문덕

정답설명
③ 을지문덕이 수나라의 장군 우중문에게 보낸 5언시인 '여수장우중문시'가 전해진다. 을지문덕은 이 시를 보낸 뒤 회군하는 수나라 군대를 살수에서 격파하였다.

오답분석
① 김춘추: 당나라로 건너가 군사 동맹을 맺은 인물은 신라의 김춘추이다.
② 연개소문: 당으로부터 도교를 수입하여 장려한 인물은 고구려의 연개소문이다. 연개소문은 기존의 귀족 세력과 결탁한 불교를 억누르기 위해 보장왕에게 도교를 받아들일 것을 건의하였다. 이에 고구려는 당에 도교를 전래해줄 것을 요청하였고, 당에서는 숙달 등 8명의 도사와 도교 경전인 『도덕경』을 보내주었다.
④ 연개소문: 스스로 최고 관직인 대막리지에 올라 권력을 장악한 인물은 고구려의 연개소문이다. 연개소문은 정변을 일으켜 영류왕을 제거하고, 보장왕을 왕으로 옹립하였으며 스스로 대막리지가 되어 권력을 장악하였다.

05 근초고왕   난이도 하 ●○○

자료분석
평양성을 공격 + 고구려 왕 사유(고국원왕)가 죽음 → (가) 근초고왕

정답설명
② 근초고왕은 남쪽으로 진출하여 마한을 통합하고, 북으로는 황해도 지역까지 진출하는 등 활발한 정복 활동을 전개하였다.

오답분석
① 성왕: 중앙 관청을 22부로 개편한 왕은 성왕이다. 성왕은 중앙 관청을 왕실 사무를 맡는 내관(궁내부) 12부와 중앙 정무 기관인 외관(중앙 관청) 10부의 총 22부로 개편하였다.
③ 침류왕: 동진에서 온 인도 승려 마라난타를 통해 불교를 수용한 왕은 침류왕이다.
④ 개로왕: 중국 북위에 사신을 보내 고구려를 공격해 줄 것을 요청한 왕은 개로왕이다.

이것도 알면 합격!

근초고왕의 업적

정복 활동	• 마한 잔여 세력을 정복하여 전라도 남해안까지 진출 • 고구려를 공격하여 고국원왕을 전사시킴
대외 활동	수군을 정비하여 중국의 요서·산둥, 일본의 규슈 진출
제도 정비	부자 상속에 의한 왕위 계승 확립
문화 활동	박사 고흥에게 역사서인 『서기』를 편찬하도록 함

06 발해의 경제   난이도 하 ●○○

자료분석
대조영 + 계루부의 옛 땅을 차지함 + 동모산 → 발해

정답설명
④ 발해가 농업에서 밭농사 중심이었던 것은 맞으나, 일부 지역에서는 벼농사도 실시되었다.

오답분석
① 발해는 솔빈부에서 사육한 말이 주요 수출품이었다. 이외에도 모피, 녹용, 사향 등의 토산물과 불상, 자기 등의 수공업품을 수출하였다.
② 발해는 일본과 수도인 상경에서 동경을 거쳐 동해안으로 이어지는 일본도를 통해 무역을 전개하였다.
③ 발해는 당으로부터 주로 귀족들의 수요품인 비단과 책 등을 수입하였다.

이것도 알면 합격!

발해의 경제 생활

수취 제도	• 조세: 조·콩·보리 등 곡물 징수 • 공물: 베·명주·가죽 등의 특산물 징수 • 부역: 궁궐, 관청 등의 건축에 농민 동원
귀족의 생활	대토지를 소유하고, 무역을 통하여 당의 비단, 서적 등을 수입하여 화려한 생활을 영위

07 신라의 진골 귀족   난이도 중 ●●○

자료분석
노비가 3천명 + 소, 말, 돼지는 바다 가운데 섬에서 기름 → 진골 귀족

정답설명
③ 진골 귀족은 대등에 임명되어 귀족 회의인 화백 회의를 통해 국가의 중대사를 논의할 수 있었다. 특히, 대등 중에서도 가장 높은 이를 상대등이라 하는데, 상대등은 귀족의 대표자로서 화백 회의를 주관하였다.

오답분석
① 6두품: 도당 유학생의 대부분을 차지한 신분층은 통일 신라의 6두품이었다. 6두품은 능력이 뛰어났음에도 불구하고 신분적 제약으로 정치 참여에 제한받았기 때문에 당으로 건너가 유학 생활을 하는 경우가 많았다.
② 신라의 관복 색깔의 기준은 신분이 아닌 관등이었기 때문에, 진골 귀족 역시 관등에 따라 관복의 색을 다르게 입었다.
④ 죄를 지으면 본관지로 귀향시키는 형벌인 귀향형은 고려 시대의 귀족에게 적용되었다.

08 신라의 문화재 | 난이도 중 ●●○

정답설명
① 순서대로 나열하면 ㉠ 황룡사(진흥왕, 569) → ㉡ 첨성대(선덕 여왕, 632~647) → ㉢ 성덕 대왕 신종(혜공왕, 771) → ㉣ 이차돈 순교비 (818)가 된다.

- ㉠ **황룡사**: 황룡사는 진흥왕 때 창건되었다(569). 황룡사는 경주 월성의 동쪽에 지어진 사찰로, 남아있는 절터의 규모로 보았을 때 신라 제일의 사찰이었을 것으로 추정된다.
- ㉡ **첨성대**: 첨성대는 선덕 여왕(632~647) 때 건립되었다. 경주의 첨성대는 동양에서 현존하는 가장 오래된 천문대이다.
- ㉢ **성덕 대왕 신종**: 성덕 대왕 신종(에밀레종)은 경덕왕이 아버지인 성덕왕의 공덕을 기리기 위해 제작하기 시작한 범종으로 혜공왕 때 완성되었다(771).
- ㉣ **이차돈 순교비**: 이차돈 순교비는 법흥왕 때 불교를 공인하기 위해 순교한 이차돈을 추모하기 위해 세워진 비석으로 헌덕왕 때 건립되었다(818).

09 최치원 | 난이도 중 ●●○

자료분석
당에 유학하여 빈공과에 급제함 + 진성 여왕에게 시무책 10여 조를 작성하여 올림 → 최치원

정답설명
① 최치원은 시문집인 『계원필경』을 저술하였다. 『계원필경』은 우리나라에 현존하는 가장 오래된 개인 문집이다.

오답분석
② **설총**: 6두품 출신으로 이두를 정리하여 한문 교육에 공헌한 인물은 설총이다.
③ **강수**: 「청방인문표」 등의 외교 문서를 작성한 인물은 강수이다. 「청방인문표」는 당나라에 갇혀있던 김인문의 석방을 요청하는 글이다.
④ **최승로**: 팔관회 등의 국가적인 불교 행사의 억제를 건의한 인물은 고려 시대의 문신인 최승로이다.

🔖 이것도 알면 합격!

최치원

당 유학	• 당의 외국인 대상 시험인 빈공과에 급제 • 「토황소격문」 저술 → 문장가로 이름을 떨침
시무 10여 조	신라 사회 개혁을 위해 진성 여왕에게 건의하였으나 시행되지 않음 → 이후 은둔 생활을 하며, 뛰어난 저서를 많이 남김
작품	『계원필경』, 『제왕연대력』, 『중산복궤집』 등

10 백제 문화의 일본 전파 | 난이도 중 ●●○

자료분석
아직기 + 왕인 → (가) 백제

정답설명
② 백제의 노리사치계는 성왕 때 일본에 건너가 불경과 불상을 전해 주었다.

오답분석
① **고구려**: 일본으로 건너가 쇼토쿠 태자의 스승이 된 혜자는 고구려의 승려이다.
③ **가야**: 일본 스에키 토기에 영향을 준 것은 가야의 토기 제작 기술이다.
④ **고구려**: 일본에 삼론종을 전파하여 일본 삼론종의 시조가 된 혜관은 고구려의 승려이다.

🔖 이것도 알면 합격!

삼국 시대 문화의 일본 전파

고구려	• 혜자: 일본 쇼토쿠 태자의 스승 • 담징: 종이와 먹 제조법 전달, 호류사 금당 벽화 그림 • 혜관: 삼론종 전파
백제	• 아직기: 일본 태자의 스승 • 왕인: 『천자문』, 『논어』 등 경서 전달 • 단양이, 고안무: 무령왕 때 5경 박사, 유학 전달 • 노리사치계: 성왕 때 불경과 불상 전달 • 혜총: 계율종 전달
신라	조선술과 축제술 등을 전달
가야	토기 제작 기술 전달 → 스에키 토기에 영향을 줌

고대 05일 하프모의고사 05회 정답·해설 고대의 발전(4)

정답 한눈에 보기

| 01 | ④ | 02 | ② | 03 | ④ | 04 | ① | 05 | ③ |
| 06 | ④ | 07 | ③ | 08 | ④ | 09 | ② | 10 | ② |

[고대의 발전(4)] 출제 경향 & 빈출 키워드

출제 경향 고대는 정치사에서 각국의 주요 왕이나 각국 간의 항쟁 및 통치 구조를 묻는 문제가 가장 많이 출제되며, 경제·사회사에서는 제도·상황을 묻는 문제가 주로 출제됩니다. 문화사에서는 승려 문제의 출제 비중이 높습니다.

빈출 키워드 무열왕, 문무왕, 살수 대첩, 안시성 전투, 김유신, 궁예, 장보고, 선종, 굴식 돌방무덤

---

01 문무왕 재위 시기의 사실 난이도 중 ●●○

자료분석
동해 가운데 큰 바위 위에 장사 지냄 + 죽은 뒤에 호국대룡이 됨
→ 문무왕(661~681)

정답설명
④ 나·당 연합군의 공격으로 의자왕이 항복하여 백제가 멸망(660)한 것은 태종 무열왕 때이다.

오답분석
모두 문무왕 재위 시기의 사실이다.
① 당이 고구려의 옛 땅을 직접 지배하기 위해 평양에 안동 도호부를 설치하였다(668).
② 신라는 사비성에 소부리주를 설치하여 백제의 옛 영토에 대한 지배권을 장악하였다(671).
③ 신라는 기벌포에서 설인귀가 이끄는 당나라 수군을 물리치고 나·당 전쟁에서 승리하였다(기벌포 전투, 676).

02 살수 대첩과 안시성 전투 사이의 사실 난이도 하 ●○○

자료분석
(가) 적이 살수에 이르름 → 살수 대첩(612)
(나) 안시성 사람들이 굳게 지킴 → 안시성 전투(645)

정답설명
② (가), (나) 사이 시기인 631년에 고구려는 당나라의 침략에 대비하기 위해 천리장성을 쌓기 시작하였다.

오답분석
① (나) 이후: 나·당 동맹이 결성된 것은 (나) 시기 이후인 648년의 사실이다.
③ (가) 이전: 고구려가 요서 지방을 선제 공격한 것은 (가) 시기 이전인 598년의 사실이다. 고구려 영양왕은 수나라가 압박을 하자 말갈족과 함께 요서 지방을 선제 공격하였다.
④ (가) 이전: 신라가 수나라에 군사를 청하는 글인 「걸사표」를 보낸 것은 (가) 시기 이전인 608년의 사실이다.

03 발해의 중앙 통치 조직 난이도 하 ●○○

정답설명
④ 중앙의 주요 관서에 각각 복수의 장관을 임명하였던 나라는 통일 신라이다. 통일 신라는 사정부·예작부·선부 등을 제외한 각 부에 여러 명의 장관을 두었다.

오답분석
① 발해는 정당성의 장관인 대내상이 국정을 총괄하였다.
② 발해는 감찰 기관으로 중정대를 설치하였다. 발해는 관리 감찰을 담당하는 중정대를 두어 관리들의 비리를 규찰하고 감찰하였다.
③ 발해는 6부의 명칭을 충, 인, 의, 지, 예, 신과 같이 유교 덕목으로 불러 그 명칭이나 운영에서 발해만의 독자성을 드러내었다.

이것도 알면 합격!

발해의 중앙 관청

3성	정당성(최고 기구, 정책 집행), 선조성(정책 심의), 중대성(정책 수립)
6부	• 좌사정: 충부(문관 인사), 인부(조세·재정), 의부(의례·교육) • 우사정: 지부(국방·무관 인사), 예부(법률), 신부(건설)
기타	중정대(관리 감찰), 문적원(서적 관리), 주자감(국립 대학)

04 김유신 난이도 하 ●○○

자료분석

황산(벌) 전투 → 김유신

정답설명

① 김유신은 선덕 여왕 때 일어난 비담과 염종의 난을 진압하였다. 신라의 상대등인 비담은 선덕 여왕이 정치를 잘 하지 못한다며 난을 일으켰으나 진덕 여왕 즉위 후 김춘추, 김유신 등에 의해 진압되었다.

오답분석

② 김춘추: 고구려와의 동맹에 실패한 뒤 당나라로 건너가 군사 동맹을 성사시킨 인물은 김춘추이다.
③ 장보고: 완도에 청해진을 설치하고 해상 무역을 장악한 인물은 장보고이다.
④ 김인문: 황제를 호위한다는 명목으로 당의 볼모가 되어 숙위 활동을 하다가 백제가 멸망할 때 당나라의 부사령관인 부대총관이 되어 신라에 돌아온 인물은 무열왕의 아들인 김인문이다.

05 무열왕 재위 시기의 사실 난이도 중 ●●○

자료분석

진덕 여왕이 죽음 + 왕으로 추대됨 → (가) 무열왕

정답설명

③ 무열왕 때는 백관의 감찰을 관장하는 기관인 사정부를 두어 관리들의 비리와 부정을 감찰하였다.

오답분석

① 진덕 여왕: 진흥왕 때 설치된 품주를 고쳐 집사부로 삼은 것은 진덕 여왕 때이다. 진덕 여왕 때는 국가 재정 업무를 담당하던 품주를 개편하여 왕명 출납과 국가 기밀을 관장하는 집사부와 재정을 관장하는 창부를 설치하였다.
② 문무왕: 주와 군에 외사정을 파견하여 지방관을 감찰한 것은 문무왕 때이다.
④ 신문왕: 지방 제도를 9주 5소경 체제로 정비한 것은 신문왕 때이다. 신문왕은 전국을 9주로 나누고, 수도의 편향성을 보완하기 위해 행정·군사상의 요충지에 5소경을 설치하였다.

이것도 알면 합격!

무열왕(김춘추)
- 진덕 여왕 이후 성골이 소멸됨 → 신라 최초의 진골 출신 왕
- 왕권 강화: 집사부의 장관인 중시(시중)의 권한 강화, 갈문왕 제도 폐지, 관리 감찰 기구인 사정부 설치
- 당나라와 함께 백제를 멸망 시킴(660)
- 중국식 묘호(태종)를 사용

06 궁예 난이도 중 ●●○

자료분석

기훤에게 의탁 + 양길에게 의탁 → 궁예

정답설명

④ 궁예는 무태, 성책, 수덕만세 등 독자적인 연호를 사용하면서 황제국 체제를 지향하였다.

오답분석

① 견훤: 완산주(전주)를 도읍 삼아 나라를 세운 인물은 견훤이다. 견훤은 전라도 지방의 군사력과 호족 세력을 기반으로 무진주(광주)에서 세력을 키운 뒤 완산주를 도읍으로 삼아 후백제를 세웠다.
② 견훤: 후당, 오월 등의 사신을 보내 적극적으로 중국과 교류한 인물은 견훤이다.
③ 왕건: 예성강을 중심으로 성장한 해상 세력은 왕건이다. 왕건은 해상 무역을 통해 성장하였고, 궁예의 휘하에서 공을 세워 시중의 자리에 올랐다. 이후 그는 궁예를 축출하고 고려를 건국하였다.

이것도 알면 합격!

후고구려

건국	궁예가 송악(개성)을 도읍으로 정하고 건국
성장	• 강원도·경기도 일대의 중부 지방과 황해도 지역까지 세력 확장 • 도읍 천도(송악 → 철원), 국호 변경(마진 → 태봉), 광평성을 비롯한 여러 관서 설치, 9관등제 실시
한계	지나친 조세 수취, 미륵 신앙을 이용한 전제 정치 실시

07 통일 신라의 경제 상황 난이도 중 ●●○

자료분석

백제의 지역을 차지하고, 고구려의 남부 지역까지 차지함 + 9개 주를 설치 → 통일 신라

정답설명

③ 신라가 신라도라는 교통로를 통하여 교역을 전개한 나라는 당나라가 아닌 발해이다. 신라도는 발해의 상경에서 동경과 남경을 거쳐 동해안을 따라 신라에 이르는 교통로이다.

오답분석

① 통일 신라는 어아주, 조하주 등 고급 비단을 생산하여 당나라에 보냈고, 당으로부터는 금띠와 비단 두루마기 같은 귀족 사치품 등을 답례품으로 받기도 하였다.
② 통일 신라는 인구와 물자의 증가로 기존의 동시만으로는 상품 수요를 감당할 수 없게 되자 효소왕 때 수도인 경주에 서시와 남시를 추가로 설치하고, 이를 감독하는 기관인 서시전과 남시전을 설치하였다.

④ 통일 신라는 수도인 경주와 가까운 울산항과 한강 유역에 위치한 당항성이 국제 무역항으로 번성하여 중국, 왜, 아라비아 등과 교역을 전개하였다.

이것도 알면 합격!

신라 하대의 대표적인 승탑(부도)과 탑비

승탑(부도)	진전사지 도의선사탑, 흥법사지 염거화상탑, 쌍봉사 철감선사탑
탑비	실상사 증각대사탑비, 쌍계사 진감선사탑비, 쌍봉사 철감선사탑비

08 신라 하대의 사회 모습 난이도 중 ●●○

자료분석

도적들이 나라 서남쪽에서 봉기함 + 적고적(赤袴賊) → 적고적의 난(896) → 신라 하대(진성 여왕)

정답설명

④ 신라 하대에는 6두품 출신의 유학생들이 사회 개혁을 주장하며 새로운 정치 이념을 제시하였다. 대표적으로 진성 여왕 때 6두품 유학자인 최치원이 시무 10여 조를 제시하였으나, 진골 귀족의 반발로 실현되지 못하였다.

오답분석

① **고려~조선 시대**: 과거 제도를 통해 신진 인사들이 등용된 것은 고려 시대와 조선 시대의 사실이다.
② **신라 중대**: 왕권이 전제화되면서 상대등의 권한이 약화된 것은 신라 중대(7세기 후반~8세기 중반)의 사실이다.
③ **고려 시대**: 선종을 중심으로 교종을 통합하려는 운동이 일어난 것은 고려 시대의 사실이다.

09 선종의 영향을 받은 문화재 난이도 상 ●●●

자료분석

불립문자(不立文字) + 견성오도(見性悟道) → 선종

정답설명

② 쌍봉사 철감선사탑은 선종의 영향을 받아 만들어진 신라 하대의 대표적인 승탑이다. 신라 하대에는 선종이 확산됨에 따라 승려의 사리를 봉안하는 승탑과 고승의 일대기를 비에 새긴 탑비가 유행하였다.

오답분석

모두 선종과는 관련이 없다.
① **상원사 동종**: 상원사 동종은 신라 중대 성덕왕 때 주조된 현존하는 가장 오래된 동종이다.
③ **석굴암**: 석굴암은 신라 중대 경덕왕 때 김대성에 의해 건립된 인공 석굴 사원으로, 아름다운 비례와 균형의 조형미를 보여주는 것이 특징이다.
④ **분황사 모전 석탑**: 분황사 모전 석탑은 신라 선덕 여왕 때 벽돌 모양의 전탑 양식으로 만들어졌다.

10 굴식 돌방무덤 난이도 중 ●●○

자료분석

돌로 1개 이상의 널방을 짜고 + 돌방을 통로로 연결 → 굴식 돌방무덤

정답설명

② 천마총은 굴식 돌방무덤이 아닌 돌무지덧널무덤으로 조성되었다. 돌무지덧널무덤은 신라 초기의 무덤 양식으로, 지상이나 지하에 나무 널을 만들고 그것보다 큰 나무 덧널을 만든 다음 냇돌을 쌓고 흙으로 덮은 형태로 구성되어 있다.

오답분석

모두 굴식 돌방무덤 양식으로 조성된 무덤이다.
① **쌍영총**: 쌍영총은 평안남도 용강군에 위치하며 벽면에 기사도와 풍속도 등이 그려져 있다.
③ **무용총**: 무용총은 중국 길림성에 위치하며 벽면에 무용도가 그려져 있다.
④ **정혜 공주 묘**: 정혜 공주 묘는 중국 돈화 인근의 육정산 고분군에 위치하며, 고구려 양식인 굴식 돌방무덤과 모줄임 구조로 축조되었다.

이것도 알면 합격!

발해의 대표적인 고분

정혜 공주 묘	• 육정산 고분군에 위치 • 고구려 양식을 계승한 모줄임 천장 구조의 굴식 돌방무덤 • 돌사자상이 출토됨
정효 공주 묘	• 용두산 고분군에 위치 • 당나라 양식과 고구려 양식을 결합한 형태인 벽돌무덤 • 벽화 존재

고려 시대 06일 하프모의고사 06회 정답·해설 — 고려의 발전(1)

▶ 정답 한눈에 보기

01	③	02	②	03	①	04	④	05	④
06	③	07	②	08	③	09	②	10	①

▶ [고려의 발전(1)] 출제 경향 & 빈출 키워드

출제 경향 고려 시대는 정치사에서 고려 전기 주요 왕의 업적을 묻는 문제와 고려의 대외 관계 및 군사 제도를 묻는 문제가 가장 많이 출제되며, 경제·사회사에서는 고려 시대의 전반적인 경제 상황 및 고려 지배층에 대한 문제가 출제됩니다. 문화사에서는 역사서와 주요 승려의 업적, 문화유산 문제가 자주 출제됩니다.

빈출 키워드 태조 왕건, 광종, 노비안검법, 성종, 중추원, 도병마사, 삼사, 개정 전시과, 음서, 권문세족, 안향, 『제왕운기』

---

01 고려 성종 재위 시기의 사실 난이도 중 ●●○

자료분석
청하건대 외관을 두시옵소서 → 최승로의 시무 28조 → 고려 성종 재위 시기의 사실

정답설명
③ 고려 성종 때 지방 교육을 위해 향교를 설치하고 교수인 경학 박사와 의학 박사를 파견하였다.

오답분석
① 고려 현종: 5도 양계, 4도호부 8목 등의 지방 제도를 확립한 것은 고려 현종 때이다.
② 고려 숙종: 기병을 주축으로 한 별무반을 설치한 것은 고려 숙종 때이다. 숙종은 윤관의 건의에 따라 여진족을 정벌하기 위해 신기군(기병), 신보군(보병), 항마군(승병)으로 구성된 별무반을 설치하였다.
④ 고려 광종: 국가 수입의 증대를 위해 주현공부법을 실시한 것은 고려 광종 때이다. 주현공부법은 주현 단위로 해마다 바칠 공물과 부역의 액수를 책정하여 징수한 제도로, 이는 지방 호족의 수탈을 막고 국가 재정을 확보하기 위해 실시되었다.

📝 이것도 알면 합격!

고려 성종의 업적

유교 정치 이념 확립	최승로의 시무 28조를 토대로 유교적 통치 체제 정비
통치 체제 정비	• 2성 6부제 정비 • 12목 설치, 지방관(목사) 파견 • 국자감 설치, 문신 월과법 실시

---

02 고려의 관리 등용 제도 난이도 하 ●○○

정답설명
② 옳은 것을 모두 고르면 ㉠, ㉢이다.
㉠ 고려 시대에는 공신이나 5품 이상 고위 관료의 자손이면 음서의 혜택을 받을 수 있었으며, 그 범위에는 사위와 외손자 등도 포함되었다.
㉢ 고려 시대에는 유교 경전에 대한 이해 능력을 평가하는 시험인 명경과보다 문학적 재능을 평가하는 논술 시험인 제술과가 더 중시되었다.

오답분석
㉡ 고려 시대에는 음서를 통해 등용된 사람들도 승진에 차별을 받지 않아 고위 관직에 오를 수 있었다.
㉣ 고려 시대에 문과는 정기적으로 실시되었으나, 무과는 거의 실시되지 않았다.

---

03 고려 시대의 중앙 통치 기구 난이도 하 ●○○

정답설명
① 삼사(사헌부, 사간원, 홍문관)가 언론의 기능을 담당하였던 것은 조선 시대이다. 고려 시대의 삼사는 화폐와 곡식의 출납, 회계를 담당하는 회계 기구였다.

오답분석
② 중추원은 추밀과 승선으로 구성되었으며, 군사 기밀과 왕명의 출납을 담당하였다.
③ 어사대의 관원은 중서문하성의 낭사와 함께 대간으로 불렸다. 대간은 간쟁·봉박·서경 등을 통해 왕의 부당한 처사나 인사를 비판하였다.
④ 도병마사는 고려 후기 충렬왕 때 국가의 모든 정무를 관장하는 최고의 정치 기구로 발전하면서 그 구성원도 확대되었는데, 이때 도병마사의 명칭이 도평의사사로 바뀌었다.

04 태조 왕건 대의 사실   난이도 중 ●●○

자료분석

김부(신라 경순왕) + 경주의 사심관으로 임명 → (가) 태조 왕건

정답설명

④ 태조 왕건은 지방 호족을 포섭하기 위해 유력한 호족의 딸과 혼인을 맺는 혼인 정책을 펼쳤으며, 큰 공이 있는 호족들에게 왕씨 성을 하사하는 사성 정책을 펼치기도 하였다.

오답분석

① 고려 광종: 과거제를 처음 실시한 것은 고려 광종 때이다. 광종 때는 중국 후주에서 귀화한 쌍기의 건의를 받아들여 과거 제도를 처음으로 시행하였다.

② 고려 성종: 지방의 주요 지역에 12목을 설치하고 지방관인 목사를 파견한 것은 고려 성종 때이다.

③ 고려 성종: 중앙 관료에게 문산계를 부여한 것은 고려 성종 때이다. 고려 성종 때는 중앙 문·무 관료에게는 문산계를 부여하고, 지방 향리 등에게 무산계를 부여함으로써 중앙 관료와 지방 세력의 서열을 확립하고자 하였다.

이것도 알면 합격!

태조의 정책

민생 안정책	흑창 설치, 취민유도의 원칙으로 조세를 1/10로 감면
호족 통합책	정략 결혼과 사성 정책을 통해 호족 포섭
호족 견제책	기인 제도(지방 향리 자제를 인질로 삼음), 사심관 제도(중앙 고관을 출신지의 사심관으로 삼음) 실시
북진 정책	북진 정책의 기지로서 서경(평양)을 중시, 청천강에서 영흥만에 이르는 영토 확장

05 광종 재위 시기의 사실   난이도 중 ●●○

자료분석

노비안검법을 제정 + 과거 제도를 실시 → 광종

정답설명

④ 광종 때 광덕, 준풍 등의 독자적인 연호를 사용하고 스스로를 황제로 칭하여(칭제건원) 자주 국가로서의 면모를 과시하였다.

오답분석

① 고려 인종: 이자겸의 난을 진압한 것은 고려 인종 대의 사실이다. 인종은 반란을 주동한 이자겸, 척준경 등을 유배 보내고 실추된 왕권을 회복하여 민생을 안정시키기 위한 정치 개혁을 추진하였다.

② 고려 숙종: 서적의 보관과 출판을 위해 국자감에 서적포를 설치한 것은 고려 숙종 대의 사실이다.

③ 태조 왕건: 평양을 서경으로 승격시키고 북진 정책의 전진 기지로 개발하였던 것은 태조 왕건 대의 사실이다. 한편, 광종 때는 개경을 황도로, 서경을 서도로 격상하였다.

이것도 알면 합격!

광종의 정책

주현공부법	주현 단위로 공물과 부역을 책정하여 해마다 징수
노비안검법	불법적으로 노비가 된 자들을 조사하여 양민으로 해방
과거 제도	후주에서 귀화한 쌍기의 건의를 받아들여 실시
백관 공복 제정	자·단·비·녹색으로 공복 색을 정하여 위계질서 확립

06 개정 전시과   난이도 중 ●●○

자료분석

목종 + 전시과를 고침 → 개정 전시과

정답설명

③ 목종 때 제정된 개정 전시과에서는 인품을 배제하고 관직만을 기준으로 전·현직 관리에게 토지에 대한 수조권을 지급하였다.

오답분석

① 경정 전시과: 무반에 대한 차별이 완화된 것은 경정 전시과이다. 문종 때 제정된 경정 전시과에서는 무반에 대한 차별이 완화되어 무반과 일반 군인들에게 지급된 토지 지급액이 크게 향상되었다.

② 시정 전시과: 관품과 함께 인품도 고려되어 전시가 지급된 것은 시정 전시과이다.

④ 역분전: 후삼국 통일 과정에서 공이 있는 사람들에게 지급된 것은 역분전이다.

이것도 알면 합격!

전시과 제도의 변천

제도	지급 대상	특징
시정 전시과 (경종)	전·현직 관리	• 관품과 인품 반영 • 4색 공복 + 문·무반·잡업으로 나누어 지급
개정 전시과 (목종)	전·현직 관리	• 인품을 배제하고 관직만 고려 • 현직자 우대, 한외과 설치 • 토지 지급량 축소
경정 전시과 (문종)	현직 관리	• 산직 배제, 공음전, 한인전, 구분전 정비 • 무관 차별 완화, 별정 전시과 정비, 한외과 폐지

07 권문세족　　　난이도 하 ●○○

정답설명
② 권문세족은 음서를 통해 관직에 진출하여 도평의사사, 첨의부, 밀직사 등의 고위 관직을 차지하였다.

오답분석
①, ③ 신진 사대부: 주로 지방 향리의 자제로 중소 지주 출신이었으며, 『소학』과 『주자가례』를 중시하고 고려 말 불교의 폐단을 비판한 것은 신진 사대부이다.
④ 무신: 문신에 비해 차별을 받는 것에 불만을 품고 정변을 일으킨 것은 무신이다.

08 고려 시대의 가족 제도　　　난이도 중 ●●○

자료분석
외국인(원나라 사람)이 와서 인원에 제한 없이 처를 둠 + (축첩의 허용을 청한) 박유를 손가락질함 → 고려 시대

정답설명
③ 고려 시대에는 가정 내에서 여성의 지위가 남성과 거의 대등하였기 때문에 제사는 모든 자녀가 돌아가면서 지냈다.

오답분석
① 고려 시대에는 과부의 재가가 가능하였고, 재가녀의 자식에 대한 사회적 차별도 거의 없었다.
② 조선 후기: 재산 상속을 할 때 장남이 우대받았던 시기는 조선 후기이다. 한편, 고려 시대에는 재산 상속에서 자녀들에게 남녀 차별 없이 균분 상속하는 것이 일반적이었다.
④ 조선 후기: 지방 사족 세력이 부계 위주의 족보를 편찬하면서 동성 마을을 이루었던 것은 조선 후기의 사실이다.

09 안향　　　난이도 중 ●●○

자료분석
섬학전으로 삼아야 함 → (가) 안향

정답설명
② 안향은 충렬왕 때 원에서 『주자전서』와 공자와 주자의 초상화를 베껴 고려에 돌아와 국내에 처음으로 성리학을 소개하였다.

오답분석
① 최충: 문헌공도를 설립한 인물은 최충이다. 최충은 사립 교육 기관인 문헌공도(9재 학당)를 설립하여 9경과 3사를 중심으로 교육하였다.
③ 정도전: 『불씨잡변』을 지어 불교의 윤회설, 인과설 등의 교설을 비판한 인물은 정도전이다.
④ 이색: 정몽주, 권근, 정도전 등을 가르쳐 고려에 성리학을 더욱 확산시킨 인물은 이색이다.

이것도 알면 합격!

고려의 성리학 수용과 발전

수용	충렬왕 때 안향이 원에서 『주자전서』를 들여오면서 소개됨
전수	백이정이 원에서 성리학을 배워 이제현, 박충좌 등에게 전수
전파	이제현이 원의 만권당에서 원의 학자들과 교류한 뒤, 귀국하여 이색 등에게 영향을 줌
확산	공민왕 때 이색이 정몽주, 권근, 정도전 등을 가르쳐 확산시킴

10 『제왕운기』　　　난이도 하 ●○○

자료분석
이승휴가 바침 + 읊조림에 따라 장을 이룸 → 『제왕운기』

정답설명
① 『제왕운기』는 충렬왕 때 이승휴가 편찬한 역사서로, 단군부터 시작되는 우리나라의 역사를 서술하였으며 우리 역사를 중국사와 대등하게 파악하였다.

오답분석
② 『삼국유사』: 『삼국유사』는 일연이 편찬한 역사서로, 불교사를 중심으로 단군 신화 등의 건국 신화와 고대의 민간 설화, 전래 기록을 수록하였다.
③ 『삼국사기』: 『삼국사기』는 김부식 등이 왕명을 받아 저술한 우리나라에 현존하는 가장 오래된 역사서이다.
④ 『본조편년강목』: 『본조편년강목』은 민지가 편찬한 우리나라 최초의 강목체 사서로, 태조 왕건의 증조부부터 고려 고종 때까지의 역사를 서술하였다.

고려 시대 **07일** 하프모의고사 07회 정답·해설 고려의 발전(2)

정답 한눈에 보기

01	④	02	①	03	②	04	②	05	④
06	②	07	④	08	③	09	①	10	③

[고려의 발전(2)] 출제 경향 & 빈출 키워드

출제 경향 고려 시대는 정치사에서 고려 전기 주요 왕의 업적을 묻는 문제와 고려의 대외 관계 및 군사 제도를 묻는 문제가 가장 많이 출제되며, 경제·사회사에서는 고려 시대의 전반적인 경제 상황 및 고려 지배층에 대한 문제가 출제됩니다. 문화사에서는 역사서와 주요 승려의 업적, 문화유산 문제가 자주 출제됩니다.

빈출 키워드 서경 천도 운동, 최충헌, 최우, 충렬왕, 공민왕, 건원중보, 향·부곡·소, 『삼국유사』, 지눌, 팔관회

01 최충헌 집권 시기의 사실 난이도 중 ●●○

자료분석
임금을 폐하고 세우는 것을 자기 마음대로 함 + 아들 이(최우), 손자 항(최항) 등 4대가 정권을 잡음 → ㉠ 최충헌

정답설명
④ 최충헌 집권 시기에는 교정도감이라는 독자적인 집정부가 만들어졌다. 교정도감은 본래 최충헌을 암살하려던 사람들을 수색하기 위해 설치된 임시 기구였으나, 이후 모든 국정을 관장하는 최고 권력 기구가 되었다.

오답분석
① 정중부 집권기: 명학소가 충순현으로 승격된 것은 정중부 집권기의 사실이다. 정중부 집권기에 망이·망소이가 공주 명학소에서 신분차별에 반발하며 난을 일으켰고, 무신 정권은 명학소를 충순현으로 승격시켜 이들을 회유하고자 하였다.
② 최우 집권기: 야간에 도적을 막고, 치안 업무를 담당하는 야별초가 설립된 것은 최우 집권기의 사실이다.
③ 경대승 집권기: 전주 관노의 난이 진압된 것은 경대승 집권기의 사실이다.

정답설명
① 공민왕 때 유인우를 동북면 병마사에 임명하여 원에게 빼앗겼던 쌍성총관부를 무력으로 수복하게 하였다. 한편, 쌍성총관부는 원이 철령 이북 지역을 직접 지배하기 위해 고려의 화주 지역에 설치한 것이다.

오답분석
② 충목왕: 정치도감을 설치하여 권문세족의 농장을 혁파하고 토지와 노비를 본 주인에게 돌려주는 등 개혁을 시도한 것은 충목왕 때의 사실이다.
③ 고려 고종: 고려 정부가 몽골의 침입에 대응하기 위해 강화도로 천도하였던 것은 고려 고종 때의 사실이다.
④ 충선왕: 사림원을 설치하고 신흥 관료를 등용하여 왕권을 강화하고자 한 것은 충선왕 때의 사실이다.

이것도 알면 합격!

공민왕의 개혁 정치

반원 자주 정책	• 기철 등 친원 세력 제거, 정동행성 이문소 폐지 • 원의 연호와 풍습 폐지, 관제 복구
왕권 강화 정책	• 정방 폐지(인사권 회복), 내재추제 신설 • 성균관 정비(유교 교육 강화)

02 공민왕 재위 시기의 사실 난이도 중 ●●○

자료분석
홍건적의 침입 + 복주(안동)로 피난 + 신돈을 등용 → 공민왕 재위 시기

03 여진과 고려의 관계 난이도 중 ●●○

자료분석
예종이 정벌하려 함 + 말을 타고 돌격(신기군) → 여진

정답설명
② 묘청, 정지상 등은 서경 천도 운동을 전개하며 금(여진이 세운 나라)의 정벌과 칭제 건원(스스로 황제를 칭하고, 연호를 세우는 일)을 주장하였다.

오답분석
① 거란: 거란의 2차 침입으로 수도인 개경이 함락되자, 현종은 나주로 피난하였다.
③ 거란: 강조의 정변을 구실로 고려를 침략한 것은 거란이다. 거란은 강조의 정변을 구실로 강동 6주의 반환을 요구하며 고려에 침입하였다.
④ 몽골: 다루가치를 파견하여 고려의 내정을 간섭한 것은 몽골이다.

이것도 알면 합격!

여진의 침입과 고려의 대응

여진의 성장	12세기 초 완옌부를 중심으로 여진족 통합
여진 정벌	• 여진의 기병에 대항하기 위해 윤관의 건의로 별무반 조직 • 별무반을 바탕으로 동북 지방 일대에 9성 축조 → 수비의 어려움으로 여진에 동북 9성 반환
금 건국	여진의 금 건국 → 금이 고려에 사대 요구 → 이자겸이 수용

04 최우   난이도 중 ●●○

자료분석
천도한 공을 논함 + 진양후로 책봉됨 → (가) 최우

정답설명
② 최우는 서방을 설치하고 행정 실무 능력을 갖춘 문신들을 숙위시켜 국정에 관한 자문을 담당하게 하였다.

오답분석
① 경대승: 도방을 처음으로 설치한 인물은 경대승이다. 경대승은 자신의 신변 보호를 위해 사병 집단인 도방을 처음으로 조직하였다. 도방은 경대승이 사망한 이후 해체되었으나, 최충헌에 의해 다시 설치되었다.
③ 정중부: 이의방을 제거하고 권력을 장악한 인물은 정중부이다.
④ 최충헌: 왕에게 봉사 10조를 올려 사회 개혁안을 제시한 인물은 최충헌이다.

05 충렬왕 대의 사실   난이도 중 ●●○

자료분석
도병마사를 도평의사사로 고침 → 충렬왕

정답설명
④ 충렬왕 때 원으로부터 동녕부 지역이 반환되었다. 동녕부는 원이 자비령 이북 지역을 통치하기 위해 서경(평양)에 설치한 것으로, 충렬왕 때 동녕부 지역이 반환되었고 고려 영토에 있던 동녕부는 요동으로 이동하였다.

오답분석
① 공양왕: 과전법을 공포한 것은 공양왕 때이다. 과전법은 전·현직 관리에게 경기 지방에 한정하여 전지만 지급(수조권 재분배)한 제도이다.
② 충숙왕: 찰리변위도감을 설치한 것은 충숙왕 때이다. 충숙왕은 찰리변위도감을 설치하여 개혁을 시도하였으나 실패하였다.
③ 공민왕: 몽골풍의 의복과 변발을 폐지한 것은 공민왕 때이다. 공민왕은 반원 자주 개혁 정책을 추진하면서 몽골풍의 의복과 변발을 폐지하였다.

06 고려 시대의 화폐 유통   난이도 하 ●○○

정답설명
② 화폐의 유통이 원활하지 않아 시중에 동전이 부족해지는 전황 현상이 일어난 것은 조선 후기이다. 조선 후기에는 지주와 대상인들이 화폐를 고리대·재산 축적에 이용하여 시중에 동전이 부족해지는 전황 현상이 일어났다.

오답분석
① 고려 시대의 원 간섭기에는 원의 지폐인 보초가 국내로 들어와 유통되기도 하였다.
③ 고려 시대의 화폐는 주로 다점(찻집), 주점 등의 관영 상점에서만 제한적으로 사용되었다.
④ 고려 성종 때 우리나라 최초의 화폐인 건원중보를 만들어 전국적으로 유통을 시도하였으나 성공하지 못하였다.

이것도 알면 합격!

고려 시대의 화폐 발행

성종	우리나라 최초의 화폐인 건원중보 주조
숙종	은병(활구), 해동통보, 삼한통보 등 주조
원 간섭기	원 간섭기 원의 지폐인 보초가 유입되어 유통
공양왕	우리나라 최초의 지폐인 저화 발행

07 고려의 특수 행정 구역   난이도 하 ●○○

정답설명
④ 향·부곡·소의 주민들은 거주 이전에 제한을 받아 거주 이전의 자유가 없었다.

오답분석
① 고려의 향, 부곡의 주민들은 주로 농업에 종사하였고, 소의 주민들은 주로 특정 공납품을 생산하는 수공업에 종사하였다.
② 고려 시대에 부곡의 주민들은 각급 관청의 경비 마련을 위해 지급된 토지인 공해전, 관립 학교에 지급된 학전 등을 경작하였다.
③ 고려 시대에 향·부곡·소는 거주민들이 공을 세우면 현으로 승격될 수 있었다.

08 팔관회 난이도 하 ●○○

자료분석
최승로의 건의로 중지 + 서경과 개경에서 개최 + 국제 무역이 행해짐 → 팔관회

정답설명
③ 팔관회는 우리나라의 토착 신앙과 도교 및 불교 등이 융합된 고려의 국가 행사로, 군신이 가무와 음주를 즐기며 부처나 천지신명에게 제사 지내고 국가와 왕실의 태평을 기원하였다.

오답분석
① 향음주례(술을 마시는 의식), 향사례(활을 쏘는 행사)는 조선 시대에 향촌 사회 교화와 결속력 강화를 위해 서원과 향교에서 진행된 유교 행사이다.
② 팔관회는 유네스코 세계 무형유산으로 등재되지 않았다. 한편, 연등회는 2020년에 유네스코 세계 무형유산으로 등재되었다.
④ 향나무를 땅에 묻는 매향 활동이 이루어진 것은 향도가 주관한 활동으로, 팔관회와는 관련이 없다. 매향 활동은 위기가 닥쳤을 때를 대비하여 향나무를 바닷가에 묻는 행위로 미래에 미륵을 만나 구원받고자 하는 염원을 표출한 것이었다.

09 『삼국유사』 난이도 하 ●○○

자료분석
삼국의 시조들이 모두 신기한 일로 탄생 + 책 첫머리에 기이편이 실림 → 『삼국유사』

정답설명
① 『삼국유사』는 충렬왕 때 일연이 편찬한 역사서로, 고대의 민간 설화나 전래 기록을 수록하여 우리의 고유 문화와 전통을 중시하였으며, 14수의 신라 향가도 수록하여 전하고 있다.

오답분석
② 『삼국사기』: 유교적 합리주의 사관에 기초하여 기전체로 서술한 것은 김부식이 편찬한 『삼국사기』이다.
③ 『삼국사기』: 열전에는 김유신을 비롯한 신라인이 편중된 것은 『삼국사기』이다. 『삼국사기』의 열전에는 김유신을 비롯한 신라인이 편중되어 서술되었는데, 이는 『삼국사기』를 저술한 김부식이 신라 계승 의식을 바탕으로 서술하였기 때문이다.
④ 『동명왕편』: 동명왕의 건국 설화를 5언시체로 재구성하여 서술한 것은 이규보의 『동명왕편』이다. 『동명왕편』은 고구려 동명왕(주몽)에 대한 일종의 영웅 서사시로 고구려 계승 의식을 반영하였다.

이것도 알면 합격!

『삼국유사』

편찬	1281년(충렬왕 7)에 일연이 편찬
특징	• 불교사를 중심으로 고대의 민간 설화나 전래 기록 수록 • 우리의 고유 문화와 전통 중시 • 단군을 우리 민족의 시조로 여겨 단군 신화 수록 • 14수의 신라 향가 수록

10 지눌 난이도 중 ●●○

자료분석
부처와 다르지 않음을 깨닫게 됨(돈오) + 점차 닦아 나가는 종교적 실천이 뒤따라야 함(점수) → 지눌

정답설명
③ 지눌은 선과 교학이 근본적으로 둘이 아니라는 정혜쌍수와 내가 곧 부처임을 깨닫고 꾸준한 수행으로 깨달음을 확인할 것을 강조하는 돈오점수를 주장하고 선종을 중심으로 교종을 통합하고자 하였다.

오답분석
① 의천: 의천은 해동 천태종을 창시한 인물로, 이론의 연마와 실천을 아울러 강조하는 교관겸수와 내적인 공부와 외적인 공부를 모두 갖추어 조화를 이루어야 한다는 내외겸전을 제창하였다.
② 균여: 균여는 광종 때 귀법사의 주지를 역임한 인물로, 북악파를 중심으로 남악파를 통합하여 화엄 교단을 정리하였다.
④ 요세: 요세는 자신의 행동을 진정으로 참회하는 것을 강조하는 법화 신앙을 중심으로 전라남도 강진의 만덕사에서 백련 결사를 조직한 인물이다.

이것도 알면 합격!

지눌의 선교 통합 노력

• 이론
  – 정혜쌍수: 선과 교학이 근본적으로 둘이 아님(철저한 수행 선도)
  – 돈오점수: 내가 곧 부처라는 깨달음을 얻기 위한 노력과 함께 꾸준한 수행으로 깨달음을 확인할 것을 강조
• 성과: 선종을 중심으로 교종을 포용하여 선교 일치 사상 완성

고려 시대 08일 하프모의고사 08회 정답·해설 고려의 발전(3)

▶ 정답 한눈에 보기

| 01 | ③ | 02 | ④ | 03 | ① | 04 | ④ | 05 | ③ |
| 06 | ④ | 07 | ③ | 08 | ④ | 09 | ④ | 10 | ① |

▶ [고려의 발전(3)] 출제 경향 & 빈출 키워드

출제 경향 고려 시대는 정치사에서 고려 전기 주요 왕의 업적을 묻는 문제와 고려의 대외 관계 및 군사 제도를 묻는 문제가 가장 많이 출제되며, 경제·사회사에서는 고려 시대의 전반적인 경제 상황 및 고려 지배층에 대한 문제가 출제됩니다. 문화사에서는 역사서와 주요 승려의 업적, 문화유산 문제가 자주 출제됩니다.

빈출 키워드 고려 숙종, 주전도감, 고려 예종, 별무반, 묘청, 의창, 구제도감, 벽란도, 고려 시대의 불교 건축물(안동 봉정사 극락전, 영주 부석사 무량수전, 사리원 성불사 응진전)

---

01 고려의 군사 제도   난이도 하 ●○○

정답설명
③ 고려의 중앙군인 응양군과 용호군의 2군은 왕의 친위 부대였다.

오답분석
① 조선: 지방의 육군을 진관 체제로 편성한 국가는 조선이다. 조선은 각 도에 한두 개의 병영을 두고, 병영 밑에 여러 개의 거진을 설치하여 거진의 수령이 그 지역의 군대를 통제하게 하는 진관 체제로 지방군을 편성하였다.
② 고려가 북방의 군사 특수 행정 구역인 양계(북계, 동계) 지역에 설치한 지방군은 주진군이다. 한편, 주현군은 일반 행정 구역인 5도에 편성된 지방군이다.
④ 발해: 중앙군으로 10위를 두고 그 밑에 지방군이 있었던 국가는 발해이다. 발해의 중앙군인 10위는 왕궁과 수도 경비를 담당하였으며, 각 위마다 대장군과 장군을 두어 통솔하게 하였다.

이것도 알면 합격!

고려의 군사 제도

중앙군	2군(응양군, 용호군) 6위(좌우위, 신호위, 흥위위, 금오위, 천우위, 감문위)
지방군	• 주현군: 5도에 편성된 일종의 예비군(보승군, 정용군, 일품군) • 주진군: 양계에 배치된 상비군(초군, 좌군, 우군)
특수군	• 광군: 정종 때 거란의 침략 대비를 위해 설치, 주현군의 모체 • 별무반: 숙종 때 여진 정벌을 위해 편성(신기군, 신보군, 항마군) • 삼별초: 최우가 조직한 야별초에서 비롯됨(좌·우별초, 신의군) • 연호군: 우왕 때 왜구의 침입에 대비하기 위해 편성

---

02 묘청   난이도 중 ●●○

자료분석
풍수지리설을 내세움 + 서경에 대화궁을 건설 → 묘청

정답설명
④ 묘청은 서경 천도를 주장하였으나 받아들여지지 않자, 서경에서 난을 일으키고 나라를 세워 국호를 대위국이라 하고, 연호를 천개, 군대를 천견충의군이라 하였다.

오답분석
① 이자겸: 척준경과 함께 반란을 일으킨 인물은 이자겸이다. 이자겸은 고려 인종이 자신을 제거하려 하자, 척준경과 더불어 왕의 측근 세력을 제거하고 궁궐을 불태우는 등 난을 일으켰다.
② 신돈: 전민변정도감 설치를 건의한 인물은 신돈이다. 신돈은 공민왕에게 전민변정도감의 설치를 건의하고 스스로 판사가 되어 개혁을 실시하였다.
③ 김부식: 영통사의 대각국사비의 비문을 지어 의천의 행적을 기록한 인물은 김부식이다.

---

03 고려 숙종 재위 시기의 사실   난이도 중 ●●○

자료분석
서적포를 설치 → 고려 숙종

정답설명
① 고려 숙종 때 의천의 건의에 따라 주전도감을 설치하고 해동통보, 삼한통보 등을 주조하도록 하였다.

오답분석
② **공양왕**: 군을 통솔하는 기관인 삼군도총제부를 설치한 것은 공양왕 때이다. 삼군도총제부는 고려의 전통적인 5군 제도에서 3군으로 중앙군을 재편하면서 설치된 것으로, 모든 군사 조직을 통할하였다.
③ **공민왕**: 정동행성 이문소를 폐지한 것은 공민왕 때이다. 공민왕은 고려의 내정을 간섭하던 정동행성 이문소를 폐지하고, 기철을 비롯한 부원 세력을 숙청하였다.
④ **고려 예종**: 지방관이 없는 속군·속현과 향·소·부곡 등의 말단 지방 행정 단위에 감무라는 지방관을 파견하기 시작한 것은 고려 예종 때이다.

04 고려 인종의 업적 난이도 중 ●●○

자료분석
이자겸, 척준경 + 금에 사절을 보냄 → 고려 인종

정답설명
④ 고려 인종은 국자감의 교육 과정을 경사 6학으로 정비하고 유학 교육을 강화하였다. 경사 6학은 국자학, 태학, 사문학의 유학부와 율학(법률), 서학(서예), 산학(산술)의 기술학부를 말한다.

오답분석
① **고려 현종**: 주현공거법을 제정한 왕은 고려 현종이다. 주현공거법은 주와 현을 단위로 지방 향리 자제에게 과거 응시 자격을 부여한 제도이다.
② **고려 성종**: 물가 조절 기구인 상평창을 설치한 왕은 고려 성종이다. 상평창은 개경, 서경, 12목에 설치된 물가 조절 기관으로, 풍년에는 곡식을 사들이고 흉년에는 싼값에 곡식을 판매하여 물가를 조절하였다.
③ **고려 정종(3대)**: 광군을 조직하여 거란의 침입에 대비한 왕은 고려 정종(3대)이다. 고려 정종(3대)은 최광윤의 보고에 따라 거란의 침입에 대비하기 위한 군사 조직인 광군을 조직하고 지휘부로 광군사를 설치하였다.

05 별무반 난이도 하 ●○○

자료분석
신기군 + 신보군 + 항마군 → (가) 별무반

정답설명
③ 별무반은 기병이 주축인 여진족에게 대처하기 위해 윤관의 건의에 따라 고려 숙종 때 조직한 군대로, 신기군(기병), 신보군(보병), 항마군(승병)으로 구성되었다.

오답분석
① 도방은 경대승이 자신의 신변 보호를 위해 설치한 사병 집단으로, 최충헌 때 다시 설치되어 최씨 무신 정권의 군사적 기반이 되었다.
② 삼별초는 최우가 도적을 막기 위해 조직한 야별초에서 비롯된 최씨 정권의 사병 집단으로, 좌별초와 우별초, 신의군으로 구성되었다.
④ 별기군은 조선 고종 때 창설된 우리나라 최초의 근대적 신식 군대로, 일본인 교관을 초빙하여 군사 훈련을 실시하였다.

06 고려 시대의 경제 상황 난이도 중 ●●○

자료분석
벽란정(벽란도)은 예성항의 연안 옆에 있음 + 저포(직물)나 은병으로 값을 계산 → 고려 시대

정답설명
④ 옳은 것을 모두 고르면 ㉡, ㉣이다.
㉡ 고려 시대에는 수도인 개경의 시전과 상점들을 관리·감독하기 위하여 경시서가 설치되었다. 경시서는 조선 시대에도 수도 한성의 시전을 관리하는 기구로 유지되었으며, 세조 때 평시서로 개칭되었다.
㉣ 고려 전기에는 주로 관수품 위주의 관청 수공업과 소(所) 수공업이 발달하였으나, 고려 후기에는 관청 수공업이 쇠퇴하고, 사원이나 농민을 중심으로 사원 수공업과 민간 수공업이 발달하였다.

오답분석
㉠ **조선 후기**: 초량의 왜관을 통해 일본과 교역한 것은 조선 후기이다. 조선 후기인 17세기에는 초량에 왜관을 설치하고 일본과 교역을 전개하였다.
㉢ **조선 후기**: 보부상을 통해 장시의 유통망이 연결된 것은 조선 후기이다. 조선 후기에는 보부상들이 각 지역의 장시를 연결하는 유통망을 형성하여 상업의 발달을 촉진하였다.

07 고려 예종 대의 사회 정책 난이도 중 ●●○

자료분석
양현고를 설치 → 고려 예종

정답설명
③ 고려 예종 때는 개경에 전염병이 크게 유행하자, 병자의 치료와 병사자 처리, 빈민 구제를 위한 임시 기구로 구제도감을 설치하였다.

오답분석
① **고려 성종**: 태조 왕건 때 설치된 빈민 구휼 기관인 흑창을 확대·개편하여 의창을 설치한 것은 고려 성종 때이다.
② **고려 광종**: 일정 기금을 만들어 그 이자로 빈민을 구제하는 기구인 제위보를 설치한 것은 고려 광종 때이다.
④ 양반 지주를 중심으로 하는 향촌 자치적 구휼 제도인 사창제는 조선 세종 때 실시되고, 문종 때 제도화 되었으나 허술한 관리로 인해 성종 때 혁파되었다. 이후 고종 때 흥선 대원군에 의해 다시 실시되었다.

08 고려 청자   난이도 하 ●○○

자료분석
산예출향(사자 모양의 향로) 역시 비색임 → 고려 청자

정답설명
④ 고려 청자는 고가의 예술품이었기 때문에 평민들이 일상용품으로 사용하기는 힘들었다. 고려 청자는 주로 왕실과 관청 및 귀족들이 사용하였는데, 특히 귀족들의 생활 도구와 불교 의식용 도구로 사용되었다.

오답분석
① 고려 청자는 자기를 만들 수 있는 흙과 연료가 풍부한 지역에서 생산되었는데, 특히 전라도 강진과 부안이 생산지로 유명하였다.
② 고려 청자는 12세기 중엽에 이르러 순수 비색 청자에서 독창적인 상감법(자기의 표면을 파내고, 그곳에 흑토나 백토를 채워 무늬를 내는 방법)을 적용한 상감 청자로 발전하였다.
③ 고려 청자는 13세기 중엽까지 주류를 이루었으나, 원 간섭기 이후 원으로부터 북방 가마의 기술이 도입되면서 청자의 빛깔이 퇴조하였고, 점차 소박한 분청사기로 바뀌어 갔다.

이것도 알면 합격!

고려의 청자

11세기 (순수 청자)	• 고려 자기만의 독자적인 경지 개척, 순수 비취색이 나는 청자 • 다양한 형태, 고상한 무늬가 특징
12세기 (상감 청자)	• 상감법 개발: 자기 표면을 파내고 그 자리를 백토나 흑토로 메워 무늬를 내는 방법 • 원료와 연료가 풍부한 강진과 부안 지역에서 생산
원 간섭기	• 원으로부터 북방 가마 기술 도입 • 청자의 빛깔 퇴조, 소박한 분청사기로 변화

09 균여   난이도 중 ●●○

자료분석
북악의 법통을 이음 + 남악과 북악의 종지가 서로 모순됨을 탄식함 → 균여

정답설명
④ 균여는 화엄 사상 속에 법상종의 사상을 융합하려는 성상융회 사상을 주장하여 교종 내의 대립을 해소시키고자 하였다.

오답분석
① 혜심: 유교와 불교의 사상이 서로 다르지 않다는 유불 일치설을 주장한 승려는 혜심이다.
② 의천: 해동 천태종을 창시하여 교종을 중심으로 선종을 통합하고자 한 승려는 의천이다.
③ 제관: 천태종의 기본 교리를 정리한 『천태사교의』를 저술한 승려는 제관이다.

10 고려 시대의 건축물(다포 양식)   난이도 중 ●●○

자료분석
기둥 상단에 짜올린 공포(두공)를 각 기둥의 사이에까지 배치 → 다포 양식

정답설명
① 사리원 성불사 응진전은 고려 시대에 다포 양식으로 지어진 대표적인 건축물이며, 배흘림 기둥과 맞배 지붕으로 조성되어 있다.

오답분석
모두 고려 시대에 주심포 양식으로 지어진 건축물이다.
② 영주 부석사 무량수전: 영주 부석사 무량수전은 주심포 양식과 배흘림 기둥, 팔작 지붕 등의 양식으로 지어졌다.
③ 안동 봉정사 극락전: 안동 봉정사 극락전은 주심포 양식으로 지어졌으며, 우리나라에 현존하는 가장 오래된 목조 건축물이기도 하다.
④ 예산 수덕사 대웅전: 예산 수덕사 대웅전은 주심포 양식과 배흘림 기둥, 맞배 지붕 등의 양식으로 지어졌다.

이것도 알면 합격!

고려 시대의 주요 불교 건축물

- 안동 봉정사 극락전: 주심포 양식, 맞배 지붕, 배흘림 기둥, 현존하는 우리나라 최고(最古)의 목조 건축물
- 예산 수덕사 대웅전: 주심포 양식, 맞배 지붕, 배흘림 기둥
- 영주 부석사 무량수전: 주심포 양식, 팔작 지붕, 배흘림 기둥
- 사리원(황해) 성불사 응진전: 다포 양식, 맞배 지붕, 배흘림 기둥

고려 시대 09일 하프모의고사 09회 정답·해설 고려의 발전(4)

▶ 정답 한눈에 보기

01	②	02	③	03	③	04	②	05	④
06	③	07	④	08	④	09	③	10	②

▶ [고려의 발전(4)] 출제 경향 & 빈출 키워드

출제 경향 고려 시대는 정치사에서 고려 전기 주요 왕의 업적을 묻는 문제와 고려의 대외 관계 및 군사 제도를 묻는 문제가 가장 많이 출제되며, 경제·사회사에서는 고려 시대의 전반적인 경제 상황 및 고려 지배층에 대한 문제가 출제됩니다. 문화사에서는 역사서와 주요 승려의 업적, 문화유산 문제가 자주 출제됩니다.

빈출 키워드 김사미와 효심의 난, 귀주성 전투, 김윤후, 삼별초, 충선왕, 각염법, 우왕, 최영, 『상정고금예문』, 『직지심체요절』, 요세

---

01 몽골의 침입 　　난이도 중 ●●○

정답설명
② 시기순으로 바르게 나열하면 ㉠ 귀주성 전투(1231~1232. 1.) → ㉢ 살리타 사살(1232. 12.) → ㉡ 충주 다인철소 항쟁(1254) → ㉣ 삼별초의 항몽 정권 수립(1270)이 된다.
㉠ **귀주성 전투**: 몽골의 1차 침입 때 박서가 귀주성에서 몽골군에 맞서 완강히 저항하였다(1231~1232. 1.).
㉢ **살리타 사살**: 몽골의 2차 침입 때 승려 김윤후가 처인성에서 몽골 장수 살리타를 사살하였다(1232. 12.).
㉡ **충주 다인철소 항쟁**: 몽골의 6차 침입 때 충주 다인철소 주민들이 항쟁하여 몽골군을 격퇴(1254)하였다. 이후 다인철소는 몽골군을 격퇴한 공을 인정받아 익안현으로 승격되었다.
㉣ **삼별초의 항몽 정권 수립**: 고려 정부가 몽골과 강화를 맺고 개경으로 환도하자, 이를 거부하고 강화도에서 왕족인 승화후 온(溫)을 왕으로 추대하여 항몽 정권을 수립하였다(1270).

이것도 알면 합격!

몽골의 침입

구분	시기	침입 내용 및 주요 항쟁
1차	1231년	• 몽골 사신 저고여의 피살 사건(1225)을 구실로 침입함 • 박서의 귀주성 항쟁
2차	1232년	• 최우의 강화 천도(1232, 고종)를 구실로 침입함 • 김윤후가 처인성에서 적장 살리타 사살
3차	1235~1239년	• 황룡사 9층탑이 소실되었으며 재조대장경 조판 시작
5차	1253년	충주산성 방호별감 김윤후가 충주성에서 몽골군 격퇴
6차	1254~1259년	충주 다인철소 주민들의 항쟁

---

02 무신 집권기에 발생한 사건 　　난이도 중 ●●○

자료분석
(가) 정중부 집권(1170) ~ 경대승 집권(1179)
(나) 경대승 집권(1179) ~ 이의민 집권(1183)
(다) 이의민 집권(1183) ~ 최충헌 집권(1196)
(라) 최충헌 집권(1196) ~ 최우 집권(1219)

정답설명
③ (다) 시기인 1193년에 관리들의 지나친 수탈에 저항하여 김사미는 운문(청도)에서, 효심은 초전(울산)에서 신라 부흥을 표방하며 난을 일으켰다.

오답분석
① (라) 시기: 경주에서 이비와 패좌가 신라 부흥을 목표로 반란을 일으킨 것은 최충헌 집권 시기인 1202년으로, (라) 시기의 사실이다.
② (라) 시기: 최광수가 서경(평양)에서 고구려 부흥을 표방하며 봉기한 것은 최충헌 집권 시기인 1217년으로, (라) 시기의 사실이다.
④ (라) 이후: 이연년 형제가 담양에서 백제 부흥을 표방하며 난을 일으킨 것은 최우 집권 시기인 1237년으로, (라) 시기 이후의 사실이다.

---

03 우왕 재위 시기의 사실 　　난이도 중 ●●○

자료분석
왜선이 진포에 침입 + 최무선이 화포를 발사해 배들을 태워버림 → 진포 대첩 → 우왕

정답설명
③ 우왕 때 왜구가 부여에 침입하여 공주까지 함락시키자 최영이 출정하여 홍산 전투에서 이들을 섬멸하였다.

오답분석
① **충선왕**: 원의 수시력을 채택하여 수시력의 이론과 계산법을 사용하도록 한 것은 충선왕 때이다.
② **충렬왕**: 홍자번이 민생 안정을 위하여 편민 18사를 건의한 것은 충렬왕 때이다.
④ **충렬왕**: 중서문하성과 상서성이 합쳐져 첨의부가 된 것은 충렬왕 때이다. 충렬왕 때 원나라의 내정 간섭으로 중서문하성과 상서성이 통합되어 첨의부가 되었고, 6부가 4사로 축소되는 등 고려의 중앙 관제가 격하되었다.

04 충선왕 대의 사실 난이도 중 ●●○

자료분석
전농사를 설치함 + 재상지종을 지정 → 충선왕

정답설명
② 충선왕 때 국가가 소금을 전매하는 각염법을 시행함으로써 국가 재정을 확보하고자 하였다. 각염법은 소금의 생산과 유통의 권리를 국가가 가지고, 그로부터 수익을 수취하는 제도였다.

오답분석
① **조선 고종**: 당백전을 발행한 것은 조선 고종 때이다. 고종 때 흥선 대원군은 경복궁 중건을 위해 상평통보에 비해 액면 가치가 100배 높은 당백전을 발행하였다.
③ **공양왕**: 활자 제작과 서적의 인쇄를 담당하는 서적원을 설치한 것은 공양왕 때이다.
④ **우왕**: 명이 철령 이북의 땅을 자신들의 영토로 삼기 위해 철령위를 설치한다고 통보한 것은 우왕 때이다.

05 고려 후기의 상황 난이도 중 ●●○

자료분석
경기체가 등장 + 가전체 소설 유행 → 고려 후기

정답설명
④ 고려 후기에는 왜구의 침입이 크게 늘어났다. 고려 후기에 일본 정부는 내부의 분열로 지방에 대한 통제력이 약화되었고, 그 영향으로 해적(왜구)이 된 일본의 지방 세력은 고려를 빈번하게 침입하였다.

오답분석
① 발해 유민들이 유입된 것은 고려 초기인 태조 왕건 때의 사실이다.
② 상장군과 대장군의 합의 기구인 중방이 국정을 주도한 것은 무신 집권 초기의 사실이다. 무신 정변 이후 정중부와 이의민 등의 초기 무신 집권자들은 중방을 중심으로 국정을 주도하였다.
③ 김사미·효심의 난(신라), 최광수의 난(고구려), 이연년의 난(백제) 등의 삼국 부흥 운동이 전개된 것은 무신 집권기의 사실이다.

06 고려의 대외 교류 난이도 하 ●○○

정답설명
③ 고려는 서해안의 해로를 통해 송나라와 가장 활발하게 교류하여 종이, 인삼 등 수공업품과 토산물을 수출하고, 왕실과 귀족의 수요품인 비단, 약재, 서적 등을 수입하였다.

오답분석
① **조선 후기**: 책문 후시를 통해 중국과의 무역을 전개한 것은 조선 후기의 사실이다. 조선 후기에는 중강 후시, 책문 후시 등을 통해 사상들이 밀무역을 전개하였다.
② **발해**: 상경(용천부)-동경(용원부)-동해로 이어지는 교역로(일본도)를 통해 일본과 교류한 것은 발해이다.
④ 고려는 거란, 여진과도 교역하여 은, 말, 모피 등을 수입하였고, 농기구와 식량 등을 수출하였다.

07 고려 시대의 형률 제도 난이도 중 ●●○

정답설명
④ 옳은 것을 모두 고르면 ㉢, ㉣이다.
㉢ 고려 시대에는 귀양형을 받은 자가 부모상을 당하면 7일간의 휴가를 주었고, 70세 이상 노부모를 돌볼 이가 없으면 집행을 보류하였다.
㉣ 고려 시대는 중국의 당률을 바탕으로 한 71개 조의 법률을 시행하였으나, 대부분의 경우에는 관습법을 따랐다.

오답분석
㉠ 고려 시대에는 행정과 사법이 명확히 분리되어 있지 않아 지방관이 행정권과 사법권을 모두 행사하였다.
㉡ 고려 시대에 배상제는 관품을 가지고 있는 경우, 과실로 살상한 경우 등 제한적으로 적용되었고, 실제로는 실형주의가 더 우위에 있었다.

🔖 이것도 알면 합격!

고려 시대의 법률과 형벌

법률	중국 당률을 기반으로 한 71개 조의 법률을 시행하였으나, 대부분 관습법을 따랐음(지방관이 사법권을 행사)
형벌	• 5종(5형): 태·장·도·유·사 • 반역죄·불효죄는 중죄로 처벌(유교 윤리 강조) • 귀양형을 받은 자가 부모상을 당하면 7일간의 휴가 집행 • 70세 이상 노부모를 두고 봉양할 가족이 없으면 형벌 집행 보류
형벌 대체	• 수속법: 가벼운 범죄일 경우 돈을 내면 처벌 면제 • 귀향형: 일정 신분 이상의 사람이 죄를 지은 경우 본관지로 돌려보내 중앙의 정치 권력과 연계성을 차단함

08 『상정고금예문』 난이도 중 ●●○

자료분석

최윤의 + (강화도)천도 시에 가져오지 못함 + 28본을 인쇄 → (가) 『상정고금예문』

정답설명

④ 『상정고금예문』은 최우의 소장본을 바탕으로 강화도에서 금속 활자로 인쇄된 의례서이다. 현재는 실물이 전해지지 않으며, 이규보의 『동국이상국집』에 이 책을 금속 활자로 인쇄하였다는 기록만 존재한다.

오답분석

① 재조대장경(팔만대장경)은 부처의 힘으로 몽골의 침략을 물리치기 위해 제작된 불경이다.
② 『직지심체요절』은 고려 우왕 때 청주 흥덕사에서 간행된 것으로, 유네스코 세계 기록유산으로 등재된 현존하는 가장 오래된 금속 활자본이다.
③ 『의궤』는 조선 시대에 왕실이나 국가에 큰 행사가 있을 때 후대에 참고할 수 있도록 행사의 절차와 관련된 사항을 그림과 설명으로 정리한 책이다.

이것도 알면 합격!

『상정고금예문』

편찬	고려 인종 때 최윤의 등이 편찬한 의례서
인쇄(간행)	몽골과 전쟁 중이던 강화도 피난 시에 금속 활자로 인쇄
의의	서양의 금속 활자보다 200여 년 앞선 금속 활자본(현재는 전해지지 않으며, 『동국이상국집』에 기록상으로만 존재)

09 요세 난이도 중 ●●○

자료분석

대중에게 참회를 닦기를 권함 + 만덕산 백련사 원묘국사 비명 → (가) 요세

정답설명

③ 요세는 불교의 실천성을 강조하였기 때문에 지방민의 적극적인 호응을 얻을 수 있었으며, 이를 바탕으로 강진의 토호 세력의 도움을 받아 강진 만덕사(백련사)에서 백련 결사를 제창하였다.

오답분석

① 의천: 우리나라·송·요·일본의 대장경에 대한 주석서를 모은 목록인 『신편제종교장총록』을 편찬한 승려는 의천이다.
② 의천: 수행 방법으로 이론의 연마와 실천을 아울러 강조한 교관겸수를 주장한 승려는 의천이다.
④ 보우: 불교계 폐단을 개혁하기 위해 9산 선문의 통합을 주장한 승려는 보우이다. 보우는 불교가 귀족 세력과 결탁하여 세속화되면서 폐단이 발생하자, 이를 개혁하기 위해 9산 선문의 통합과 불교계의 혁신 운동을 전개하였으나 실패하였다.

10 고려 시대의 관학 교육 난이도 중 ●●○

정답설명

② 교육 장학 재단인 학보가 설치된 것은 고려 성종이 아닌 태조 왕건 때이다. 태조 왕건은 학보를 설치하여 일정 기금을 마련한 뒤 이를 통해 얻어진 이자로 학교를 운영하도록 하였다.

오답분석

① 고려 예종 때 국자감(국학)에 전문 강좌인 7재(여택, 대빙, 경덕, 구인, 복응, 양정, 강예)를 설치하여 관학을 부흥시키고자 하였다.
③ 고려 인종 때 국자감을 국자학, 태학, 사문학의 유학부와 율학, 산학, 서학의 기술학부로 정비하였으며, 이를 합쳐 경사 6학이라고 칭하였다.
④ 고려 성종 때는 지방에 향교를 설치하고, 박사와 교수를 파견하여 유학 교육을 실시하도록 하였다.

이것도 알면 합격!

고려의 관학 진흥책

숙종	국자감에 서적포 설치
예종	• 전문 강좌인 관학 7재 설치, 장학 재단인 양현고 설치 • 궁중에 청연각·보문각 등 설치
인종	경사 6학 정비, 7재에서 강예재 폐지, 지방에 향교 증설
충렬왕	• 공자 사당인 문묘 건립 • 양현고를 보강하기 위해 교육 기금인 섬학전 설치
공민왕	성균관을 순수한 유교 교육 기관으로 개편

조선 전기 10일 하프모의고사 10회 정답·해설 조선의 발전(1)

정답 한눈에 보기

| 01 | ③ | 02 | ① | 03 | ③ | 04 | ③ | 05 | ③ |
| 06 | ① | 07 | ② | 08 | ② | 09 | ① | 10 | ② |

[조선의 발전(1)] 출제 경향 & 빈출 키워드

출제 경향 조선 전기는 정치사에서 주요 국왕들의 정책과 통치 기구, 사화 등에 대한 문제가 주로 출제됩니다. 경제·사회사에서는 과전법, 향촌 사회의 모습 등이 자주 출제되며, 문화사에서는 성리학자와 교육 기관 등이 주로 출제됩니다.

빈출 키워드 태종, 세종, 세조, 성종, 정도전, 조광조, 유향소, 이황, 공법, 홍문관, 『국조오례의』

---

01 조광조 난이도 중 ●●○

자료분석

소격서가 요사하고 허망함 + 통렬히 혁파해야 함 → (가) 조광조

정답설명

③ 조광조는 중종반정 공신들의 가짜 훈작을 삭제하자는 위훈 삭제를 통해 훈구를 견제하고 신진 사림 세력을 중심으로 정치 세력을 재편하려 하였으나, 실패하였다.

오답분석

① 이제현: 원나라의 수도 연경에 세워진 만권당에서 원의 학자들과 교류한 대표적인 인물은 고려 말의 학자인 이제현이다.
② 조식: 선조에게 올린 『무진봉사』에서 서리망국론을 주장하여 당시 서리의 폐단을 지적한 인물은 조식이다.
④ 정도전: 『경제문감』을 저술하여 재상 중심의 정치 운영을 주장한 인물은 정도전이다.

02 세종의 업적 난이도 중 ●●○

자료분석

군신·부자·부부의 도리 + 이름을 '삼강행실'이라 함 → 『삼강행실도』 → 세종

정답설명

① 세종은 사형의 판결에는 3심을 거치도록 하는 삼복법을 적용하였다.

오답분석

② 태종: 사병을 혁파하고 양전 사업을 실시한 왕은 태종이다. 태종은 사병을 혁파하여 군사권을 장악하고, 양전 사업을 실시하여 국가 재정을 확보하고자 하였다.
③ 성종: 훈구 세력을 견제하기 위해 사림을 적극 중용한 왕은 성종이다. 성종은 김종직 등의 사림파를 3사 언관직에 적극 등용하여 훈구 세력을 견제하였다.
④ 성종: 『국조오례의』를 완성하여 국가의 예법과 절차를 정한 왕은 성종이다. 성종은 『국조오례의』를 통해 국가의 여러 행사에 필요한 길례·가례·빈례·군례·흉례의 예법과 절차 등을 정하였다.

03 세조 재위 시기의 사실 난이도 하 ●○○

자료분석

상왕(단종)이 어려서 + 6조가 각각 그 직무를 담당하여 직계(6조 직계제) → 세조 재위 시기의 사실

정답설명

③ 세조 때는 간경도감을 설치하였다. 세조는 간경도감을 설치하여 세종이 지은 「월인천강지곡」과 자신이 지은 『석보상절』을 한글로 간행하는 등 많은 불교 서적을 언해하였다.

오답분석

① 명종: 직전법이 폐지된 것은 명종 때의 사실이다. 명종 때는 직전법을 폐지하고 관리들에게 녹봉만 지급하였다. 한편, 세조 때는 과전법을 폐지하고 현직 관리들에게만 수조권을 지급하는 직전법을 실시하였다.
② 세종: 4군 6진을 개척한 것은 세종 때의 사실이다. 세종 때는 압록강 지역에 최윤덕을, 두만강 지역에 김종서를 파견하여 여진을 몰아내고 4군 6진을 개척하였다.
④ 성종: 성균관에 존경각을 설치한 것은 성종 때의 사실이다. 성종 때는 성균관에 도서관인 존경각을 설치하여 여러 서적을 소장하게 하였다.

10일 하프모의고사 10회

이것도 알면 합격!

세조의 업적

정치	• 의정부 서사제를 폐지하고 6조 직계제 실시 • 5위 정비, 진관 체제 실시
경제	직전법 실시
문화	• 간경도감 설치, 불교 경전 간행·보급 • 원각사, 원각사지 10층 석탑을 건립 • 인지의, 규형 제작

04 태종(이방원)의 업적 난이도 하 ●○○

자료분석

이런들 어떠하리 저런들 어떠하리 → 하여가 → 태종(이방원)

정답설명

③ 태종은 활자를 주조하는 관청인 주자소를 설치하고 구리로 계미자를 주조하였다.

오답분석

① 세종: 학문 연구 기관인 집현전의 기능을 확대한 왕은 세종이다. 집현전은 고려 시대에서 조선 초기에 걸쳐 설치되었던 학문 연구 기관으로, 조선 세종은 이를 다시 설치하고 그 규모와 기능을 확대하였다.

② 세조: 조선의 최고 법전인 『경국대전』의 편찬 사업은 세조 때 시작되어 성종 때 완료·반포되었다.

④ 세종: 백성과 더불어 즐거움을 함께 나눈다는 뜻을 가진 「여민락」이라는 음악을 짓고, 소리의 장단과 높낮이를 표현할 수 있는 악보인 정간보를 창안한 왕은 세종이다.

05 성종 재위 시기의 사실 난이도 중 ●●○

자료분석

홍문관을 설치 + 『악학궤범』을 편찬 → 성종

정답설명

③ 성종 때는 국가가 농민으로부터 직접 조를 거둔 뒤에 관리에게 나누어주는 관수 관급제가 실시되었다.

오답분석

① 태종: 호패법이 처음 실시된 것은 태종 때의 사실이다. 태종 때는 16세 이상의 모든 남성들에게 신분증의 일종인 호패를 가지고 다니게 하는 호패법을 처음 실시하였다.

② 연산군: 무오사화로 인해 김일손 등이 처형된 것은 연산군 때의 사실이다. 무오사화는 김일손이 스승 김종직의 「조의제문」을 「사초」에 기록한 것을 훈구 세력이 문제 삼으며 일어난 사건이다.

④ 중종: 『이륜행실도』가 편찬된 것은 중종 때이다. 『이륜행실도』는 연장자와 연소자(장유), 친구 사이(붕우)에서 지켜야 할 윤리를 강조한 윤리서이다.

06 공법 난이도 상 ●●●

자료분석

답험의 폐단을 없애려 함 + 백성까지 두루 물어봄 → (가) 공법

정답설명

① 공법에서는 토지를 비옥도에 따라 6등급으로 구분(전분 6 등법)하였으며, 수확한 연도의 풍흉에 따라 9등급으로 구분(연분 9등법) 하여 1결당 4~20두의 조세를 수취하였다.

오답분석

② 균역법: 인징(이웃에게 대신 징수), 족징(친족에게 대신 징수) 등의 폐단을 없애기 위해 시행된 제도는 균역법이다. 군역의 부담이 과중해지자 농민들은 농촌을 떠나 도망하였는데, 이때 도망자의 체납분을 이웃이나 친척이 대신 납부하게 하는 인징·족징 등의 폐단이 자행되었다. 이로 인해 농민의 몰락은 더욱 심화되었고, 이에 영조는 균역법을 시행하였다.

③ 영정법: 풍흉에 관계없이 토지 1결당 4~6두를 조세로 징수하도록 한 제도는 영정법이다.

④ 대동법: 토지 소유자에게 1결당 미곡 12두를 조세로 징수하도록 한 제도는 대동법이다.

이것도 알면 합격!

조선 전기의 수취 제도

조세(전세)	토지에 부과되는 세금으로, 쌀과 콩 등으로 납부
공납	• 특산물 등의 현물을 각 가호마다 부과 • 상공(정기), 별공(부정기), 진상(특산물을 국왕에게 상납)으로 구분 → 전세보다 농민에게 더 큰 부담으로 작용
역	• 16세 이상의 정남에게 부과 • 군역(군대)과 요역(노동)으로 구분

07 조선 전기의 농업 난이도 하 ●○○

정답설명

② 벼와 보리의 이모작이 전국적으로 확대된 것은 조선 후기이다. 조선 전기에도 일부 남부 지방에 제한적으로 모내기법(이앙법)이 보급되어 벼와 보리의 이모작이 가능하였으나, 이모작이 전국적으로 확대된 것은 조선 후기이다.

오답분석
① 조선 전기에는 밭농사에서 조, 보리, 콩을 돌려가며 농사짓는 2년 3작의 윤작법이 널리 보급되었다.
③ 조선 전기인 세종 때 농업 기술을 발달시키기 위해 농민들의 실제 영농 경험을 담은 『농사직설』이 간행되었다.
④ 조선 전기에는 시비법이 발달하여 휴경지가 감소하면서 경작지를 묵히지 않고 농사를 짓는 연작(連作)이 가능해졌다.

08 유향소   난이도 중 ●●○

자료분석
향촌에서 권위를 남용함 + 선왕께서 폐지함 + 경재소 → ㉠ 유향소

정답설명
② 유향소에서는 지방의 사족들이 모여 향회를 조직하였으며, 향회에 소속된 사족의 명단인 향안을 작성하고, 향회의 운영 규칙인 향규를 제정하였다.

오답분석
① 성균관·향교: 공자를 모시는 사당인 대성전을 두고 공자에게 제사를 지낸 것은 관립 교육 기관인 성균관과 향교이다.
③ 향약: 조광조가 처음 소개한 이후 전국적으로 확산된 것은 향약이다. 조광조는 중종 때 중국의 여씨 향약을 국내에 소개하였고, 이후 이황과 이이 등에 의해 토착화되어 전국적으로 확산되었다.
④ 향도: 삼국 시대부터 시작된 불교 신앙 조직에서 유래된 것은 향도이다. 삼국 시대부터 시작되었던 향도는 조선 시대에도 계속 이어져 상(喪)이나 어려운 일이 생겼을 때 서로 돕는 활동을 주로 하였다.

이것도 알면 합격!

향촌 사회에서 사족들의 지위 유지 장치

향안	향촌 사회에서 농민을 지배하였던 지방 사족의 명단으로, 임진왜란 전후에 각 군현에서 보편적으로 작성
향회	향안에 오른 사족들의 총회로, 이를 통해 사족들은 자신들의 결속을 다지고, 향촌 전반에 영향력을 행사
향규	향촌에서의 특권을 유지하기 위해 만든 향회의 운영 규칙

09 『조선왕조실록』   난이도 중 ●●○

자료분석
역대 왕들의 행적을 기록한 역사서 + 작업이 끝나면 세초를 함 → (가) 『조선왕조실록』

정답설명
① 『조선왕조실록』은 기전체가 아닌 시간의 순서대로 역사적 사실을 기록하는 편년체로 서술되었다. 한편, 세가, 지, 열전 등의 기전체로 구성된 대표적인 역사서로는 『고려사』가 있다.

오답분석
② 『조선왕조실록』은 사관이 기록한 「사초」와 각 관청에서 작성한 「등록」 등을 바탕으로 편찬하였다.
③ 『조선왕조실록』은 조선 태조부터 제25대 철종까지 472년간의 역사를 기록하였다.
④ 임진왜란 전에는 『조선왕조실록』을 춘추관과 충주, 성주, 전주에 각각 사고를 마련하여 보관하였다. 한편, 임진왜란 이후에는 오대산, 태백산 등의 5대 사고에서 『조선왕조실록』을 보관하였다.

10 이황   난이도 중 ●●○

자료분석
임금이 스스로 인격과 학식 수양을 위해 부단히 노력해야 함 + 사상이 일본에 전파됨 + '동방의 주자' → 이황

정답설명
② 이황은 이언적의 사상을 계승하여 주리론을 집대성하고, 기(氣)보다는 이(理)의 절대성을 중시하였다.

오답분석
① 이이: 서인의 형성에 영향을 준 것은 이이이다. 한편, 동인을 형성한 김성일, 유성룡 등의 영남 학파는 이황의 학풍을 계승하였다.
③ 조식: 노장 사상을 포용하고 학문의 실천성을 강조한 인물은 조식이다.
④ 이이: 다양한 개혁 방안을 제시한 『동호문답』을 저술한 인물은 이이이다.

이것도 알면 합격!

이황과 이이

구분	이황	이이
계열	주리론	주기론
특징	• 도덕적 행위의 근거로 인간의 심성 중시 • 근본적, 이상주의적 • 경(敬)의 실천 중시	• 현실주의, 개혁주의적 • 다양한 개혁 방안 제시(10만 양병, 수미법 등)

조선 전기 11일 하프모의고사 11회 정답·해설 조선의 발전(2)

▶ 정답 한눈에 보기

01	②	02	③	03	④	04	②	05	②
06	③	07	④	08	②	09	③	10	②

▶ [조선의 발전(2)] 출제 경향 & 빈출 키워드

출제 경향 조선 전기는 정치사에서 주요 국왕들의 정책과 통치 기구, 사화 등에 대한 문제가 주로 출제됩니다. 경제·사회사에서는 과전법, 향촌 사회의 모습 등이 자주 출제되며, 문화사에서는 성리학자와 교육 기관 등이 주로 출제됩니다.

빈출 키워드 기묘사화, 임진왜란, 진관 체제, 기유약조, 직전법, 향교, 앙부일구, 경자자, 갑인자, 『칠정산』, 이이, 『성학집요』

---

01 기묘사화   난이도 하 ●○○

자료분석
주초위왕 + 벌레가 갉아먹은 나뭇잎 + 중종 → 기묘사화

정답설명
② 기묘사화 때 훈구 세력은 조광조 중심의 사림 세력을 모함하여 죽이거나 유배 보냈다. 조광조의 급진적인 개혁으로 훈구와 사림의 갈등이 심화된 상황에서 조광조 등이 반정 공신들의 위훈 삭제를 주장하자 훈구 세력은 '주초위왕' 사건을 꾸며 기묘사화를 일으켰다.

오답분석
① 을사사화: 소윤이 대윤에 대한 보복으로 옥사를 일으킨 것은 을사사화이다. 을사사화는 명종이 즉위한 후 명종의 외척인 소윤 세력(윤원형 등)이 선왕(인종)의 외척인 윤임 등의 대윤 일파를 역적으로 몰아 숙청한 사건이다.
③ 갑자사화: 연산군이 생모인 윤씨의 사사 사건에 관여한 사람을 몰아낸 것은 갑자사화이다.
④ 무오사화: 사관이었던 김일손이 스승 김종직의 「조의제문」을 「사초」에 기록한 것을 훈구 세력이 문제 삼아 사림을 축출한 것은 연산군 때 일어난 무오사화이다.

이것도 알면 합격!

기묘사화(1519, 중종)

원인	중종이 공신 세력인 훈구를 견제하기 위해 조광조를 비롯한 사림을 등용하였으나, 조광조의 급진적인 개혁 정치로 훈구의 반발이 심화됨
결과	주초위왕 사건을 계기로 조광조 등 사림 세력이 제거됨

---

02 임진왜란   난이도 하 ●○○

자료분석
황윤길 + 김성일 + 풍신수길(도요토미 히데요시) → 임진왜란

정답설명
③ 임진왜란 때 고경명, 곽재우, 정인홍 등의 의병장들이 활약하였다. 임진왜란 당시 전국 각지에 조직된 의병들은 향토 지리에 밝은 이점을 활용하여 왜군에 큰 타격을 주며 활약하였다.

오답분석
① 병자호란: 청과 군신 관계를 맺게 된 것은 병자호란이다. 병자호란에서 청에게 패배한 조선은 청과 군신 관계를 맺고 소현세자와 봉림대군 등을 인질로 보냈다.
② 황룡사 9층 목탑이 소실된 것은 고려 시대의 몽골 침입 때이다.
④ 삼포왜란: 비변사가 설치되는 계기가 된 것은 삼포왜란이다. 한편, 비변사는 임진왜란 이후 군사 문제뿐만 아니라 외교, 재정, 사회, 인사 문제 등의 국정 전반을 관할하는 최고 기구가 되었다.

---

03 명종 대의 사실   난이도 중 ●●○

자료분석
모후(문정왕후)가 수렴청정을 함 + 임꺽정과 같은 도적이 성행함 → 명종 재위 기간의 사실

정답설명
④ 명종은 어린 나이에 즉위하여 어머니인 문정 왕후가 수렴청정을 하였는데, 이때 문정 왕후는 불교를 지원하여 승려 보우를 중용하고, 승과 제도를 부활시켰다.

오답분석

① **선조**: 왕실의 서얼 출신인 이몽학이 동갑회라는 비밀 결사를 조직하여 충청도 홍산(지금의 부여 일대)에서 난을 일으킨 것은 선조 대의 사실이다.
② **중종**: 풍기 군수 주세붕이 안향에게 제사를 지내기 위해 백운동 서원을 세운 것은 중종 대의 사실이다. 한편, 명종 때는 이황의 건의로 백운동 서원이 소수 서원으로 사액되었다.
③ **중종**: 왜와 임신약조를 체결하여 세견선 25척, 세사미두 100석으로 무역 규모를 제한한 것은 중종 대의 사실이다.

이것도 알면 합격!

조선 중·후기의 민중 봉기

구분	활동 시기	활동 지역
홍길동의 난	연산군(15·16세기)	충청도 일대
임꺽정의 난	명종(16세기)	황해도를 중심으로 경기도·강원도 일대
장길산의 난	숙종(17세기)	황해도 구월산 일대를 중심으로 전개

04 조선 전기의 군사 제도 난이도 중 ●●○

정답설명

② 조선 세조 때는 지방의 주요 거점을 중심으로 집중 방어하는 진관 체제가 완성되었다. 제승방략 체제는 선조 때 완성되었으며, 유사시에 각 지역의 수령이 거점 지역에 병력을 동원한 후 중앙에서 파견된 장수의 지휘를 받는 방어 체제이다.

오답분석

① 조선 태조 때는 고려 공양왕 때 설치된 삼군도총제부를 의흥삼군부로 개편하여 군정을 총괄하게 하였다.
③ 잡색군은 일종의 예비군으로 서리, 잡학인, 신량역천인, 노비 등이 편성되었으나, 농민은 정군으로 편성되었기 때문에 잡색군에는 포함되지 않았다.
④ 조선 전기의 지방군으로는 국방상 요충지에 설치된 영이나 진에 복무하는 영진군이 있었다.

05 광해군 재위 시기의 사실 난이도 중 ●●○

자료분석

품속의 어린 자식(영창대군)을 빼앗아 죽임 + 나(인목대비)를 유폐함 + 오랑캐에게 성의를 베풂 → (가) 광해군

정답설명

② 광해군 때 조선 정부는 대마도주와 기유약조를 체결하였다. 기유약조에는 세사미두 100석, 세견선은 20척으로 무역 규모를 제한하며, 부산포만을 개항하는 등의 내용을 담고 있다.

오답분석

① **정조**: 장용영을 설치한 것은 정조 때이다. 정조 때는 왕권을 강화하기 위해 국왕의 친위 부대인 장용영을 설치하였다.
③ **효종**: 청나라를 정벌하자는 북벌 운동을 전개한 것은 효종 때이다.
④ **인조**: 왕이 남한산성으로 피신하여 항전하였던 것은 병자호란으로, 인조 때이다.

이것도 알면 합격!

광해군의 전란 수습책

- 부국책: 토지 대장과 호적 정리, 대동법 실시(경기도)
- 강병책: 성곽과 무기 수리, 군사 훈련 실시
- 문화 시책: 『동의보감』(허준) 편찬, 5대 사고 정비
- 대외 정책: 명과 후금 사이에서 중립 외교 전개

06 직전법 난이도 하 ●○○

자료분석

과전은 사대부를 기르는 것 + 장차 (가)을/를 두려함 → (가) 직전법

정답설명

③ 직전법은 관리들의 토지 세습으로 경기도의 과전이 부족해지자 세조 때 현직 관리에게만 수조권을 지급한 토지 제도이다.

오답분석

① **녹과전**: 녹과전은 무신 집권기를 거치면서 전시과 제도가 붕괴되고 관리에게 녹봉조차 제대로 지급하지 못하게 되자 지급한 토지로, 현직 관료 위주로 경기 8현에 한정하여 지급하였다.
② **역분전**: 역분전은 고려 태조 왕건이 건국 과정에서 공로가 컸던 공신에게 나누어 주었던 토지로, 공로와 인품을 고려하여 지급하였다.
④ **전시과**: 전시과는 고려 시대에 관리들에게 관직 복무와 직역에 대한 대가로 토지(수조권)를 지급한 제도로, 관리에게 전지(곡물을 재배하는 토지)와 시지(땔감을 얻을 수 있는 토지)를 차등적으로 지급하였다.

07 조선 시대의 노비 난이도 하 ●○○

자료분석

매매할 때는 관청에 신고해야 함 + 16세 이상 50세 이하는 가격이 저화 4천 장 → (가) 노비

정답설명
④ 조선 시대에 공노비는 유외잡직이라 불리는 하급 기술직이나 무반잡직에 임명될 수 있었다.

오답분석
① 양인: 조세와 역의 의무가 있었던 것은 양인이다.
② 조선 시대의 노비는 천인의 신분으로 법적으로 과거 응시가 불가능하였다.
③ 신량역천: 신분상으로는 양인에 속하였으나 천대받았던 것은 신량역천이다. 조선 시대에는 수군, 역졸 등의 신량역천이 존재하였는데, 이들은 신분상으로는 양인에 속하였으나 사회적으로 천대받았다.

08 향교   난이도 하 ●○○

자료분석
부·목·군·현에 하나씩 설치됨 + 중앙에서 교수와 훈도를 파견함 → 향교

정답설명
② 향교의 정원은 군현의 크기와 인구에 비례하여 30명~90명으로 차등을 두어 배정되었다.

오답분석
① 9재 학당(고려): 문헌공도라고 불린 것은 고려 시대 최충이 세운 9재 학당이다.
③ 서원(조선): 흥선 대원군 집권기에 대부분 혁파된 것은 서원이다.
④ 성균관(조선): 입학 자격을 생원, 진사를 원칙으로 한 것은 성균관이다. 성균관의 입학 자격은 원칙적으로 소과에 합격한 생원과 진사에게만 주어졌으나, 정원이 미달일 경우에는 4부 학당의 성적 우수자(승보시 합격자)를 성균관에 입학시키기도 하였다.

09 세종 재위 시기의 과학 기술 발전   난이도 중 ●●○

자료분석
내불당을 지음 + 집현전 학사들이 간함 → (가) 세종

정답설명
③ 바퀴가 달려 있고, 신기전이라는 화살 100개를 동시에 발사할 수 있는 화차를 개발한 것은 문종 때이다.

오답분석
① 세종 때는 물시계인 자격루와 해시계인 앙부일구를 제작하였다. 특히 자격루는 자동으로 시보를 알려주는 장치를 갖춘 뛰어난 물시계였다.
② 세종 때는 계미자에 비해 인쇄가 편리한 경자자, 갑인자, 병진자 등의 금속 활자를 주조하였다.
④ 세종 때는 중국의 수시력과 아라비아의 회회력 등을 참고하여 우리나라 역사상 최초로 한양을 기준으로 천체 운동을 정확하게 계산한 역법서인 『칠정산』을 만들었다.

이것도 알면 합격!

조선 전기의 과학 기술

태조	천상열차분야지도(석각 천문도)
세종	간의대(천문대), 혼천의·간의(천문 관측 기구), 자격루(물시계), 앙부일구(해시계), 측우기(강우량 측정 기구), 규표(방위·절기·시각 측정 기구), 경자자와 갑인자(금속 활자)
문종	화차(신기전을 발사하는 무기)
세조	인지의와 규형(토지 측량 기구)

10 율곡 이이   난이도 하 ●○○

자료분석
책을 완성하여 『성학집요』라고 함 → 율곡 이이

정답설명
② 율곡 이이는 과거 시험에 9번 장원 급제하여 '구도장원공'이라는 별칭으로 불렸다.

오답분석
① 이황: 예안 향약을 만든 인물은 퇴계 이황이다. 한편, 율곡 이이는 해주 향약을 만들어 보급하였다.
③ 주세붕: 우리나라 최초의 서원인 백운동 서원을 설립한 인물은 풍기 군수를 지낸 주세붕이다.
④ 정도전: 『조선경국전』을 저술한 인물은 정도전이다. 『조선경국전』은 정도전이 국가의 운영을 위해 『주례』의 6전 체제를 참고하여 국가를 통치하는 데 필요한 내용을 정리한 법전이다.

조선 후기 12일 하프모의고사 12회 정답·해설 조선의 변화(1)

▶ 정답 한눈에 보기

| 01 | ③ | 02 | ③ | 03 | ② | 04 | ② | 05 | ③ |
| 06 | ① | 07 | ② | 08 | ④ | 09 | ① | 10 | ③ |

▶ [조선의 변화(1)] 출제 경향 & 빈출 키워드

출제 경향 조선 후기는 정치사에서 붕당 정치, 영·정조의 정책이 주로 출제되며, 경제사는 수취 제도의 변화와 경제의 변화상이 주로 출제됩니다. 사회사에서는 신분제 변동, 향촌 사회의 변화 등이 자주 출제되며, 문화사에서는 실학자와 그들의 저술 및 주장 등이 주로 출제됩니다.

빈출 키워드 훈련도감, 효종, 기사환국, 정조, 대동법, 서얼, 이익, 홍대용, 『의산문답』

---

01 정조의 업적   난이도 중 ●●○

자료분석

규장각을 세움 → 정조

정답설명

③ 정조 때는 육의전을 제외한 시전 상인들의 금난전권(난전을 단속할 수 있는 권리)을 폐지하는 신해통공을 단행하여 상업 활동의 자유를 확대하였다.

오답분석

① 영조: 『속대전』을 편찬하여 법률 체제를 정비한 것은 영조 때의 사실이다. 정조 때 편찬된 법전은 『대전통편』이다.
② 순조: 평안도의 몰락 양반인 홍경래 등의 봉기로 정주성이 점령된 것은 순조 때의 사실이다. 세도 정치 시기에 평안도 지역의 차별 대우가 극심해지자 이에 반발한 몰락 양반인 홍경래가 난을 일으켜 정주성을 점령하는 등 청천강 이북을 점령하였다.
④ 효종: 민간의 광산 개발 참여를 허용하는 설점수세제를 처음 실시한 것은 효종 때의 사실이다. 효종은 국가 재정을 보충하기 위해 민간의 광산 경영을 허가하고 세금을 거두는 설점수세제를 시행하였다.

이것도 알면 합격!

정조의 왕권 강화 정책

초계문신제 시행	신진 인물이나 중·하급 관리 중 유능한 인사 재교육
규장각 설치	자신의 개혁을 뒷받침할 수 있는 정치 기구로 육성
장용영 설치	국왕의 친위 부대로 왕권을 뒷받침하는 군사적 기반 마련
수령 권한 강화	수령이 향약을 직접 주관하게 하여 지방 사족의 향촌 지배력을 줄이고 수령의 권한을 강화

---

02 훈련도감   난이도 하 ●○○

자료분석

조총 쏘는 법과 창, 칼 쓰는 기술을 가르침 → (가) 훈련도감

정답설명

③ 훈련도감은 임진왜란 기간 중 유성룡의 건의에 따라 왜군에 대응하기 위해 설치되었다. 훈련도감은 명나라 장수 척계광이 저술한 병서인 『기효신서』의 군사 편제와 훈련 방법으로 조직된 군대로, 포수·살수·사수의 삼수병으로 편제되었다.

오답분석

① 어영청: 어영청은 인조 때 후금의 침입에 대비하기 위해 설치된 군대로, 수도 방어를 담당하였다.
② 수어청: 수어청은 인조 때 설치된 군대로, 남한산성을 중심으로 경기 남부 일대를 방어하였다.
④ 금위영: 금위영은 숙종 때 국왕 호위와 수도 방어를 위해 설치된 군대로, 훈련별대와 정초군을 합하여 조직하였다. 한편, 숙종 때 금위영이 설치되면서 5군영 체제가 완성되었다.

이것도 알면 합격!

5군영

구분	설치 시기	특징
훈련도감	선조	수도 방어, 포수·사수·살수로 구성
어영청	인조	수도 방어, 기병·보병, 지방 향군이 교대
총융청	인조	경기와 북한산성 방어, 이괄의 난을 계기로 설치, 속오군 배치
수어청	인조	경기 광주와 남한산성 방어, 정묘호란 후 남한산성 수축 전담, 속오군 배치
금위영	숙종	수도(왕실) 방어, 기병·보병, 5군영 완성

03 세도 정치 시기의 사실　　　　난이도 상 ●●●

자료분석

안동 김씨나 풍양 조씨 같은 외척 세력이 권력을 행사함 → 세도 정치 시기

정답설명

② 세도 정치 시기에는 비변사로의 권력 집중이 심화되었다. 순조~철종 시기에 안동 김씨, 풍양 조씨, 반남 박씨 등의 세도 가문들은 국정을 총괄하는 비변사의 고위 관직을 독점하며 권력을 행사하였다.

오답분석

모두 세도 정치 시기 이전의 사실이다.
① 준론 탕평 정책이 시행된 것은 정조 시기의 사실이다. 정조 때는 각 붕당의 입장을 떠나 의리와 명분에 합치되고 능력 있는 사람을 중용하는 적극적인 탕평인 준론 탕평을 실시하였다.
③ 훈구 대신과 사림의 충돌로 사화가 발생한 것은 연산군~명종 시기의 사실이다. 성종 이후 사림이 조정에 진출하면서 무오사화·갑자사화(연산군), 기묘사화(중종), 을사사화(명종) 등이 발생하였다.
④ 왕실 예법을 둘러싸고 예송 논쟁이 발생한 것은 현종 시기의 사실이다. 현종 때 선왕인 효종과 효종비의 장례 예법을 둘러싸고 서인과 남인이 충돌하며 예송 논쟁이 일어났다.

04 효종의 업적　　　　난이도 중 ●●○

자료분석

소현 세자와 함께 인질로 심양에 감 → (가) 효종

정답설명

② 효종은 김육 등의 건의로 서양 선교사인 아담 샬이 만든 시헌력을 채택하였다.

오답분석

① 정조: 『무예도보통지』를 편찬하여 24가지의 전투 동작을 그림과 글로 정리한 왕은 정조이다.
③ 광해군: 명나라의 요청으로 중국에 원병을 파견한 왕은 광해군이다. 광해군은 후금의 침략을 받은 명나라의 원병 요청에 따라 강홍립을 도원수로 임명하고 군사를 파견하였다.
④ 영조: 우리나라의 제도와 문물을 총정리한 한국학 백과사전인 『동국문헌비고』를 편찬한 왕은 영조이다.

05 조선 후기의 경제 모습　　　　난이도 하 ●○○

자료분석

부유한 도고가 돈을 많이 가짐 + 물건을 마구 사들여 저장해 두었다가, 때를 보아 이득을 노림 → 조선 후기

정답설명

③ 조선 후기에는 지대 납부 방식이 수확량의 반을 내던 타조법(정률제) 대신 약속된 일정 액수를 납부하는 도조법(정액제)으로 바뀌어갔다.

오답분석

① 조선 후기에는 상품 유통 경제가 활발해지면서 정기 시장인 장시가 전국적으로 확산되었다.
② 조선 후기에는 광산 전문 경영인인 덕대가 상인 물주에게 자본을 조달받아 노동자를 고용하고 광물을 채굴하였다.
④ 조선 후기에는 상품 유통이 활발해짐에 따라 포구가 발달하였고, 각 포구에서는 객주나 여각을 중심으로 금융업, 운송업 등이 발달하였다.

06 서얼　　　　난이도 하 ●○○

정답설명

① 조선 후기 정조 때는 이덕무, 박제가 등의 서얼 출신들이 규장각 검서관에 등용되기도 하였다.

오답분석

② 노비: 장례원을 통해 국가의 관리를 받은 계층은 조선 시대의 천민 중 노비이다.
③ 기술직 중인: 특정 직역을 세습하고 같은 신분 안에서 혼인을 한 계층은 기술직 중인이다. 조선 시대에 기술직 중인은 주로 같은 신분 안에서 혼인하였으며, 관청에서 가까운 곳에 거주하였다.
④ 서얼들은 문과 응시가 금지되었을 뿐 무과나 잡과를 통해서 관직에 나아갈 수 있었다.

07 조선 후기의 역사서　　　　난이도 중 ●●○

정답설명

② 옳은 것을 모두 고르면 ㉠, ㉢이다.
㉠ 『발해고』에서는 유득공이 남북국이라는 용어를 처음 사용하였다. 유득공은 통일 신라와 발해가 공존한 시기를 남북국 시대로 설정하여 발해를 우리 역사에 포함시켰다.
㉢ 『해동역사』는 한치윤이 중국 및 일본의 자료를 참고하여 편찬하였다. 한치윤은 500여 종의 중국 및 일본 자료를 참고하여 고조선부터 고려 말까지의 역사를 기전체로 정리한 『해동역사』를 편찬하였다.

오답분석

㉡ 『금석과안록』은 김정희가 금석문에 대한 분석과 검토 해설을 덧붙여서 편찬한 책으로, 북한산비가 진흥왕 순수비임을 고증하였다. 한편, 안정복이 단군 조선부터 고려 말까지의 역사를 강목체로 정리한 역사서는 『동사강목』이다.
㉣ 『연려실기술』은 이긍익이 조선의 정치·문화사를 객관적·실증적으로 서술한 역사서이다. 한편, 이익이 우리나라와 중국의 문화를 천지, 만물, 경사, 인사, 시문의 5개 부분으로 나누어 백과사전식으로 정리한 책은 『성호사설』이다.

08 양명학 난이도 중 ●●○

자료분석

사람의 생리 속에는 밝게 깨닫는 능력이 있음 + 양지(良知) → 양명학

정답설명

④ 양명학은 노론이 아닌, 정권에서 소외된 소론, 불우한 왕실의 종친, 서얼 출신 인사들 사이에서 가학(家學)의 형태로 계승되었다.

오답분석

① 이황은 『전습록논변』에서 양명학이 인의를 해치고 천하를 어지럽히는 이단이라고 비판하였다.
② 양명학은 16세기 초반 중종 대에 명을 왕래하는 사신에 의해 양명학 서적인 왕양명(왕수인)의 『전습록』이 전래되면서 우리나라에 처음 전해졌다.
③ 일부 소론 학자들에 의해 명맥을 이어오던 양명학은 정제두에 의해 체계적으로 연구되어 발전하였다.

이것도 알면 합격!

강화 학파

형성	18세기 초 정제두(소론)가 강화도를 중심으로 형성
활동	• 정제두의 주장: 일반민을 도덕 실천의 주체로 인정, 양반 신분제의 폐지 주장, 주자학 비판 • 실학자들과 영향을 주고 받으며 발전
계승	집안의 후손과 인척 중심으로 가학 형태로 계승
영향	구한말과 일제 강점기에 이건창, 박은식, 정인보 등이 계승

09 홍대용 난이도 상 ●●●

자료분석

중국과 서양은 180도 정도 차이가 남 + 중국도 변두리도 없이 모두가 중심 → 홍대용

정답설명

① 홍대용은 『의산문답』에서 지전설과 무한 우주론을 주장하며 중국 중심의 세계관(중화주의)을 거부하였다.

오답분석

② 서유구: 농업과 농촌 생활에 필요한 것을 종합한 농촌 생활 백과사전인 『임원경제지』를 편찬한 인물은 서유구이다.
③ 정약용: 형옥에 관한 실무 지침서인 『흠흠신서』를 저술한 인물은 정약용이다.
④ 최한기: 우주 현상과 지리, 문화 현상 등에 대해 정리한 『지구전요』를 편찬한 인물은 최한기이다.

10 이익 난이도 중 ●●○

자료분석

영업전 + 토지를 팔 때 영업전 몇 부 이외에 허가함 → 한전론 → 이익

정답설명

③ 이익은 『곽우록』에서 화폐 유통으로 농민의 파산이 가속화되고 풍속이 각박해졌음을 지적하며 화폐 유통을 금지해야 한다는 폐전론을 주장하였다.

오답분석

① 허목: 『기언』을 통해 6조의 기능 강화를 주장한 인물은 허목이다. 허목은 『기언』에서 왕과 육조의 기능 강화, 중농 정책 강화, 부세의 완화 등을 주장하였다.
② 유수원: 사농공상의 직업적 평등과 전문화를 주장한 인물은 유수원이다.
④ 박지원: 청에 다녀온 후 『열하일기』를 저술하여 청의 문물을 소개하고, 수레와 선박의 필요성을 강조한 인물은 박지원이다.

이것도 알면 합격!

이익

• 『성호사설』 저술, 제자를 양성하여 성호 학파 형성, 중국 중심의 역사관에서 벗어나 우리 역사를 체계화할 것을 주장
• 한전론(영업전 이외의 토지 매매 허용) 주장
• 6가지 폐단(노비제, 과거제, 양반 문벌제, 사치와 미신, 승려, 게으름) 비판

조선 후기 13일 하프모의고사 13회 정답·해설 조선의 변화(2)

▶ 정답 한눈에 보기

01	②	02	②	03	④	04	④	05	①
06	③	07	④	08	①	09	③	10	③

▶ [조선의 변화(2)] 출제 경향 & 빈출 키워드

출제 경향 조선 후기는 정치사에서 붕당 정치, 영·정조의 정책이 주로 출제되며, 경제사는 수취 제도의 변화와 경제의 변화상이 주로 출제됩니다. 사회사에서는 신분제 변동, 향촌 사회의 변화 등이 자주 출제되며, 문화사에서는 실학자와 그들의 저술 및 주장 등이 주로 출제됩니다.

빈출 키워드 숙종, 예송 논쟁, 영조, 대동법, 향전, 시사(詩社), 『동의보감』, 박제가

---

01 영조의 업적   난이도 하 ●○○

자료분석

신문고를 다시 설치 → 영조

정답설명

② 초계문신제도를 실시한 왕은 정조이다. 정조는 신진 인물이나 37세 이하의 당하관 중 젊고 유능한 문신들을 선발하여 규장각에서 교육시키는 초계문신제도를 시행하였다.

오답분석

① 영조는 붕당 정치의 뿌리를 없애기 위해 산림의 존재를 부정하였으며, 그들의 본거지인 서원을 대폭 정리하였다.
③ 영조는 형벌 제도를 개선하여 압슬형, 낙형 등의 가혹한 형벌을 폐지하였다.
④ 영조는 준천사를 설치하고 청계천 준설 사업을 추진하여 서민들에게 일자리를 제공하고 홍수에 대비하였다.

🖊 이것도 알면 합격!

영조의 정책

탕평 정책	완론 탕평, 탕평비 건립, 서원 정리
개혁 정책	균역법 실시(군포 1년에 2필 → 1필), 준천사 설치, 가혹한 형벌(압슬형, 낙형) 폐지, 삼복법(삼심제) 시행, 신문고 제도 부활
편찬 사업	• 『속대전』: 『경국대전』 편찬 이후 공포된 새로운 법령을 정리한 법전 • 『속오례』: 『국조오례의』를 보완한 의례서 • 『동국문헌비고』: 우리나라의 역대 문물 제도를 분류하고 정리한 백과사전

---

02 숙종 재위 시기의 사실   난이도 중 ●●○

자료분석

대동법을 전국적으로 실시 + 대보단을 지음 → 숙종 재위 시기

정답설명

② 숙종 때 병조판서인 김석주의 건의로 금위영이 설치되면서 5군영 체제(훈련도감·어영청·총융청·수어청·금위영)가 완비되었다.

오답분석

① 영조: 기유처분이 발표된 것은 영조 때의 사실이다. 영조는 이인좌의 난을 진압한 뒤 붕당 대립을 완화하기 위하여 각 붕당의 인재를 고루 등용할 뜻을 밝힌 기유처분을 발표하였다.
③ 순조: 노비의 도망과 합법적인 신분 상승으로 신공을 받아낼 수 없게 되자 내수사와 궁방 및 각급 관청에 속한 공노비(관노비) 약 6만여 명을 해방한 것은 순조 때의 사실이다.
④ 정조: 『탁지지』와 『추관지』가 편찬된 것은 정조 때의 사실이다. 『탁지지』는 호조의 재정 업무와 관련된 내용을 정리한 것이고, 『추관지』는 형조의 사법 업무와 관련된 내용을 정리한 책이다.

---

03 남인과 서인   난이도 상 ●●●

자료분석

(가) 삼년복을 입어야 한다 → 남인
(나) 기년복(일년복)을 입어야 한다 → 서인

정답설명

④ 서인은 숙종 때 발생한 경신환국(1680) 이후 남인의 처리 문제를 둘러싸고 강경파인 노론과 온건파인 소론으로 분열하였다.

오답분석

① **북인**: 조식 학파를 중심으로 형성된 붕당은 북인이다. 한편, 남인은 이황의 학풍을 계승한 영남 학파를 중심으로 형성되었다.
② **서인**: 인현 왕후의 복위를 주장한 붕당은 서인이다. 인현 왕후의 복위를 주장한 서인은 갑술환국(1694)을 통해 다시 권력을 장악하였고, 희빈 장씨를 지지하던 남인은 몰락하였다.
③ **북인**: 광해군의 중립 외교를 지지한 붕당은 북인이다. 북인은 임진왜란 이후 명의 세력이 약해지고, 후금이 강해지자 두 국가 사이에서 실리를 추구하는 광해군의 중립 외교를 지지하였다.

이것도 알면 합격!

예송 논쟁

구분	서인	남인
기본 입장	천하동례 (天下同禮)	왕자례부동사서 (王者禮不同士庶)
1차 예송 논쟁 (효종의 죽음)	기년설(1년설)	3년설
2차 예송 논쟁 (효종비의 죽음)	대공설(9개월설)	기년설(1년설)

04 대동법   난이도 하 ●○○

자료분석

공물을 각종 현물 대신 쌀로 징수 + 과세의 기준을 가호에서 토지의 결수로 변경 → 대동법

정답설명

④ 대동법은 가호를 기준으로 공물을 징수하던 방식 대신 소유한 토지 결수에 따라 쌀, 삼베, 무명, 동전 등으로 납부하게 한 법이다. 이 제도는 관청의 서리나 상인들이 공물을 대신 납부하고 그 대가를 많이 챙기는 방납의 폐단이 나타나자, 이를 해결하기 위해 실시되었다.

오답분석

① 공법은 세종 때 합리적인 조세 수취 방식을 마련하기 위해 시행한 제도로, 토지 비옥도를 기준으로 하는 전분 6등법과 풍흉을 기준으로 하는 연분 9등법이 있었다.
② 호포법은 고종 때 군정의 폐단을 시정하기 위해 양반에게도 군포를 징수하게 한 제도이다.
③ 균역법은 영조 때 농민들의 군포 부담을 줄이기 위하여 양인에게 부과된 군포의 액수를 1년에 2필에서 1필로 줄인 제도이다. 조선 후기에 군역의 부담이 과중해지자 농민들은 농촌을 떠나 도망하였는데, 이때 도망자의 체납분을 이웃이나 친척이 대신 납부하게 하는 인징·족징 등의 폐단이 자행되었다. 이로 인해 농민의 몰락은 더욱 심화되었고, 이에 영조는 균역법을 시행하였다.

이것도 알면 합격!

대동법의 실시

목적	부족한 국가 재정 보완, 농민의 부담 완화
실시 과정	광해군 때 경기도 지역에 시험 실시한 후 100년에 걸쳐 전국(평안도, 함경도, 제주도 제외)으로 확대 실시
부과 기준	가호 기준에서 토지 결수에 따라 쌀, 삼베, 무명, 동전 등을 납부하는 방식으로 변화

05 향전   난이도 중 ●●○

자료분석

신향 + 구향과 마찰을 빚고 있음 → 향전

정답설명

① 향전의 전개로 인해 향촌에서 재지 사족의 힘이 약화되었고, 그 결과 수령의 권한이 강화되는 계기가 되었다.

오답분석

② 향전의 결과 수령을 중심으로 한 관권이 강화되면서 향촌에서 관권의 실제 집행을 맡아보고 있던 향리의 권한도 강화되었다. 이는 세도 정치 시기에 수령과 향리의 농민 수탈이 극심해지는 배경이 되었다.
③ 조선 후기에 막대한 경제력을 바탕으로 신분을 상승시킨 부농층은 수령과 결탁하여 향안에 이름을 올리거나, 향임직에 진출하였다.
④ 향전으로 인해 구향은 동족 마을을 형성하여 족적 결합을 강화하였고, 군현 단위로 농민을 지배하기 어렵게 되자 촌락 단위로 동약을 실시하였다.

06 조선 후기의 신분제   난이도 하 ●○○

정답설명

③ 조선 후기에는 신분을 네 계층(양반, 중인, 상민, 천민)으로 구분하는 반상제가 실질적인 신분제로 작용하였지만, 여전히 법제적인 신분제는 양인과 천인으로 구분하는 양천제였다.

오답분석

① 조선 후기에는 서얼들의 집단 상소 운동으로 인해 청요직 진출이 점차 허용되었다.
② 조선 후기에는 납속책과 공명첩 등의 합법적인 방법, 양반 신분의 매입과 족보 위조 등의 불법적인 방법으로 신분을 상승시켜 양반의 수가 증가한 반면 상민과 노비의 수는 줄어들었다.
④ 조선 후기에 노비는 군공을 세우거나 납속을 통해 자신의 신분을 상승시킬 수 있었다.

07 박세당 난이도 중 ●●○

자료분석

책을 만들어 『사변록』이라 이름함 → 박세당

정답설명

④ 박세당은 토질에 따른 작물 재배법 및 화초와 약초·과수의 재배법, 가축 사육법 등을 정리한 농서인 『색경』을 저술하여 조선 후기 농업 기술 발전에 이바지하였다.

오답분석

① 송시열: 노론의 영수로 기사환국 때 사사된 인물은 송시열이다. 숙종 때 희빈 장씨가 낳은 아들을 원자로 정한 것에 송시열을 비롯한 서인 노론들이 반발하자, 숙종은 서인을 정계에서 축출하고 남인을 등용하였다(기사환국). 이 과정에서 송시열은 제주도에 유배된 후 사사되었다.

② 이수광: 백과사전식의 『지봉유설』을 저술한 인물은 이수광이다. 이수광은 『지봉유설』에서 우리나라와 중국을 포함한 세계 여러 나라의 문화를 포괄적으로 비교하여 정리하였고, 마테오 리치의 천주교 교리서인 『천주실의』를 소개하기도 하였다.

③ 윤휴 등: 청의 정세 변화를 기회로 북벌을 주장한 인물은 윤휴 등의 일부 남인 세력이다. 숙종 즉위 초에 윤휴를 중심으로 한 남인 일부 세력이 청나라의 정세(삼번의 난 등)를 이용하여 북벌을 끊임없이 주장하였다. 한편, 박세당은 소론 계열의 인물로, 사대의 명분을 버리고 국가의 보전을 위해 실리를 추구해야 한다는 친청 정책을 주장하였다.

08 『동의보감』 난이도 하 ●○○

자료분석

선조의 명으로 편찬이 시작됨 + 광해군 때 완성됨 + 동양 의학의 정수 → 『동의보감』

정답설명

① 허준의 『동의보감』은 우리나라뿐만 아니라 중국과 일본에서도 간행되어 뛰어난 의학서로 인정받고 있다.

오답분석

② 『침구경험방』: 허임이 저술하여 침구술을 집대성한 의학서는 『침구경험방』이다.

③ 『향약구급방』: 현존하는 우리나라의 가장 오래된 의학서는 고려 고종 때 편찬된 『향약구급방』이다.

④ 『동의수세보원』: 사람의 체질을 네 가지로 구분하여, 이에 맞는 치료법을 소개한 의학서는 이제마가 편찬한 『동의수세보원』이다.

09 조선 후기의 문화 난이도 하 ●○○

자료분석

경제적으로 여유 있는 서민들이 생김 + 서민들이 문화와 예술에 관심을 가짐 → 서민 문화 → 조선 후기의 문화

정답설명

③ 재조대장경(팔만대장경, 고려 시대 제작)의 보관을 위해 합천 해인사 장경판전이 만들어진 것은 조선 전기인 15세기의 사실이다. 조선 후기에는 보은 법주사 팔상전, 구례 화엄사 각황전 등 다층 구조의 화려한 사원 건축물이 많이 지어졌다.

오답분석

① 조선 후기에는 서민의 감정을 그대로 드러낸 판소리, 잡가 등이 유행하였다.

② 조선 후기에는 승려들의 부패, 양반들의 위선 등 사회적 모순에 대해 해학적이고 솔직하게 표현하는 탈춤이 유행하였다.

④ 조선 후기에는 중인 계층을 중심으로 시사가 결성되었으며, 이들은 자신들의 시를 모아 시집을 편찬하는 등 활발한 문학 활동을 벌였다.

10 박제가 난이도 중 ●●○

자료분석

물건을 이용할 줄 모르니 생산할 줄 모름 + 생산할 줄 모르니 백성이 나날이 궁핍해짐 → 박제가

정답설명

③ 박제가는 정조 때 유득공, 이덕무 등 서얼 출신들과 함께 학문 연구 기관인 규장각의 검서관으로 등용되어 활동하였다.

오답분석

① 박지원: 『과농소초』에서 한전제를 주장한 인물은 박지원이다. 박지원은 토지 소유의 상한선을 설정하는 한전제를 실시하면 상한선을 초과하는 토지는 자연스럽게 분배될 것이라고 주장하였다.

② 정약용: 화성 건설을 위해 『기기도설』을 참고하여 거중기를 설계한 인물은 정약용이다.

④ 안정복: 우리 역사를 체계화한 『동사강목』을 저술한 인물은 안정복이다. 안정복은 『동사강목』에서 단군 조선 → 기자 조선 → 마한 → 통일 신라 → 고려로 이어지는 독자적인 정통론을 세워 우리 역사를 체계화하였다.

조선 후기 14일 하프모의고사 14회 정답·해설 조선의 변화(3)

▶ 정답 한눈에 보기

01	④	02	①	03	①	04	③	05	④
06	②	07	③	08	②	09	③	10	①

▶ [조선의 변화(3)] 출제 경향 & 빈출 키워드

출제 경향 조선 후기는 정치사에서 붕당 정치, 영·정조의 정책이 주로 출제되며, 경제사는 수취 제도의 변화와 경제의 변화상이 주로 출제됩니다. 사회사에서는 신분제 변동, 향촌 사회의 변화 등이 자주 출제되며, 문화사에서는 실학자와 그들의 저술 및 주장 등이 주로 출제됩니다.

빈출 키워드 비변사, 인조, 호락 논쟁, 조선 통신사, 임술 농민 봉기, 선대제 수공업, 정약용, 『목민심서』, 『발해고』

---

01 비변사 난이도 중 ●●○

자료분석
의정부가 한가한 관청이 됨 + 창설한 것도 이미 300년 + 『고종실록』 → 비변사

정답설명
④ 비변사는 임진왜란 이후 구성원이 확대되고, 군사 및 정무 전반을 관할하는 등 기능이 강화되면서 국가 최고 정무 기구로 발전하였다. 이로 인해 의정부와 6조의 권한이 약화되었으며, 이후 세도 정치기를 거치며 비변사의 권위는 더욱 강화되었다.

오답분석
① 비변사는 중종 때 발생한 삼포왜란을 계기로 임시 회의 기구로 설치되었으며, 이후 명종 때 일어난 을묘왜변을 계기로 상설 기구화되었다.
② 승정원: 조선 시대에 왕명 출납을 맡은 왕의 비서 기관은 승정원이다.
③ 소격서: 조광조를 비롯한 사림의 건의로 혁파된 것은 소격서이다.

02 조선 통신사 난이도 중 ●●○

자료분석
일본 사람 + 조선 사람의 글자만 얻으면 감사의 성의를 표시함 + 『해유록』 → 조선 통신사

정답설명
① 조선 통신사는 일본의 요청이 있을 때 파견되었던 비정기적인 사절단으로, 17세기인 1607년부터 19세기 초인 1811년까지 모두 12차례에 걸쳐 파견되었다. 이들은 외교 사절이면서 조선의 선진 문물을 전파하는 역할을 하였다.

오답분석
② 조선 통신사는 국왕의 외교 문서인 서계와 별폭(別幅, 예물의 종류와 수량을 적은 물품 목록)을 가지고 갔다.
③ 조선 통신사는 일본 막부의 쇼군(장군)이 교체될 때 일본의 요청에 의해 정치·외교적인 목적에서 파견되었다.
④ 조선 통신사 파견에 대한 기록은 2017년에 유네스코 세계 기록유산으로 지정되었다.

03 인조 재위 시기의 사실 난이도 중 ●●○

자료분석
삼전도 + 세 번 절하고 아홉 번 머리를 조아리는 예를 행함 → 삼전도의 굴욕 → 인조

정답설명
① 인조 재위 시기에는 남한산성과 경기 남부의 방어를 위하여 수어청이 설치되었다.

오답분석
② 세종: 계해약조를 체결한 것은 세종 때이다. 세종 때 계해약조를 체결하여 무역 규모를 세견선 50척, 세사미두 200석으로 제한하였다.
③ 영조: 이인좌의 난이 일어난 것은 영조 때이다. 영조 때 이인좌는 경종의 죽음에 영조가 관계되었음을 주장하며 난을 일으켰다.
④ 정조: 군사적·상업적 기능을 갖춘 수원 화성이 축조된 것은 정조 때이다. 정조는 아버지인 사도 세자의 무덤을 수원으로 옮겨 현륭원이라 하고, 자신의 정치적 이상을 실현하기 위해 화성을 축조하여 정치적·군사적 기능을 부여하였다.

04 조선 후기의 수공업   난이도 중 ●●○

정답설명

③ 소(所)에서 국가가 필요로 하는 수공업 제품을 만든 것은 고려 시대의 사실이다. 고려 시대에는 소(所)에서 금, 은, 철 등의 광업품이나 종이 등의 수공업품, 차와 생강 등을 생산하여 국가에 바쳤다.

오답분석

① 조선 후기에는 일정량의 장인세를 관청에 납부한 뒤 자유롭게 물품을 생산하여 판매하는 납포장이 증가하였다. 이에 따라 국가 주도의 관영 수공업이 퇴조하였다.
② 조선 후기에는 민간 수공업자들이 상인이나 공인으로부터 물품을 주문받으며 생산에 필요한 자금과 원자재까지 함께 조달받아 제품을 만드는 선대제 수공업이 성행하였다.
④ 조선 후기에는 민영 수공업이 발달함에 따라 도시 지역을 중심으로 수공업 작업장인 점(店)이 발달하였다. 점은 주요 생산 품목에 따라 철점, 사기점, 유기점, 직조점 등으로 구분되었다.

이것도 알면 합격!

조선 후기의 수공업

선대제 수공업	• 민간 수공업자들이 상인·공인으로부터 물품 주문과 함께 자금, 원료를 미리 받아 제품 생산 • 원료의 구입, 제품의 처분에 있어 상업 자본의 지배를 받음
독립 수공업	• 18세기 후반에 이르러 수공업자 가운데서도 독자적으로 제품을 생산·판매하는 독립 수공업자 등장 • 판매를 위한 상품을 생산하는 경우가 증가하면서 수공업자들이 모여 사는 마을인 점촌이 발달

05 조선 후기의 화폐 경제   난이도 중 ●●○

자료분석

양난 이후 + 놋그릇이 전국 각지의 장시에서 팔림 → 조선 후기

정답설명

④ 교역의 활성화 및 산업의 발달로 고액 화폐인 은병이 주조된 것은 고려 시대의 사실이다. 은병은 고려 숙종 때 우리나라의 지형을 본떠 제작된 화폐이다.

오답분석

① 조선 후기에는 상품 화폐 경제의 발달로 동전의 사용량이 증가하였다. 그러나 동전의 무게로 인해 대규모 상업 거래에서 불편이 초래되자, 환·어음 등의 신용 화폐가 등장하였다.
② 조선 후기에는 지주나 대상인들이 화폐를 고리대나 재산 축적의 수단으로 사용하며 시중에 동전 유통량이 부족해지는 전황이 발생하였다.
③ 조선 후기에 상평통보가 전국적으로 유통되며 조세와 소작료를 화폐로 납부하는 비율이 증가하였다.

06 임술 농민 봉기   난이도 중 ●●○

자료분석

최근 남쪽에서 일어나는 난 + 궁민(배고픈 백성)이 일으킴 → 임술 농민 봉기

정답설명

② 임술 농민 봉기는 몰락 양반 출신인 유계춘의 주도로 전개되었다. 유계춘은 삼정의 문란과 탐관오리의 횡포에 반발하여 진주를 중심으로 농민들을 모아 봉기를 주도하였다.

오답분석

① 고부 농민 봉기: 고부 군수인 조병갑의 수탈에 반발하여 일어난 것은 고부 농민 봉기이다. 한편, 임술 농민 봉기는 경상 우병사 백낙신의 수탈로 인해 일어났다.
③, ④ 홍경래의 난: 인삼 무역이나 금광 경영 등을 통해 봉기 자금을 마련하여 일어났으며, 선천, 정주 등 청천강 이북을 거의 장악한 것은 홍경래의 난이다.

이것도 알면 합격!

임술 농민 봉기(1862, 철종)

원인	삼정의 문란 + 경상 우병사 백낙신의 수탈
전개	• 몰락 양반 출신인 유계춘을 중심으로 봉기 • 진주를 중심으로 전개 → 전국적인 민란으로 확산
정부 대책	• 선무사와 안핵사 파견 → 민심 회유 및 주동자 처벌 • 삼정이정청 설치 → 삼정의 문란 시정 약속
결과	정부 대책에 따라 봉기는 진정되었지만, 삼정이정청이 얼마 지나지 않아 폐지되면서 근본적인 해결책 마련에는 실패

07 조선 후기의 가족 제도와 사회상   난이도 중 ●●○

정답설명

③ 옳은 것을 모두 고르면 ⓒ, ⓒ이다.
ⓒ 조선 후기에는 입양 제도가 확대되어 아들이 없을 경우 양자를 들이는 것이 일반화되었고, 부계 위주의 족보가 적극적으로 편찬되었다.
ⓒ 조선 후기에는 재지 사족들이 향촌 사회에서의 기득권 유지를 위해 동족 마을을 형성하고, 서원과 사우를 세워 문중 간의 결속을 강화하였다.

오답분석

- ㉠ 고려~조선 전기: 남녀를 구분하지 않고 태어난 순서대로 족보에 기재한 것은 고려~조선 전기의 사실이다. 조선 후기에는 아들 위주로 족보에 기재하였다.
- ㉢ 조선 후기에는 남귀여가혼(처가살이) 대신 혼인 후 곧바로 남자 집에서 생활하는 친영 제도가 정착되었고, 재산 상속에서도 큰아들이 우대받았다.

이것도 알면 합격!

조선 후기(17세기 이후)의 가족 제도

친영 제도 정착	혼인 후 곧바로 남자 집에서 생활하는 친영 제도 정착
장자 중심의 제사와 재산 상속	• 제사는 큰아들이 지내야 한다는 의식 확산 • 재산 상속에서도 큰아들 우대
양자 입양 일반화	아들이 없는 집안에서는 양자를 들이는 것이 일반화
동성 마을 형성	• 부계 위주의 족보를 적극적으로 편찬 • 같은 성을 가진 사람끼리 모여 사는 동성 마을 형성

㉠, ㉡ 권상하, 한원진 등으로 대표되는 호서(충청도) 지역의 노론을 중심으로 인간의 본성과 사물의 본성은 다르다는 인물성이론이 제기되었으며, 이 이론은 근대 시기에 위정척사 사상으로 계승되었다.

오답분석

- 이간, 이재 등 서울·경기 지역을 중심으로 한 노론(낙론) 인사들은 인간과 사물의 본성이 동일하다는 인물성동론을 주장하였다. 이러한 사상은 북학론을 거쳐 근대 시기에 개화 사상으로 계승되었다.

이것도 알면 합격!

호락 논쟁

구분	호론	낙론
이론	인물성이론	인물성동론
본성	인간의 본성과 사물의 본성은 다름	인간의 본성은 사물의 본성과 동일함
중심 인물	권상하, 한원진	이간, 이재
지역	호서(충청도) 지역	낙하(서울), 경기 지역
계승	북벌론, 위정척사 사상	북학론, 개화 사상

08 『발해고』 난이도 하 ●○○

자료분석

김씨가 남쪽을 차지 + 대씨가 북쪽을 차지 + 남북국 → 『발해고』

정답설명

② 『발해고』는 유득공이 저술한 역사서로, 통일 신라와 발해의 역사를 남북국의 역사로 체계화하면서 남북국 시대라는 용어를 처음으로 사용하였다.

오답분석

① 『택리지』: 『택리지』는 이중환이 우리나라 각 지역의 자연환경과 물산, 풍속, 인심 등 인문 지리적 특성을 분석하여 제시한 인문 지리서이다.
③ 『성호사설』: 『성호사설』은 이익이 편찬한 백과사전식 저서로 우리나라와 중국의 문화를 천지·만물·경사·인사·시문의 5개 부분으로 분류하여 정리하였다.
④ 『아방강역고』: 『아방강역고』는 정약용이 저술한 역사 지리서로, 백제의 첫 도읍지가 서울이라는 것과 발해의 중심지가 백두산 동쪽이라는 것 등을 고증하였다.

09 호락 논쟁 난이도 중 ●●○

정답설명

③ 바르게 연결하면 ㉠ 다름, ㉡ 위정척사 사상이 된다.

10 정약용 난이도 중 ●●○

자료분석

백성을 부양하는 방법 + 심서(心書) → 『목민심서』 → 정약용

정답설명

① 정약용은 한 마을을 단위로 하여 토지를 공동으로 소유·경작하고 그 수확물을 노동량에 따라 분배하자는 여전론을 주장하였다.

오답분석

② 정약전: 흑산도로 유배를 가서 흑산도 연해의 다양한 어류를 정리한 『자산어보』를 저술한 인물은 정약전이다.
③ 허균: 경제적으로 여유가 있는 호민(豪民)이 나라의 중심이 되어야 한다는 호민 혁명을 주장한 인물은 허균이다. 허균은 「호민론」에서 백성을 원민·항민·호민의 세 부류로 나누었는데, 이 중 호민을 부당한 대우와 사회의 부조리에 도전하는 존재로 보고 호민의 중요성을 강조하였다.
④ 유형원: 신분에 따라 차등 있게 토지를 분배하는 균전론을 주장한 인물은 유형원이다. 유형원은 『반계수록』을 저술하여 신분에 따라서 토지를 차등 있게 재분배하자는 균전론을 주장하였다.

하프모의고사 15회 정답·해설 선사 시대의 전개~조선의 변화(3)

정답 한눈에 보기

01	②	02	④	03	①	04	②	05	③
06	④	07	②	08	④	09	④	10	③

[선사 시대의 전개~조선의 변화(3)] 출제 경향 & 빈출 키워드

출제 경향 전근대 시기는 정치사에 주요 왕들의 정책과 시대별 통치 기구·구조 및 시대별 대외 관계들이 출제되며, 경제사에는 토지 제도 및 수취 제도 등이 자주 출제됩니다. 사회사에서는 당시의 전반적인 사회 제도와 변화 모습 등이 출제되며, 문화사에서는 주요 승려나 학자들의 저술과 주장, 각 시대별 문화유산 등이 자주 출제됩니다.

빈출 키워드 옥저(골장제), 삼한(천군, 소도), 무령왕, 연개소문, 초조대장경, 무오사화, 사간원, 병자호란, 김정희

---

01 선사 시대 | 옥저와 삼한   난이도 하 ●○○

자료분석
(가) 장사를 지낼 적에는 큰 나무 곽(槨)을 만듦 → 옥저
(나) 천군 + 소도라고 부르는 별읍이 있음 → 삼한

정답설명
② 옥저는 왕이 없고 읍군, 삼로 등의 군장이 각자 자기 부족을 다스린 군장 국가였다.

오답분석
① 부여: 매년 12월에 영고라는 제천 행사를 열었던 국가는 부여이다.
③ 옥저: 혼인 풍습으로 매매혼의 일종인 민며느리제가 있었던 국가는 옥저이다.
④ 동예: 다른 부족의 영역을 침범하면 노비, 소, 말 등으로 변상하도록 한 책화의 풍습이 있던 국가는 동예이다.

02 고대 | 무령왕   난이도 하 ●○○

자료분석
영동대장군 백제 사마왕 → 무령왕

정답설명
④ 무령왕은 지방에 22담로를 설치하고 왕족을 파견하여 지방에 대한 통제를 강화하였다.

오답분석
① 무왕: 금마저(익산)에 미륵사를 창건한 왕은 무왕이다.
② 동성왕: 신라 이찬 비지의 딸을 왕비로 맞이하여 신라와 결혼 동맹을 맺은 왕은 동성왕이다.

③ 성왕: 사비(부여)로 천도하고 국호를 남부여로 개칭한 왕은 성왕이다.

이것도 알면 합격!

무령왕

22담로 설치	지방에 22담로를 설치하고 왕족을 파견(지방에 대한 통제 강화)
5경 박사 파견	5경 박사인 단양이와 고안무를 교대로 일본에 파견
대외 관계	중국 남조의 양나라와 수교(무령왕릉이 중국 남조의 영향을 받음)

03 고대 | 연개소문   난이도 하 ●○○

자료분석
왕(영류왕)을 시해함 + 스스로 막리지가 됨 → 연개소문

정답설명
① 연개소문은 영류왕 때 천리장성의 축조를 관리·감독하였다. 이 과정에서 세력을 키운 연개소문은 쿠데타를 일으켜 영류왕을 제거하고 보장왕을 옹립하여 스스로 대막리지가 되었고, 정권을 장악하였다.

오답분석
② 을지문덕: 살수에서 회군하는 수나라의 군대에게 대승(살수 대첩)을 거둔 인물은 을지문덕이다.
③ 안승: 신라에 투항하여 보덕국의 왕에 봉해진 인물은 안승이다. 고구려 멸망 이후 보장왕의 서자로 알려진 안승을 중심으로 검모잠 등이 고구려 부흥 운동을 전개하자, 신라는 이를 지원하면서 안승을 회유하여 금마저(익산)에 머물게 하고 보덕국을 건국하여 국왕으로 삼았다.
④ 온달: 신라에게 빼앗긴 한강 유역을 수복하기 위해 출정하였다가 아단성에서 전사한 인물은 온달이다.

04 고려 시대 | 고려 현종 재위 기간의 사실 난이도 중 ●●○

자료분석

연등회를 다시 엶 → 고려 현종 재위 기간

정답설명

② 고려 현종 재위 기간에 거란이 침입해오자 부처의 힘을 빌려 거란에 대항하기 위해 불교 경전을 집대성한 초조대장경의 조판이 시작되었다.

오답분석

① 고려 성종: 수도인 개경에 국립 대학인 국자감을 설치한 것은 고려 성종 때의 사실이다.
③ 고려 숙종: 주전도감을 설치하여 삼한통보와 해동통보 등의 화폐를 주조한 것은 고려 숙종 때의 사실이다.
④ 고려 광종: 국가 수입 증대를 위해 지방의 주현마다 매년 중앙에 바쳐야 할 공물의 양을 정해주는 주현공부법을 처음 실시한 것은 고려 광종 때의 사실이다.

이것도 알면 합격!

고려 현종의 업적

정치	• 지방 행정 개편: 5도 양계 완비, 4도호부 8목 설치 • 대외 정책 - 제2차 거란 침입: 강조의 정변을 구실로 침입 → 강화 체결 - 제3차 거란 침입: 강감찬의 귀주 대첩 → 거란 격퇴 → 나성 축조
문화	• 『7대실록』(태조~목종) 편찬(현존 X) • 불교 부흥: 연등회, 팔관회 부활 • 초조대장경 조판 • 현화사(법상종) 건립

05 고려 시대 | 거란과 고려의 관계 난이도 중 ●●○

자료분석

낙타는 만부교 아래에 매어둠(만부교 사건) → (가) 거란

정답설명

③ 강조의 정변을 구실로 거란이 2차 침입하자 양규는 흥화진 전투에서 거란의 군대를 물리쳤다.

오답분석

① 몽골: 박서가 귀주에서 항전한 것은 몽골의 침입을 막기 위해서였다.
② 여진: 이자겸이 군신 관계 요구를 수용한 나라는 금(여진)이다.
④ 몽골: 고려에 사신으로 보낸 저고여가 국경 지대에서 피살당한 것을 구실로 고려에 침입한 것은 몽골이다.

06 고려 시대 | 고려 시대의 경제 모습 난이도 중 ●●○

자료분석

주전도감 + 활구 → 고려 시대의 경제 모습

정답설명

④ 고려 시대에는 소를 이용한 깊이갈이가 일반화되고, 녹비법과 퇴비법 등의 시비법이 발달하여 농업 생산력이 증가하였다.

오답분석

①, ③ 조선 후기: 공물의 부과 기준이 가호에서 토지로 바뀌었으며, 모내기법이 확산되어 이모작이 가능해진 것은 조선 후기이다.
② 통일 신라: 조세, 부역 등의 부과를 위해 촌락의 가호 수, 토지 결 수, 인구 수 등이 기록된 민정 문서를 작성한 것은 통일 신라이다.

07 조선 전기 | 무오사화의 결과 난이도 중 ●●○

자료분석

초나라 회왕(의제) + 글을 지어 조문함 → 「조의제문」 → 무오사화

정답설명

② 무오사화의 결과, 김일손 등의 사림 세력이 제거되었다. 무오사화는 김일손이 「조의제문」을 「사초」에 기록한 것이 발단이 되어 일어났다.

오답분석

① 정철의 건저 사건: 동인이 남인과 북인으로 갈린 계기가 된 것은 정철의 건저 사건이다. 서인 정철이 건저 문제(세자 책봉 문제)로 선조의 미움을 받아 탄핵되자, 동인은 정철에 대한 처벌 문제를 둘러싸고 남인(온건파)과 북인(강경파)으로 나뉘었다.
③ 을사사화: 윤원형 세력(소윤)이 윤임 세력(대윤)을 축출한 것은 명종 때 발생한 을사사화이다. 인종이 일찍 죽고, 명종이 즉위하면서 인종의 외척(대윤)과 명종의 외척(소윤) 간의 권력 다툼이 발생하였다. 이에 소윤(윤원형 일파)이 대윤(윤임 일파)을 역적으로 몰아 숙청하였다.
④ 기묘사화: 현량과를 통해 등용된 사림이 화를 입은 것은 중종 때 발생한 기묘사화이다.

08 조선 전기 | 사간원 난이도 중 ●●○

자료분석

조선 시대의 언론 기관 + 문하부의 낭사가 독립한 것 → 사간원

정답설명

④ 조선 시대의 사간원은 사헌부와 함께 양사라고 불렸으며, 양사에서는 5품 이하 관리 임명에 대한 동의권(서경권)을 행사하였다.

오답분석
① **홍문관**: 옥당이라는 이름으로 불리기도 한 기관은 홍문관이다.
② **사헌부**: 발해의 중정대와 비슷한 업무를 수행한 기관은 사헌부이다.
③ **의금부**: 반역죄, 강상죄 등을 범한 중죄인을 다스린 기관은 의금부이다.

🗝️ 이것도 알면 합격!

삼사

구성	• 사헌부: 관리 비리 감찰 • 사간원: 왕에게 간쟁과 논박을 하며 정사 비판 • 홍문관: 문필 활동을 하면서 언론 기능 담당
특징	• 삼사의 언론 활동은 왕, 고관들이 함부로 막을 수 없었고, 이를 위해 풍문거핵(소문에 근거를 두고 탄핵), 불문언근(어떤 발언을 하더라도 출처를 묻지 않음) 등의 규정이 존재하였음

---

09 조선 후기 | 병자호란   난이도 중 ●●○

자료분석
최명길을 보내 오랑캐(청)에게 강화를 청함 + 왕(인조)이 남한산성으로 향함 → 병자호란

정답설명
④ 병자호란의 결과 조선은 청과 군신 관계를 맺는 조건으로 강화를 맺었고, 막대한 공물을 부담하게 되었다.

오답분석
① **임진왜란**: 훈련도감이 설치되는 계기가 된 것은 임진왜란이다. 훈련도감은 임진왜란 기간 중 유성룡의 건의에 따라 왜군에 대응하기 위한 기구로 설치되었다.
② **정묘호란**: 정묘약조가 체결되는 결과를 가져온 것은 정묘호란이다. 정묘약조의 주요 내용으로는 조선은 후금과 맹약을 맺되, 명나라에 적대하지 않을 것 등이 있다.
③ **임진왜란**: 이여송이 이끄는 명의 지원병이 파견된 것은 임진왜란이다.

🗝️ 이것도 알면 합격!

병자호란

배경	후금이 청으로 국호를 고치고 조선에 군신 관계 요구
전개	• 청의 요구를 두고 조선 내 국론 분열 　- 주화론(최명길) vs 척화론(3학사, 김상헌) • 척화론이 우세해지자 청이 조선에 침입 → 인조가 남한산성으로 피난·저항
결과	• 청과 군신 관계 체결(삼전도의 굴욕) • 두 왕자(소현 세자, 봉림 대군)와 척화론자들이 청에 압송됨

---

10 조선 후기 | 김정희   난이도 중 ●●○

자료분석
『금석과안록』에서 북한산비가 진흥왕 순수비임을 고증 + 세한도 → 김정희

정답설명
③ 김정희는 역대의 서체를 연구하여 자신만의 독특한 글씨체인 추사체를 창안하였다.

오답분석
① **정약용**: 『마과회통』을 저술한 인물은 정약용이다. 정약용은 홍역(마진)에 대한 의서를 종합하여 『마과회통』을 저술하고, 이 책에서 천연두 치료법인 종두법(우두법)을 소개하기도 하였다.
② **김정호**: 전국 지도인 대동여지도를 제작한 인물은 김정호이다. 대동여지도는 산맥, 하천, 포구, 도로망의 표시가 정밀하고, 거리를 알 수 있도록 10리마다 눈금이 표시되어 있다. 또한 지도를 목판에 새겨 많은 사람들이 편리하게 이용할 수 있도록 하였다.
④ **안견**: 안평대군의 꿈을 바탕으로 자연스러운 현실 세계와 환상적인 이상 세계를 표현한 몽유도원도를 그린 인물은 안견이다.

16일 하프모의고사 16회 정답·해설 — 근대 사회의 전개(1)

정답 한눈에 보기

| 01 | ④ | 02 | ② | 03 | ② | 04 | ① | 05 | ③ |
| 06 | ① | 07 | ② | 08 | ② | 09 | ④ | 10 | ④ |

[근대 사회의 전개(1)] 출제 경향 & 빈출 키워드

출제 경향 근대는 흥선 대원군의 정책과 임오군란, 갑신정변, 동학 농민 운동 등의 사건, 일제가 대한 제국의 국권을 침탈하는 과정이 자주 출제됩니다. 또한, 개항 이후의 경제 상황, 근대 문물과 교육 기관에 대해 물어보는 문제도 출제됩니다.

빈출 키워드 고종, 최익현, 병인양요, 오페르트 도굴 사건, 신미양요, 조·일 수호 조규(강화도 조약), 영선사, 조·미 수호 통상 조약, 임오군란, 갑신정변

---

01 고종 재위 시기의 사실 — 난이도 하 ●○○

자료분석
경복궁 + 궁전을 다시 지어 중흥의 큰 업적을 이룸 → 고종

정답설명
④ 고종 재위 시기에는 흥선 대원군이 군역의 폐단을 시정하기 위해 양반에게도 군포를 징수하는 호포제를 추진하였다. 고종 때 흥선 대원군은 호 단위로 군포를 부과하는 호포제를 실시하여 기존에 군포 납부가 면제되었던 양반들에게도 동일하게 군포를 징수하였다.

오답분석
① 숙종: 간도 지역을 둘러싸고 청과의 영토 분쟁이 일어나자 국경을 확정하기 위해 백두산 정계비를 세운 것은 숙종 대이다.
② 순조: 주문모, 이승훈, 정약종 등의 수많은 천주교인들이 처형당한 것(신유박해)은 순조 대이다. 한편, 고종 때 일어난 천주교 박해는 병인박해이다. 이때 남종삼 등 수천 명의 신도들이 순교하였고, 이것이 원인이 되어 병인양요가 일어났다.
③ 정조: 『대전통편』을 편찬하여 통치 체제를 정비한 것은 정조 대이다. 한편 고종 대에 편찬된 법전으로는 『대전회통』이 있다.

---

02 신미양요 — 난이도 중 ●●○

자료분석
조선군이 응전 + 미군 → 신미양요

정답설명
② 신미양요 때 미군이 강화도를 침략하자 어재연은 광성보에서 결사 항전하였다. 이에 미군은 퇴각하였으나 어재연이 전사하였고 수(帥) 자기를 약탈당하였다.

오답분석
① 병인양요: 병인박해를 계기로 발생한 것은 병인양요이다. 프랑스 선교사를 비롯한 신도들이 처형당한 사실(병인박해)이 프랑스에 알려지자, 프랑스는 이를 구실로 삼아 조선을 침략하였다.
③ 임오군란: 제물포 조약이 체결되는 계기가 된 것은 임오군란이다. 임오군란의 결과 조선은 일본에 배상금을 지급하고, 일본 공사관의 경비 병력 주둔을 허용하는 제물포 조약을 체결하였다.
④ 제너럴셔먼호 사건: 박규수가 평양 군민들과 함께 배를 불태운 것은 제너럴셔먼호 사건이다.

---

03 최익현 — 난이도 중 ●●○

자료분석
저들의 물화는 수공 생산품 + 우리의 물화는 땅에서 나는 것 → 오불가소 → 최익현

정답설명
② 최익현은 일본과 서양 세력은 다를 것이 없다는 왜양 일체론을 주장하면서 일본에 대한 개항을 반대하였다.

오답분석
① 장지연: 을사늑약 체결의 부당함을 알리고자 '시일야방성대곡'을 황성신문에 발표한 인물은 장지연이다.
③ 박상진 등: 대한 광복회를 조직하여 친일 부호를 처단한 인물은 박상진, 채기중 등이다. 대한 광복회는 대한 광복단(풍기 광복단)과 조선 국권 회복단 회원을 중심으로 박상진, 채기중 등이 조직한 단체로, 국권 회복과 공화주의 이념에 따라 공화 정치를 실현하는 것을 목표로 하였다.
④ 이항로: 『화서아언』에서 서양과의 통상 수교 반대 및 서양 세력에 항전해야 한다고 주장한 인물은 이항로이다.

04 병인양요   난이도 하 ●○○

자료분석

2명의 프랑스인 주교, 9명의 선교사 그리고 다수의 천주교인들이 학살당함 → 병인박해 → 병인양요

정답설명

① 병인양요는 병인박해를 계기로 프랑스 군이 강화도에 침략한 사건으로, 프랑스 군은 퇴각하는 과정에서 외규장각에 보관 중이던 『의궤』를 비롯한 여러 도서들을 약탈하였다.

오답분석

② 고부 민란: 이용태가 안핵사로 파견된 것은 고부 민란을 수습하기 위해서이다. 이용태는 고부 민란을 수습하기 위해 안핵사로 파견되었으나, 오히려 고부 민란에 참여한 농민들을 탄압하자 제1차 동학 농민 운동이 발발하게 되었다.
③ 영국 함대가 거문도를 점령한 것(거문도 사건)은 병인양요와는 관련이 없다. 갑신정변 이후 청의 간섭이 심해지자 조선은 러시아와 접촉하였고, 이에 영국은 러시아의 남하를 견제하기 위해 거문도를 불법으로 점령하였다.
④ 운요호 사건: 우리나라 최초의 근대적 조약인 강화도 조약(조·일 수호 조규)이 체결되는 계기가 된 것은 운요호 사건이다.

05 조·일 수호 조규(강화도 조약)   난이도 하 ●○○

자료분석

수신사 + 김기수 → 조·일 수호 조규(강화도 조약)

정답설명

③ 조·일 수호 조규(강화도 조약)의 체결로 인해 부산 이외에 원산(1880)과 인천(1883)에 추가로 개항장이 설치되었다.

오답분석

① 조·미 수호 통상 조약: 조선이 최혜국 대우를 처음으로 규정한 조약은 조·미 수호 통상 조약이다. 일본과는 1883년에 체결된 조·일 통상 장정 개정을 통해 최혜국 대우를 규정하였다.
② 조·일 통상 장정 개정: 조선이 방곡령을 선포할 수 있다는 조항을 명시한 조약은 조·일 통상 장정 개정(1883)이다.
④ 한성 조약: 조선 정부가 일본 공사관 신축비를 지불하도록 한 조약은 갑신정변의 결과로 체결된 한성 조약이다.

06 조·미 수호 통상 조약   난이도 중 ●●○

자료분석

수교의 필요성을 인식 + 미국과 체결 → (가) 조·미 수호 통상 조약

정답설명

① 조·미 수호 통상 조약에는 조약을 체결한 양국 중 한 국가가 제3국의 압박을 받을 경우에 서로 도와주도록 규정한 거중조정 조항이 포함되었다.

오답분석

② 조·일 수호 조규(강화도 조약): 조선 연해의 해양 측량권을 인정한 것은 조·일 수호 조규(강화도 조약)이다.
③ 조·불(프) 수호 통상 조약: 천주교 포교를 인정하는 근거가 된 조약은 조·불(프) 수호 통상 조약이다.
④ 조·일 무역 규칙: 수출입 상품에 대한 무관세를 규정한 조약은 조·일 무역 규칙이다. 조·미 수호 통상 조약에는 수출입 상품에 대한 관세 부과 규정이 명시되었다.

이것도 알면 합격!

조·미 수호 통상 조약

배경	『조선책략』 유포, 청의 알선
내용	영사 재판권, 관세 부과, 최혜국 대우, 거중조정
의의	서구 열강과 맺은 최초의 조약
결과	• 공사 파견(미국: 푸트, 조선: 박정양) • 보빙사 파견(1883, 민영익, 홍영식)

07 오페르트 도굴 사건 이후의 사실   난이도 중 ●●○

자료분석

덕산 묘지에서 저지른 사건 → 오페르트 도굴 사건(1868)

정답설명

② 옳은 것을 모두 고르면 ㉠, ㉢이다.
㉠ 신미양요(1871) 이후에 흥선 대원군은 서양 세력에 대한 척화 의지를 표명하는 척화비를 서울과 전국 각지에 건립하였다.
㉢ 일본은 조선을 개항시키기 위해 군함 운요호를 강화도로 보내 포격을 유도한 뒤 초지진 등을 공격하였다(운요호 사건, 1875). 이 사건은 강화도 조약(1876) 체결의 계기가 되었다.

오답분석

㉡ 한성근이 프랑스군에 맞서 문수산성에서 항전한 것은 병인양요(1866) 때로, 오페르트 도굴 사건 이전의 사실이다.
㉣ 미국 상선 제너럴셔먼호가 대동강을 통해 평양까지 들어와서 통상을 요구하고, 조선이 통상을 거부하자 평양 주민을 약탈한 것(제너럴셔먼호 사건, 1866)은 오페르트 도굴 사건 이전의 사실이다.

08 갑신정변의 결과
난이도 중 ●●○

자료분석

조공의 허례를 폐지함 + 지조법을 개혁 + 모든 재정은 호조에서 관할함 → 14개조 혁신 정강 → 갑신정변

정답설명

② 갑신정변으로 인해 일본 공사관이 불타자 조선은 일본과 한성 조약을 체결하였다. 한성 조약은 조선이 일본에 배상금을 지불하고, 일본 공사관 신축 비용을 조선이 부담한다는 내용을 담고 있다.

오답분석

① 보빙사가 파견된 것은 1883년으로, 갑신정변 이전의 사실이다. 보빙사는 최초의 구미 사절단으로, 조·미 수호 통상 조약 체결(1882) 이후 미국 공사의 파견에 대한 답례로 파견되었다.
③ 통리기무아문이 설치된 것은 1880년으로, 갑신정변 이전의 사실이다. 통리기무아문은 조선 정부가 근대 개혁의 추진을 위해 청의 제도를 모방하여 설치한 기구로, 군국 기밀과 일반 정치를 총괄하였다.
④ 묄렌도르프가 외교 고문으로 파견된 것은 임오군란(1882)의 결과로, 갑신정변 이전의 사실이다.

이것도 알면 합격!

14개조 혁신 정강

정치	청에 대한 조공의 허례 폐지(청과의 사대 관계 청산), 문벌 폐지와 인민 평등의 권리 제정, 내시부 폐지(왕권 제한), 대신과 참찬은 의정부에 모여 의결(입헌 군주제 실시)
경제	지조법 개혁(조세 개혁), 환상미 영구 면제(환곡제 폐지), 혜상공국 혁파(특권적 상업 체제 폐지), 재정은 호조에서 관할(재정 일원화)
사회	탐관오리 처벌, 순사 설치(경찰제 실시)

09 임오군란
난이도 중 ●●○

자료분석

일본 공사관에 군사 약간을 두어 경비를 서게 함 → 제물포 조약 → 임오군란

정답설명

④ 임오군란은 구식 군인들이 신식 군대인 별기군과의 차별 대우에 불만을 품어 일으킨 사건으로, 일본 공사관과 선혜청 등을 습격하고 민겸호를 살해하였다.

오답분석

① 을미사변: 명성황후가 경복궁 옥호루에서 살해된 것은 을미사변이다.
② 갑신정변: 급진 개화파인 김옥균, 박영효 등이 정변을 일으킨 것은 갑신정변이다.
③ 갑신정변: 청군이 개입하여 3일 만에 진압된 것은 갑신정변이다. 급진 개화파에 의해 갑신정변이 일어나자 명성황후와 온건 개화파는 청에게 원병을 요청하였으며, 그 결과 청군이 개입하여 3일 만에 갑신정변이 진압되었다.

이것도 알면 합격!

임오군란의 결과

일본	• 제물포 조약: 조선 정부는 일본 정부에 배상금을 지불, 일본 공사관의 경비 병력 주둔 허용 • 조·일 수호 조규 속약: 일본 상인의 활동 범위 확대
청	• 군대 주둔: 위안스카이가 지휘하는 군대를 상주시킴 • 조·청 상민 수륙 무역 장정: 조선을 속방으로 규정하여 청의 종주권 확인 • 고문 파견: 내정 고문(마젠창)과 외교 고문(묄렌도르프)을 파견하여 조선 내정에 대한 간섭 강화

10 영선사
난이도 하 ●○○

자료분석

톈진으로 유학을 보냄 + 무기의 제조와 구입 등에 관한 교육을 받음 → 영선사

정답설명

④ 영선사는 정부의 재정 지원 부족과 사전 준비 부족으로 인해 약 1년 만에 조기 귀국하였다. 귀국 이후 중국에서 배운 지식을 바탕으로 우리나라 최초의 근대식 무기 제조 공장인 기기창의 설립에 기여하였다.

오답분석

① 조사 시찰단: 암행어사의 형식으로 비밀리에 파견된 사절단은 조사 시찰단이다. 고종은 위정척사파의 왜양 일체론을 지지하는 유생들의 반발을 피하고자 박정양·어윤중·홍영식 등을 비밀리에 일본으로 파견하였다.
② 보빙사: 농무 목축 시험장 설치에 기여한 사절단은 보빙사이다. 보빙사는 미국의 농장을 시찰한 후 고종에게 새로운 농업 기술을 도입하기 위한 모범 농장의 설치를 건의하였고, 정부는 이를 수용하여 농무 목축 시험장을 설치하였다.
③ 보빙사: 조·미 수호 통상 조약 체결 이후 미국의 공사 파견에 대한 답례로 파견된 사절단은 보빙사이다.

근대 17일 하프모의고사 17회 정답·해설 근대 사회의 전개(2)

▶ 정답 한눈에 보기

01	②	02	③	03	③	04	①	05	④
06	④	07	②	08	④	09	④	10	②

▶ [근대 사회의 전개(2)] 출제 경향 & 빈출 키워드

출제 경향 근대는 흥선 대원군의 정책과 임오군란, 갑신정변, 동학 농민 운동 등의 사건, 일제가 대한 제국의 국권을 침탈하는 과정이 자주 출제됩니다. 또한, 개항 이후의 경제 상황, 근대 문물과 교육 기관에 대해 물어보는 문제도 출제됩니다.

빈출 키워드 동학 농민 운동, 제1차 갑오개혁, 독립 협회, 광무개혁, 제1차 한·일 협약, 을사늑약, 헤이그 특사, 정미의병, 신민회

---

01 을사늑약   난이도 중 ●●○

자료분석
나라의 수치 + 영환은 한번 죽음으로써 사죄 → 민영환의 유서 → 을사늑약

정답설명
② 을사늑약을 통해 대한 제국은 국제적인 조약 체결 등 일체의 외교권을 일본에 강탈당하였다.

오답분석
①, ④ **한·일 신협약**: 대한 제국의 법령 제정과 중요 행정 처분은 일본인 통감의 승인을 받도록 하고, 각 부 차관에 일본인을 임명할 수 있도록 한 조약은 한·일 신협약(정미 7조약)이다.
③ **한·일 병합 조약**: 우리나라의 모든 통치권을 일본 황제에게 이양하게 된 것은 한·일 병합 조약이다.

02 독립 협회   난이도 중 ●●○

자료분석
독립문을 세우는 데 돈을 보조함 → (가) 독립 협회

정답설명
③ 독립 협회는 중추원을 의회식으로 개편하는 중추원 관제를 반포하여 의회 설립을 추진하였다.

오답분석
① **보안회**: 일본의 황무지 개간권 요구를 저지한 단체는 보안회이다. 한편, 독립 협회는 러시아의 절영도 조차 요구를 저지하였다.
② **대한민국 임시 정부**: 독립운동 자금 마련을 위해 독립 공채를 발행한 단체는 대한민국 임시 정부이다.
④ 자주 독립의 뜻을 담은 독립 서고문을 낭독한 것은 고종으로, 독립 협회와는 관련이 없다. 고종은 문무백관을 거느리고 종묘에 나가 독립 서고문을 낭독하고 갑오개혁의 목표를 명문화한 홍범 14조를 반포하였다.

03 제1차 한·일 협약   난이도 중 ●●○

자료분석
대일본 정부가 추천한 일본인 1명을 재정 고문으로 함 → 제1차 한·일 협약

정답설명
③ 제1차 한·일 협약은 친일 미국인인 스티븐스가 대한 제국의 외교 고문으로 부임하는 계기가 되었다.

오답분석
①, ② **을사늑약**: 서울에 통감부가 설치되는 계기가 되었으며, 최익현이 의병 운동을 처음 시작한 원인이 된 조약은 을사늑약(제2차 한·일 협약)이다.
④ **한·일 의정서**: 일본이 군사상 필요한 지역을 사용할 수 있도록 한 조약은 한·일 의정서이다.

04 대한 제국이 시행한 정책   난이도 중 ●●○

자료분석
대한국은 세계 만국에 공인된 자주 독립 제국 → 대한국 국제 → 대한 제국

정답설명

① 대한 제국은 광무개혁을 추진하여 상공업을 진흥하기 위해 상공 학교(1899)와 광무 학교(1900)를 설립하였다.

오답분석

모두 대한 제국 설립 이전에 시행된 정책이다.
② 별기군을 폐지하고 5군영을 복구한 것은 임오군란(1882)으로 재집권한 흥선 대원군이 시행한 정책이다.
③ 개국 기년을 폐지하고 '건양' 연호를 제정한 것은 을미개혁(1895) 때이다.
④ 삼정의 문란을 바로잡기 위해 삼정이정청을 설치한 것은 1862년으로, 조선 철종 때이다.

이것도 알면 합격!

대한 제국의 정책

정치	교전소(입법) 설치, 대한국 국제 반포
경제	양전 사업 실시, 식산흥업 정책, 금 본위제 시도, 도량형 개정, 황실 재정 확대, 양잠 사업 실시
사회	상공 학교·광무 학교·실업 학교 설립, 유학생 파견, 근대적 시설 확충, 사법 개혁
군사	원수부 설치, 시위대·친위대 등의 군사 수 증강, 무관 학교 설립
외교	한·청 통상 조약 체결(1899), 만국 우편 연합에 가입(1900)

05 제1차 동학 농민 운동 난이도 중 ●●○

자료분석

고부 민란(1894. 1.) → (가) → 집강소 설치(1894. 6.)

정답설명

④ 동학 농민군은 (가) 시기인 1894년 4월에 황토현과 황룡촌 등에서 관군을 물리치고 전주성을 점령하였다. 동학 농민군이 전주성을 점령하자 정부는 청에 군사 지원을 요청하였고, 이를 받아들인 청군이 조선에 상륙하였다. 한편 톈진 조약에 따라 일본도 군대를 파병하였고, 이에 위기를 느낀 조선 정부는 동학 농민군과 전주 화약을 체결(1894. 5. 7.)하였다.

오답분석

① (가) 이후: 논산에서 남접과 북접의 동학 농민군이 집결한 것은 제2차 동학 농민 운동 시기인 1894년 10월로, (가) 이후의 사실이다. 제2차 농민 봉기는 반외세의 기치 아래 전봉준을 중심으로 한 남접과 손병희를 중심으로 한 북접이 논산에서 연합하였다.
② (가) 이후: 동학 농민군이 공주 우금치에서 일본군과 정부군의 연합 부대에게 패배한 것은 1894년 11월로, (가) 이후의 사실이다.
③ (가) 이전: 동학 교도들이 궁궐 앞에서 교조 신원을 주장하는 집회를 연 것은 1893년 2월로, (가) 이전의 사실이다.

이것도 알면 합격!

동학 농민 운동의 전개

고부 농민 봉기 → 안핵사 이용태 파견, 고부 봉기 관련자 탄압 → 무장 봉기 → 백산 집결, 창의문 및 4대 강령 발표 → 황토현 전투 → 황룡촌 전투 → 전주성 점령 → 청·일군 파병 → 전주 화약, 폐정 개혁안 12개조 건의, 집강소 설치 → 일본군 경복궁 점령, 청·일 전쟁 발발 → 동학 농민군의 재봉기 → 우금치 전투 → 농민군 패배, 전봉준 체포

06 헤이그 특사 파견 시기 난이도 중 ●●○

자료분석

일본의 강압에 의하여 회의에 참석할 수 없음 + 외교 관계 단절은 한국의 의사에 의한 것이 아님 → 헤이그 특사 파견(1907)
(가) 강화도 조약(1876)~한성 조약(1884)
(나) 한성 조약(1884)~청·일 전쟁(1894)
(다) 청·일 전쟁(1894)~러·일 전쟁(1904)
(라) 러·일 전쟁(1904)~한·일 병합(1910)

정답설명

④ (라) 시기인 1907년에 네덜란드 헤이그에서 열리는 만국 평화 회의에 특사가 파견되었다. 일본은 러·일 전쟁에서 승리한 후 일방적으로 을사늑약을 체결하여 대한 제국의 외교권을 박탈하였다. 이에 고종은 을사늑약의 부당함을 알리기 위해 1907년에 네덜란드 헤이그에서 열리는 만국 평화 회의에 이준, 이상설, 이위종을 특사로 파견하였으나 일본의 방해로 구체적인 성과를 거두지 못하였다.

07 제1차 갑오개혁 난이도 하 ●○○

자료분석

군국기무처를 중심으로 추진됨 → 제1차 갑오개혁

정답설명

② 제1차 갑오개혁 때는 청나라 연호의 사용을 폐지하고 조선이 건국된 1392년을 원년으로 하는 개국 기년을 사용하였다.

오답분석

① 광무개혁: 황제권 강화의 일환으로 원수부를 설치하여 황제가 육·해군을 통솔하도록 한 것은 광무개혁의 내용이다.
③ 14개조 혁신 정강: 보부상 조합인 혜상공국을 폐지하여 자유로운 상업의 발전을 꾀한 것은 갑신정변 때 발표된 14개조 혁신 정강의 내용이다.
④ 광무개혁: 양전 사업을 실시하여 토지 소유자에게 지계를 발급한 것은 대한 제국 시기에 추진된 광무개혁의 내용이다.

08 폐정 개혁안 12개조의 내용   난이도 중 ●●○

자료분석

양반과 사족을 가장 증오함 + 서로를 접장이라 부름 → 동학 농민군 → 폐정 개혁안 12개조

정답설명

④ 총명한 젊은이들을 파견하여 외국의 학술과 기예를 견습시키자고 주장한 것은 제2차 갑오개혁 때 발표된 홍범 14조에 포함된 내용이다.

오답분석

모두 동학 농민군이 주장한 폐정 개혁안 12개조의 내용이다.
① 폐정 개혁안 12개조의 제8조에서는 무명의 잡세를 일체 폐지할 것을 주장하였다.
② 폐정 개혁안 12개조의 제12조에서는 토지를 균등히 나누어 경작하게 할 것을 주장하였다.
③ 폐정 개혁안 12개조의 제9조에서는 관리 채용에 지벌을 타파하고 인재를 등용할 것을 주장하였다.

09 정미의병   난이도 중 ●●○

자료분석

군제 쇄신을 꾀함 + 황실 시위에 필요한 자를 일부 남기고 기타는 해산함 → 군대 해산 → 정미의병

정답설명

④ 정미의병 때 13도 창의군은 서울 진공 작전을 전개하여 군사장인 허위가 이끄는 선발 부대가 동대문 인근까지 진격하였으나 일본군의 강한 반격으로 후퇴하였다.

오답분석

① **을사의병**: 민종식의 의병 부대가 홍주성을 점령한 것은 을사의병 때이다. 충남 정산에서 전 참판 민종식은 을사늑약의 체결에 항거하여 의병을 일으켜 홍주성을 점령하는 등의 활약을 하였다.
② **을미의병**: 고종의 해산 권고 조칙에 따라 자진 해산한 것은 을미의병이다.
③ **을사의병**: 최익현이 임병찬 등과 함께 태인, 순창, 곡성 등에서 의병 활동을 전개한 것은 을사의병 때이다.

10 신민회   난이도 상 ●●●

자료분석

신(新) 정신 + 신(新) 단체 + 신국(新國) → 신민회

정답설명

② 신민회는 정주에 오산 학교, 평양에 대성 학교를 설립하여 교육을 통한 민족 실력 육성에 관심을 가졌다.

오답분석

① 6·10 만세 운동은 신민회가 해체(1911)된 이후인 1926년에 전개된 독립운동으로 신민회와는 관련이 없다. 6·10 만세 운동은 사회주의 세력과 천도교 중심의 민족주의 세력, 조선 학생 과학 연구회를 중심으로 한 학생들이 각각 만세 운동을 준비하였다. 사회주의 세력과 천도교 세력의 만세 운동은 사전에 경찰에 발각되었으나, 학생들의 만세 운동은 발각되지 않아 학생들의 주도로 6·10 만세 운동이 전개되었다.
③ **대한민국 임시 정부**: 연통제를 통해 독립운동 자금을 모은 단체는 대한민국 임시 정부이다.
④ **대한 자강회**: 헌정 연구회를 계승하여 국권 회복 운동을 전개한 단체는 대한 자강회이다.

이것도 알면 합격!

신민회

조직	안창호, 윤치호, 신채호 등을 지도부로 사회 각계각층의 인사들을 망라하여 평양을 중심으로 조직된 비밀 결사 단체
목표	실력 양성을 통한 국권 회복과 공화 정치 체제의 근대 국가 수립
활동	국내	• 민족 교육 추진: 대성 학교(평양), 오산 학교(정주) 조직 • 민족 산업 육성: 자기 회사 설립(평양), 태극 서관 운영(평양, 대구) • 민족 문화 양성: 대한매일신보 발간, 조선 광문회 후원
	국외	독립 기지 건설: 남만주 삼원보
해산	일본이 날조한 105인 사건으로 와해

근대 18일 하프모의고사 18회 정답·해설 근대 사회의 전개(3)

▶ 정답 한눈에 보기

01	③	02	②	03	②	04	③	05	②
06	④	07	②	08	③	09	③	10	④

▶ [근대 사회의 전개(3)] 출제 경향 & 빈출 키워드

출제 경향 근대는 흥선 대원군의 정책과 임오군란, 갑신정변, 동학 농민 운동 등의 사건, 일제가 대한 제국의 국권을 침탈하는 과정이 자주 출제됩니다. 또한, 개항 이후의 경제 상황, 근대 문물과 교육 기관에 대해 물어보는 문제도 출제됩니다.

빈출 키워드 독립신문, 화폐 정리 사업, 국채 보상 운동, 농광 회사, 국문 연구소, 육영 공원

---

01 개항 이후의 경제 상황 난이도 중 ●●○

정답설명
③ 순서대로 바르게 나열하면 ⓒ 일본 상인들의 무역 시작(1876) → ㉠ 청 상인들의 내지 통상권 획득(1882) → ㉡ 황국 중앙 총상회 조직(1898) → ㉣ 동양 척식 주식회사 설립(1908)이 된다.

- ⓒ **일본 상인들의 무역 시작**: 조·일 수호 조규 부록의 체결(1876)로 개항장에 일본 거류민의 거주 지역이 설정되어, 개항장을 중심으로 한 거류지 무역이 시작되었다.
- ㉠ **청 상인들의 내지 통상권 획득**: 임오군란 결과 체결된 조·청 상민 수륙 무역 장정(1882) 이후로 청 상인은 조선에서의 내지 통상권을 획득하였다.
- ㉡ **황국 중앙 총상회 조직**: 서울의 시전 상인들은 황국 중앙 총상회를 조직하여 외국 상인들의 국내 진출을 저지하고, 국내 상인들의 권익을 지키기 위해 철시(시장 등이 문을 닫고 영업을 하지 않음)를 통해 상권 수호 운동을 전개하였다(1898).
- ㉣ **동양 척식 주식회사 설립**: 일본은 대한 제국의 역둔토나 국유 미간지를 약탈하기 위해 동양 척식 주식회사를 설립하였다(1908).

02 근대사의 전개 난이도 중 ●●○

자료분석
(가) 을미사변 발발(1895) ~ 을사늑약 체결(1905)
(나) 을사늑약 체결(1905) ~ 서울 진공 작전 전개(1908)

정답설명
② (가) 시기인 1899년에 민족계 은행인 대한천일은행이 설립되었다. 1890년대에는 일본 금융업계의 경제적 침탈에 대항하기 위하여 한성은행(1897), 대한천일은행 등 민족 자본으로 이루어진 은행이 설립되었다.

오답분석
① (나) 이후: 산미 증식 계획은 일제 강점기인 1920년부터 시행된 것으로, (나) 시기 이후의 사실이다.
③ (나) 이후: 물산 장려 운동이 시작된 것은 일제 강점기인 1920년대로, (나) 이후의 사실이다. 조만식 등이 1920년에 평양에서 조선 물산 장려회를 조직하여 물산 장려 운동을 시작하였고, 1923년에는 서울에서도 조선 물산 장려회가 조직되어 물산 장려 운동이 전국적으로 확산되었다.
④ (가) 이전: 함경도 관찰사 조병식이 곡물 수출을 막는 방곡령을 내린 것은 1889년으로, (가) 시기 이전의 사실이다.

03 농광 회사 난이도 중 ●●○

자료분석
주주는 본국인만으로 허용함 + 국내의 황무지 개간 등을 담당함 → (가) 농광 회사

정답설명
② 농광 회사는 일본의 황무지 개간권 요구에 대응하여 우리 손으로 직접 황무지를 개간하기 위해 설립된 특허 회사로, 개간 사업은 물론 산림 채벌·관개 사업·광산 및 석유 채굴 사업을 시도하였으나 실현되지 못하였다.

오답분석
① 혜상공국: 혜상공국은 조선 정부가 보부상을 보호하기 위해 설치한 기관이다. 개항 이후 외국 상인들이 내륙까지 활동 범위를 넓혀가면서 상권을 잠식해오자, 조선 정부는 보부상들을 보호하기 위해 혜상공국을 설립하였다.
③ 대동 상회: 대동 상회는 평안도 상인의 자본을 기반으로 인천에 설립된 근대적 상회이다.

④ **종로 직조사**: 종로 직조사는 청·일 전쟁 이후 일본산 면포가 대거 유입되자 이에 대항하기 위해 종로의 백목전 상인들을 중심으로 설립된 직조 회사이다.

04 러시아의 경제적 침탈   난이도 중 ●●○

자료분석

조선의 땅은 아시아의 요충에 자리잡음 + 조선의 책략은 ㉠을/를 막는 일 → 『조선책략』 → ㉠ 러시아

정답설명

③ 러시아는 압록강·두만강·울릉도의 삼림 벌채권과 경원·종성의 광산 채굴권 등의 경제적 이권을 차지하였다.

오답분석

① **영국**: 은산 금광 채굴권을 차지한 나라는 영국이다.
② **미국**: 전등 및 전화, 전차 부설권 등을 획득한 나라는 미국이다. 미국은 이 밖에도 운산 금광 채굴권을 차지하였다.
④ **일본**: 경인선, 경원선 등의 각종 철도 부설권을 차지한 나라는 일본이다. 일본은 한반도 수탈과 대륙 진출의 수단으로 철도 건설을 매우 중요하게 생각하여 미국이 처음 획득한 경인선 부설권을 사들이고, 경부선·경의선·경원선의 부설권을 모두 차지하여 개통시켰다.

이것도 알면 합격!

열강의 이권 침탈

러시아	경원·종성 광산 채굴권, 압록강·두만강·울릉도 삼림 채벌권
일본	경부선·경원선 부설권, 직산 금광 채굴권
미국	경인선 부설권(일본에 양도), 운산 광산 채굴권, 전등·전차·전화 부설권
영국	은산 광산 채굴권

05 국채 보상 운동   난이도 중 ●●○

자료분석

일본으로부터 빌린 차관 1,300만 원을 상환 + 경제적 독립을 이룩하기 위함 → 국채 보상 운동

정답설명

② 국채 보상 운동은 일본으로부터 도입한 차관을 국민의 모금으로 갚기 위하여 전개된 운동으로, 대구에서 서상돈 등의 주도로 시작되었다.

오답분석

① **물산 장려 운동**: 사회주의자들의 비판을 받은 운동은 물산 장려 운동이다. 물산 장려 운동은 자본가들만을 위한 운동이라는 사회주의자들의 비판을 받았다.
③ **3·1 운동**: 대한민국 임시 정부가 설치되는 계기가 된 운동은 3·1 운동이다.
④ **민립 대학 설립 운동**: '한민족 1천 만이 한 사람이 1원씩'이라는 구호를 제창하였던 운동은 민립 대학 설립 운동이다.

06 화폐 정리 사업   난이도 하 ●○○

자료분석

구 백동화 교환 + 새 화폐로 교환함 → 화폐 정리 사업

정답설명

④ 화폐 정리 사업으로 대한 제국의 백동화가 일본 제일은행권으로 교환됨으로써, 일본 제일은행이 대한 제국의 화폐 발행을 담당하는 중앙 은행의 역할을 하게 되었다.

오답분석

① 화폐 주조를 위한 전환국을 설립한 것은 1883년으로, 화폐 정리 사업 시행 이전의 사실이다.
② 화폐 정리 사업은 금 본위 화폐 제도에 입각하여 추진되었다.
③ 동양 척식 주식회사는 조선의 토지와 자원을 수탈하고 일본인 농업 이민을 장려할 목적으로 설립된 것으로, 화폐 정리 사업과 관련이 없다.

07 육영 공원   난이도 중 ●●○

자료분석

외국인 3명을 초빙하여 '교사'라고 부름 + 좌원 + 우원 → 육영 공원

정답설명

② 육영 공원은 우리나라 최초의 근대식 관립 학교로, 문·무 현직 관료 중 선발된 학생을 좌원반, 양반 자제 중 선발된 학생을 우원반으로 편성하여 외국어와 근대 학문을 교육하였다.

오답분석

① **이화 학당**: 우리나라 최초의 여성 교육 기관은 스크랜튼이 설립한 이화 학당이다.
③ **원산 학사**: 덕원 부사 정현석과 주민들이 함께 기금을 모아 설립한 교육 기관은 원산 학사이다. 원산 학사는 우리나라 최초의 근대적 사립 학교로, 근대 학문과 무술을 교육하였다.
④ **동문학**: 외국어 통역관을 양성하기 위해 정부의 지원을 받아 설립된 교육 기관은 동문학이다.

이것도 알면 합격!

근대 교육 기관의 설립

원산 학사	최초의 근대식 사립 학교로 덕원 부사 정현석과 덕원·원산 주민들이 공동으로 설립, 근대 학문과 무술 교육
육영 공원	• 최초의 근대적 공립 학교, 상류층(양반) 자제를 대상으로 외국어와 근대 학문을 교육 • 헐버트·길모어·벙커 등 외국인 교사 초빙
동문학	외국어 통역관을 양성하기 위한 외국어 교육 기관
연무 공원	신식 군대와 장교 양성을 위해 정부가 설립한 학교

08 독립신문
난이도 하 ●○○

자료분석

모두 언문으로 씀 + 구절을 띄어 씀 → (가) 독립신문

정답설명

③ 독립신문은 우리나라 최초의 민간 신문으로, 한글판과 영문판으로 간행되었으며 보기 쉽도록 띄어쓰기가 적용되었다.

오답분석

① 황성신문: 황성신문은 남궁억 등이 창간하였으며, 국한문 혼용체로 발행되어 주로 유학자들의 계몽에 앞장섰다. 또한, 1905년에 장지연의 '시일야방성대곡'을 게재하여 민족 의식을 고취하였다.
② 한성순보: 한성순보는 우리나라 최초의 근대적 신문으로, 박문국에서 순한문체로 10일에 한 번씩 간행되었으며, 정부의 개화 정책 취지를 전달하는 관보적 성격을 띠었다.
④ 제국신문: 제국신문은 이종일 등이 창간하였으며, 순한글로 발행되어 주로 서민층과 부녀자들에게 인기가 많았다.

09 천도교
난이도 중 ●●○

자료분석

제3대 교주가 된 손병희 + 1905년 교명을 개칭 → (가) 천도교

정답설명

③ 천도교는 오세창 등을 중심으로 기관지인 만세보를 발행하여 민중 계몽에 힘썼다.

오답분석

① 불교: 조선 불교 유신론과 관련된 종교는 불교이다. 한용운은 조선 불교 유신론을 발표하여 일본 불교의 침투에 대항하면서 민족 불교의 자주성을 지키고자 하였다.
② 대종교: 북간도에서 무장 독립운동 단체인 중광단을 결성한 종교는 대종교이다.
④ 천주교: 경향신문을 발간하여 애국 계몽 운동을 전개한 종교는 천주교이다.

10 국문 연구소
난이도 중 ●●○

자료분석

국문(國文) + 학부 내부 기구 → 국문 연구소

정답설명

④ 한글 맞춤법 통일안 및 표준어를 제정한 것은 일제 강점기에 조직된 조선어 학회이다.

오답분석

① 국문 연구소는 일제 강점기 시기에 주시경의 제자들에 의해 조선어 연구회로 계승되었다.
②, ③ 대한 제국의 학부 산하에 설치된 국문 연구소에서는 주시경, 지석영 등이 활동하며 우리말의 체계를 연구·정리하였다.

이것도 알면 합격!

국어 연구 단체의 활동

국문 연구소 (1907)	지석영·주시경 등이 국문 정리와 국어 문법 연구
조선어 연구회 (1921)	잡지 『한글』 간행, 가갸날 제정
조선어 학회 (1931)	한글 맞춤법 통일안 및 표준어 제정, 『우리말 큰 사전』 편찬 시도
한글 학회 (1949)	『우리말 큰 사전』 편찬(1957)

근대 19일 하프모의고사 19회 정답·해설 근대 사회의 전개(4)

정답 한눈에 보기

| 01 | ③ | 02 | ③ | 03 | ④ | 04 | ④ | 05 | ② |
| 06 | ④ | 07 | ① | 08 | ④ | 09 | ④ | 10 | ③ |

[근대 사회의 전개(4)] 출제 경향 & 빈출 키워드

출제 경향 근대는 흥선 대원군의 정책과 임오군란, 갑신정변, 동학 농민 운동 등의 사건, 일제가 대한 제국의 국권을 침탈하는 과정이 자주 출제됩니다. 또한, 개항 이후의 경제 상황, 근대 문물과 교육 기관에 대해 물어보는 문제도 출제됩니다.

빈출 키워드 흥선 대원군, 을미개혁, 아관파천, 대한 자강회, 간도 협약, 제1차 한·일 협약, 안중근, 조·청 상민 수륙 무역 장정, 원산 학사

---

01 흥선 대원군 　 난이도 중 ●●○

자료분석

병인년에 천주교도 20여만 명을 죽임(병인박해) + 종로에 비석을 세움(척화비) → 흥선 대원군

정답설명

③ 흥선 대원군은 임오군란의 사태 수습을 위해 일시적으로 재집권하여 무위영과 장어영의 2영을 폐지하는 등 개화 정책을 중단하고, 5군영과 삼군부를 복구시켰다.

오답분석

① 김홍집: 군국기무처의 총재관으로 활동한 인물은 김홍집이다.
② 갑신정변 때 청군의 개입을 요청한 것은 명성 황후와 민씨 일파이다.
④ 서영보·심상규 등: 순조 때 왕명으로 재정과 군정에 대해 정리한 『만기요람』을 편찬한 인물은 서영보, 심상규 등이다.

이것도 알면 합격!

흥선 대원군의 정책

비변사 축소·폐지	비변사를 축소·폐지하여 의정부(정치)와 삼군부(군사)의 기능 부활
법전 정비	『대전회통』, 『육전조례』 편찬
경복궁 중건 사업	경복궁을 중건하여 왕실의 권위를 회복하려 하였으나 원납전 징수, 당백전 남발, 백성의 부역 강제 동원 등으로 인해 양반과 백성 모두의 원성이 높아짐
서원 철폐	전국 600여 개의 서원을 47개로 축소, 만동묘 철폐
삼정의 문란 시정	전정(→ 양전 사업 시행), 군정(→ 호포법 실시), 환곡(→ 사창제 실시)의 문란 시정

---

02 안중근 　 난이도 중 ●●○

자료분석

동양의 평화를 어지럽힌 장본인은 이등(이토 히로부미) + 의병 중장의 자격으로 제거함 → 안중근

정답설명

③ 안중근은 하얼빈에서 초대 통감인 이토 히로부미를 처단한 직후 체포되었고, 뤼순 감옥에서 동양 평화 실현을 위한 『동양평화론』을 저술하였다.

오답분석

① 안중근은 한인 애국단에 소속되어 있지 않았다. 한편, 한인 애국단에 소속된 대표적인 인물로는 윤봉길, 이봉창 등이 있다.
② 허위: 의병 연합 부대인 13도 창의군의 군사장을 역임한 인물은 허위이다.
④ 전명운, 장인환: 미국 샌프란시스코에서 대한 제국의 외교 고문인 스티븐스를 사살한 인물은 전명운, 장인환이다.

이것도 알면 합격!

안중근

| 주요 활동 | • 1904년: 러·일 전쟁이 발발하자 상해로 망명
• 1909년 3월: 비밀 결사 조직인 '단지회' 결성
• 1909년 10월: 만주 하얼빈 역에서 이토 히로부미 저격
• 1910년: 중국 뤼순(여순) 감옥에서 순국 |
| 저술 | 『동양평화론』
– 안중근이 뤼순 감옥에서 저술 → 미완성됨
– 동양의 평화를 위해서는 한·중·일의 동양 3국의 화합을 주장 |

03 간도 협약 체결 시기   난이도 상 ●●●

자료분석

일·청 정부는 도문강을 국경으로 함 → 간도 협약(1909)
(가) 1차 갑오개혁(1894) ~ 대한 제국 수립(1897)
(나) 대한 제국 수립(1897) ~ 러·일 전쟁 발발(1904)
(다) 러·일 전쟁 발발(1904) ~ 한·일 신협약 체결(1907)
(라) 한·일 신협약 체결(1907) ~ 국권 피탈(1910)

정답설명

④ 일본과 청나라가 간도 협약을 체결한 것은 (라) 시기인 1909년이다. 일본은 을사늑약(제2차 한·일 협약)을 체결하여 대한 제국의 외교권을 박탈하고, 1909년에 청과 간도 협약을 체결하여 청으로부터 남만주 철도 부설권과 푸순 광산 채굴권을 획득하는 대신 간도를 청의 영토로 인정하였다.

04 대한 자강회   난이도 중 ●●○

자료분석

교육과 산업의 발달이 곧 자강의 방도임 → 대한 자강회

정답설명

④ 애국 계몽 단체인 대한 자강회는 고종 강제 퇴위 반대 운동을 전개하다 일본의 탄압으로 해산되었다.

오답분석

① 황국 협회: 보부상을 중심으로 조직된 단체는 황국 협회이다.
② 독립 협회: 러시아의 절영도 조차 요구를 저지한 단체는 독립 협회이다.
③ 신민회: 태극 서관을 설립하여 서적을 출판·보급한 단체는 신민회이다.

이것도 알면 합격!

대한 자강회

조직	윤효정, 장지연 등을 중심으로 헌정 연구회를 계승하여 창립
목표	교육과 산업을 진흥시켜 독립의 기초를 만드는 것
활동	전국 각지에 지회 설치, 대한 자강회 월보 간행, 강연회 개최
해체	고종의 강제 퇴위 반대 운동을 주도하다가 1907년 보안법에 의해 강제 해체됨

05 국권 침탈 과정   난이도 중 ●●○

정답설명

② 순서대로 나열하면 ⓒ 제1차 한·일 협약(1904) → ⓒ 을사늑약(1905) → ⊙ 한·일 신협약 부속 조약(1907) → ⓔ 기유각서(1909)가 된다.

ⓒ **제1차 한·일 협약**: 제1차 한·일 협약을 통해 재정 고문으로 일본인 메가타, 외교 고문으로 미국인 스티븐스가 파견되었다(1904).
ⓒ **을사늑약**: 을사늑약으로 인해 대한 제국은 외교권이 박탈당하였으며, 서울에 통감부가 설치되어 일제의 내정 간섭이 심화되었다(1905).
⊙ **한·일 신협약 부속 조약**: 한·일 신협약의 부속 조약을 통해 대한 제국의 군대가 강제로 해산되었다(1907).
ⓔ **기유각서**: 기유각서로 인해 대한 제국은 사법권과 감옥 사무 처리권을 박탈당하였다(1909).

06 을미개혁   난이도 중 ●●○

자료분석

육군을 친위와 진위 2종으로 나눔 → 제4차 김홍집 내각 → 을미개혁

정답설명

④ 을미개혁 때는 태양력을 채택하였고, 우체사를 설치하여 갑신정변으로 중단되었던 우편 사무를 재개하였다.

오답분석

①, ③ 제1차 갑오개혁: 의정부 산하의 6조를 80아문으로 개편하고, 궁내부를 신설하여 왕실과 정부 사무를 분리한 것은 제1차 갑오개혁의 내용이다.
② 제2차 갑오개혁: 지방 행정 구역을 8도에서 23부로 개편한 것은 제2차 갑오개혁의 내용이다.

이것도 알면 합격!

을미개혁

정치	• 건양 연호 사용 • 군제 개편: 중앙군은 친위대, 지방군은 진위대로 편성
사회	• 단발령 시행, 종두법 실시, 태양력 사용, 소학교 설치 • 우체사 설치: 갑신정변으로 중단되었던 우편 사무 재개

07 아관파천의 배경   난이도 하 ●○○

자료분석

대군주 폐하와 세자 전하가 러시아 공사관에 들어감 → 아관파천

정답설명

① 을미사변(1895)이 일어나자 신변의 위협을 느끼던 고종은 1896년에 비밀리에 왕세자와 함께 경복궁을 떠나 러시아 공사관으로 거처를 옮기는 아관파천을 단행하였다.

오답분석
모두 아관파천(1896) 이후의 사실이다.
② 을사늑약이 체결된 것은 1905년으로, 일본은 을사늑약을 통해 대한 제국의 외교권을 박탈하고 일본의 보호국으로 만들었다.
③ 중·일 전쟁이 발발한 것은 일제 강점기인 1937년으로, 일본은 대륙 침략을 강행하기 위하여 중·일 전쟁을 일으켰다.
④ 용암포 사건이 발생한 것은 1903년으로, 러시아가 압록강 벌채 사업을 보호한다는 구실로 용암포를 강제 점령하고 이 지역을 러시아의 조차지로 인정해 줄 것을 대한 제국 정부에 요구하였다.

08 순종 재위 시기의 사실 난이도 중 ●●○

자료분석
한국의 통치권을 대일본 황제 폐하에게 양여함 → 순종(1907~1910)

정답설명
④ 순종 재위 시기인 1909년에 일본은 남한 대토벌 작전을 벌여 호남 지방을 중심으로 전개된 의병 활동을 탄압하였다. 이후 의병들은 일본의 탄압을 피해 간도와 연해주 등으로 이동하여 독립운동을 전개하였다.

오답분석
① 고종: 교정청이 설치된 것은 1894년으로, 고종 때의 사실이다. 교정청은 전주 화약 이후에 동학 농민군의 요구사항을 수용하고 자주적 개혁을 추진하기 위해 조선 정부가 설치한 기관이다.
② 순조: 홍경래의 난이 일어난 것은 1811년으로, 순조 때의 사실이다. 홍경래의 난은 평안도 지역에 대한 차별과 지배층의 수탈에 항거하여 일어났다.
③ 고종: 한·청 통상 조약을 체결한 것은 1899년으로, 고종 때의 사실이다. 고종은 대한 제국을 선포한 이후 대한 제국이 더이상 청의 속방이 아닌 대등한 위치에서 무역한다는 내용을 담은 한·청 통상 조약을 체결하였다.

09 조·청 상민 수륙 무역 장정 난이도 중 ●●○

자료분석
중국 상인이 조선 항구에서 고소할 경우 중국 상무위원에게 넘겨 판결 → 치외 법권 → 조·청 상민 수륙 무역 장정

정답설명
④ 조·청 상민 수륙 무역 장정 체결 이후 청 상인들이 허가증만 있으면 조선의 내륙까지 들어와 활동할 수 있게 되자, 일본은 조·일 통상 장정 개정에서 최혜국 대우를 규정하여, 일본 상인들도 내륙 시장에 진출할 수 있도록 하였다. 이로 인해 조선 내에서 청과 일본의 상권 경쟁이 치열해졌다.

오답분석
① 조·미 수호 통상 조약: 조약을 체결한 양국 중 한 국가가 제3국의 압박을 받을 경우에 서로 도와주도록 하는 거중조정 조항을 명시한 조약은 조·미 수호 통상 조약이다.
② 한성 조약, 톈진 조약 등: 갑신정변을 계기로 체결된 조약은 한성 조약, 톈진 조약 등이다. 한편, 조·청 상민 수륙 무역 장정은 임오군란을 계기로 체결되었다.
③ 한·청 통상 조약: 대한 제국이 청과 대등한 관계에서 체결된 조약은 한·청 통상 조약이다. 한편, 조·청 상민 수륙 무역 장정에서는 조선이 청의 '속방'으로 규정되었다.

이것도 알면 합격!

조·청 상민 수륙 무역 장정의 주요 내용
- 조선이 청의 속방임을 규정
- 조선 국왕과 청의 북양 대신이 대등한 지위를 가짐을 명시
- 개항장에서 청의 영사 재판권 규정(치외 법권 인정)
- 청나라 사람들의 조선 연안 어업권 보장
- 서울 양화진에서 청 상인의 상업 활동 허용(내륙 진출)

10 원산 학사 난이도 하 ●○○

자료분석
덕원 부사 정현석 + 문사는 경의를 가르치고, 무사는 병서를 가르침 → (가) 원산 학사

정답설명
③ 원산 학사는 덕원 부사 정현석과 덕원·원산 주민들이 기금을 조성하여 설립한 우리나라 최초의 근대식 사립 학교이다.

오답분석
① 동문학: 동문학은 우리나라 통역관 양성을 위해 정부가 설립한 외국어 교육 기관이다.
② 육영 공원: 육영 공원은 우리나라 최초의 근대식 관립 학교로, 미국인인 헐버트, 벙커, 길모어를 교사로 초빙하여 근대 학문을 교육하도록 하였다.
④ 배재 학당: 배재 학당은 미국 선교사 아펜젤러가 서울에 설립한 사립 학교로, 우리나라 최초의 근대식 중등 교육 기관이다.

일제 강점기 20일 하프모의고사 20회 정답·해설 — 민족 독립운동의 전개(1)

정답 한눈에 보기

01	②	02	④	03	③	04	①	05	①
06	④	07	④	08	③	09	①	10	③

[민족 독립운동의 전개(1)] 출제 경향 & 빈출 키워드

출제 경향 일제 강점기의 주요 출제 범위는 일제의 식민 통치 정책, 이에 대한 민족의 저항으로 구분할 수 있습니다. 일제의 식민 통치 정책은 시기별 통치 방식과 특징을 묻는 문제가 출제되며, 민족의 저항은 국내외의 독립운동 단체와 무장 독립 전쟁, 주요 독립운동가의 활동이 자주 출제됩니다.

빈출 키워드 독립 의군부, 회사령, 3·1 운동, 대한민국 임시 정부, 문화 통치(보통 경찰제), 한국 독립군(대전자령·사도하자 전투), 산미 증식 계획, 국가 총동원법

---

01 문화 통치 시기의 정책 — 난이도 중

자료분석
친일 단체를 조직 + 친일 분자의 인재로 양성 → 문화 통치 시기(1919~1931)

정답설명
② 일제가 독립운동을 탄압하기 위해 조선 사상범 보호 관찰령을 공포(1936)한 것은 민족 말살 통치 시기의 사실이다.

오답분석
① 일제는 문화 통치 시기에 경찰 제도를 헌병 경찰제에서 보통 경찰제로 전환하였다. 그러나 보통 경찰제 실시 이후에 경찰의 수와 장비, 예산이 크게 증가하였으며 고등 경찰 제도를 실시하여 우리 민족에 대한 감시와 탄압을 더욱 강화하였다.
③ 일제는 문화 통치 시기에 조선 총독의 자격 기준을 바꾸어 문관 총독이 임명될 수 있도록 하였다. 그러나 광복 때까지 단 한 명의 문관 총독도 임명되지 않았다.
④ 일제는 문화 통치 시기에 신은행령을 제정(1928)하여 은행 설립 및 운영을 제한하고, 한국인이 소유한 중소 규모의 은행들을 일본 은행에 흡수·병합하였다.

02 회사령 시행 시기 일제의 정책 — 난이도 중

자료분석
한인의 사업 경영에 제한을 주기 위함 + 허가주의를 채택함 → ㉠ 회사령(1910~1920)

정답설명
④ 신문지법과 보안법이 제정된 것은 회사령이 시행되기 이전인 1907년의 사실이다. 일본은 1907년에 신문지법을 제정하여 조선 언론에 대한 탄압을 강화하고, 보안법을 제정하여 집회와 결사의 자유를 박탈하였다.

오답분석
모두 회사령 시행 시기에 일제가 시행한 정책이다.
① 일제는 개량 서당을 통한 민족 교육이 확대되자 서당 규칙을 제정하여 서당 설립을 허가제로 바꾸었다(1918).
② 일제는 호남의 곡창 지대에서 생산된 농산물을 일본으로 원활하게 반출하기 위해 호남선 철도를 개설하였다(1914).
③ 일제는 조선 임야 조사령을 발표하여 대부분의 임야지를 국유지로 편입시킨 뒤 총독부가 강점하였다(1918).

03 한국 독립군 — 난이도 하

자료분석
대전자령의 공격 → (가) 한국 독립군

정답설명
③ 한국 독립군은 한국 독립당 산하의 독립군 부대로, 지청천의 지휘 아래 중국 호로군 등과 연합하여 대전자령·사도하자·동경성 전투 등에서 일본군에게 승리하였다.

오답분석
① 조선 혁명군은 조선 혁명당 산하의 독립군 부대로, 양세봉을 중심으로 남만주에서 중국 의용군과 연합하여 영릉가·흥경성 전투에서 일본군에게 승리하였다.
② 조선 의용대는 조선 민족 전선 연맹의 산하 독립군 부대로, 중국 관내에서 조직된 최초의 한국인 군사 조직이다.

④ 한국광복군은 대한민국 임시 정부 산하의 독립군 부대로, 미군 전략 정보국(OSS) 지원 아래 국내 진공 작전을 준비하였으나, 일제의 패망으로 실현하지 못하였다.

04 산미 증식 계획의 결과 　　난이도 중 ●●○

자료분석

쌀 공급량은 더욱 부족할 것 + 일본 제국의 식량 문제를 해결 → (가) 산미 증식 계획

정답설명

① 산미 증식 계획을 통한 일제의 지나친 미곡 수탈로 국내의 식량이 부족해지자 이를 보충하기 위해 만주로부터 조, 수수, 콩 등의 잡곡 수입이 늘어났다.

오답분석

② 토지 조사 사업: 농민의 관습적 경작권이 부정된 것은 토지 조사 사업과 관련된 내용이다. 토지 조사 사업에서는 기존에 농민에게 관습적으로 부여되었던 경작권과 입회권(산림 공동 이용권), 도지권(소작지에 대한 부분 소유권) 등이 인정되지 않았다.
③ 토지 조사 사업: 동양 척식 주식회사의 보유 토지가 증가한 것은 토지 조사 사업과 관련된 내용이다. 일제는 토지 조사 사업으로 수탈한 토지를 동양 척식 주식회사와 일본인 이주민에게 싼값에 불하하였는데, 이로 인해 동양 척식 주식회사의 보유 토지가 증가하였다.
④ 산미 증식 계획으로 생산된 쌀이 일본으로 대량 유출되면서 한국인의 1인당 연간 쌀 소비량은 이전보다 줄어들었다.

05 국가 총동원법 제정 이후의 사실 　　난이도 중 ●●○

자료분석

국가 총동원상 필요한 경우 + 총동원 업무에 협력하게 함 → 국가 총동원법(1938)

정답설명

① 사립 학교령을 제정한 것은 국가 총동원법이 제정되기 이전인 1908년의 사실이다. 일제는 사립 학교의 설립과 운영을 통제하기 위해 대한 제국 정부를 압박하여 사립 학교령을 제정하였다.

오답분석

모두 국가 총동원법 이후의 사실이다.
② 일제는 1941년에 국민학교령을 제정하여 소학교의 명칭을 '황국 신민의 학교'라는 뜻의 국민학교로 개칭하였다.
③ 일제는 1939년에 국민 징용령을 제정하여 주요 군수 공장과 광산, 비행장 공사 등에 한국인을 강제로 동원하는 등 노동력을 착취하였다.
④ 일제는 조선 민사령을 개정(1939)하여 1940년부터 조선인의 성과 이름을 일본식으로 바꾸도록 강요하는 창씨개명을 시행하였다.

06 이상설 　　난이도 중 ●●○

자료분석

서전서숙을 설립 + 헤이그에서 개최된 만국 평화 회의에 특사로 파견 → 이상설

정답설명

④ 이상설은 권업회가 블라디보스토크에서 조직한 대한 광복군 정부의 정통령을 역임하였다.

오답분석

① 신채호: 대한매일신보에 근대 민족주의 사학의 방향을 제시한 「독사신론」을 연재한 인물은 신채호이다.
② 유길준: 서양 각국의 지리, 역사, 문화 등을 정리한 『서유견문』을 저술한 인물은 유길준이다.
③ 박용만, 이승만 등: 미주 지역의 여러 독립 운동 단체를 통합한 대한인 국민회를 조직한 인물은 박용만, 이승만 등이다.

07 대한민국 임시 정부의 개헌 　　난이도 하 ●○○

정답설명

④ 대한민국 임시 정부는 제4차 개헌(1940)을 통해 주석 중심의 단일 지도 체제로 개편하였고, 이를 통해 주석으로 선출된 김구가 강력한 지도력을 발휘할 수 있게 되었다.

오답분석

① 대한민국 임시 정부는 제1차 개헌(1919)을 통해 3권 분립에 입각한 민주 공화제 정부를 구성하고, 대통령 중심제를 채택하였다.
② 대한민국 임시 정부는 대통령 이승만이 위임 통치 청원 건 등을 계기로 탄핵된 후, 박은식의 발의로 제2차 개헌(1925)을 하여 국무령 중심의 내각 책임제로 개편되었다.
③ 대한민국 임시 정부는 제3차 개헌(1927)을 통해 10여 명의 국무 위원을 중심으로 한 집단 지도 체제로 개편되었다.

이것도 알면 합격!

대한민국 임시 정부의 개헌 과정

개헌	정치 체제
제1차 개헌(1919) 임시 헌법	대통령 중심제(3권 분립)
제2차 개헌(1925) 임시 헌법	국무령 중심의 내각 책임제
제3차 개헌(1927) 임시 약헌	국무 위원 집단 지도 체제
제4차 개헌(1940) 임시 약헌	주석(김구) 중심의 단일 지도 체제
제5차 개헌(1944) 임시 헌장	주석(김구)·부주석(김규식) 체제

08 3·1 운동   난이도 하 ●○○

자료분석
관순이(유관순) + 만세 운동을 함 → 3·1 운동

정답설명
③ 3·1 운동은 일본 유학생을 중심으로 조직된 조선 청년 독립단이 발표한 2·8 독립 선언의 영향을 받아 전개되었다.

오답분석
① 6·10 만세 운동: 순종의 인산일을 계기로 전개된 민족 운동은 6·10 만세 운동이다. 한편, 3·1 운동은 고종의 인산일을 계기로 전개되었다.
② 조선 형평 운동: 진주에서 시작되어 전국적으로 확산된 민족 운동은 조선 형평 운동이다.
④ 광주 학생 항일 운동: 광주에서 일어난 한·일 학생들 간의 충돌에서 비롯된 사건은 광주 학생 항일 운동이다. 광주의 통학 열차 안에서 발생한 한·일 학생 간의 충돌에 대해 일본 경찰이 편파적으로 수사하자 불만이 고조된 학생들은 식민 차별 교육 철폐, 한국인 본위의 교육 제도 확립 등을 주장하며 광주 학생 항일 운동을 전개하였다.

이것도 알면 합격!

3·1 운동

배경	미국 대통령 윌슨의 민족 자결주의, 2·8 독립 선언, 고종의 서거 등
전개	민족 대표들이 태화관에서 독립 선언서를 낭독하였고, 탑골 공원에서는 학생과 시민들이 만세 시위 전개 → 지방 도시를 중심으로 만세 시위 확산 → 농촌으로 확산 → 만주, 연해주, 미주 등지에서도 만세 시위 전개
의의 및 영향	상하이에 대한민국 임시 정부가 수립되는 계기, 일제가 무단 통치에서 문화 통치로 통치 방식을 변화, 우리 민족의 자주 독립 의지와 역량을 전 세계에 천명

09 대한민국 임시 정부   난이도 하 ●○○

자료분석
3·1 운동 이후 정부를 수립하려는 움직임이 활발해짐 + 1919년 9월에 상하이에 민주 공화제 정부를 수립함 → ㉠ 대한민국 (통합) 임시 정부

정답설명
① 조선 혁명 간부 학교를 설립한 것은 의열단이다. 의열단의 김원봉은 중국 국민당 정부의 지원 아래 조선 혁명 간부 학교를 설립하였다.

오답분석
② 대한민국 임시 정부 수립 당시 만주 지역의 무장 투쟁 세력들도 함께 참여하였다.
③ 대한민국 임시 정부는 미국에 구미 위원부를 설치하여 외교 활동을 전개하였다.
④ 대한민국 임시 정부의 초대 대통령은 이승만, 국무총리에는 이동휘가 임명되었다.

이것도 알면 합격!

통합된 임시 정부(1919. 9.)
- 상하이 임시 정부 명칭 및 정부의 위치 + 한성 정부의 법통 + 대한 국민 의회의 헌법
- 우리나라 최초의 삼권 분립에 입각한 민주 공화정: 임시 의정원(입법), 국무원(행정), 법원(사법)
- 대통령 중심제에 의원 내각제를 절충: 대통령 이승만, 국무총리 이동휘

10 독립 의군부   난이도 하 ●○○

자료분석
임병찬 + 고종의 지시 → (가) 독립 의군부

정답설명
③ 독립 의군부는 독립운동의 이념으로 군주정으로 복귀하자는 복벽주의를 내세웠으며, 의병 전쟁을 목표로 활동하였다.

오답분석
① 의열단: 신채호가 작성한 「조선혁명선언」을 활동 지침으로 활동한 단체는 의열단이다.
② 신민회: 일제가 꾸며낸 105인 사건으로 해체된 단체는 신민회이다. 안중근의 사촌 동생 안명근이 독립운동 자금을 모금한 것이 발각된 안악 사건을 빌미로 일제는 모금된 자금이 데라우치 총독의 암살 모의에 쓰였으며 그 배후에 신민회가 있다고 확대·날조하였다. 이로 인해 1911년에 윤치호, 안창호 등 105명이 실형을 선고받았으며(105인 사건), 이 사건으로 인해 신민회는 해체되었다.
④ 조선 국권 회복단: 경북 지방의 유생들이 단군 신앙을 바탕으로 조직한 비밀 결사 단체는 조선 국권 회복단이다.

일제 강점기

21일 하프모의고사 21회 정답·해설 민족 독립운동의 전개(2)

◆ 정답 한눈에 보기

| 01 | ④ | 02 | ③ | 03 | ① | 04 | ④ | 05 | ② |
| 06 | ④ | 07 | ④ | 08 | ① | 09 | ④ | 10 | ③ |

◆ [민족 독립운동의 전개(2)] 출제 경향 & 빈출 키워드

출제 경향 일제 강점기의 주요 출제 범위는 일제의 식민 통치 정책, 이에 대한 민족의 저항으로 구분할 수 있습니다. 일제의 식민 통치 정책은 시기별 통치 방식과 특징을 묻는 문제가 출제되며, 민족의 저항은 국내외의 독립운동 단체와 무장 독립 전쟁, 주요 독립운동가의 활동이 자주 출제됩니다.

빈출 키워드 홍범도, 토지 조사 사업, 의열단, 청산리 전투, 광주 학생 항일 운동, 윤봉길, 조선 의용대, 한국광복군, 카프(KAPF), 백남운

---

01 토지 조사 사업   난이도 하 ●○○

자료분석

토지 소유자는 조선 총독이 정하는 기간 안에 주소, 씨명 등을 신고해야 함 → 토지 조사령 → 토지 조사 사업

정답설명

④ 토지 조사 사업은 일제가 전국의 토지 소유권을 확인하여 식민지 지배에 필요한 재정을 확보하고, 일본인이 쉽게 토지를 차지할 수 있도록 하기 위하여 토지 조사령을 공포(1912)하면서 본격적으로 시행되었다.

오답분석

① 회사령은 일제가 회사의 설립을 총독의 허가제로 하고, 회사의 해산도 총독이 명할 수 있도록 규정한 정책으로, 민족 자본의 성장을 억압하기 위해 실시되었다.
② 방곡령은 고종 때 흉년으로 발생한 식량난을 해소하기 위하여 곡물의 수출을 금지한 명령이다.
③ 산미 증식 계획은 일제가 자국의 부족한 식량을 한반도에서 보충하기 위해 실시한 쌀 증식 정책이다.

이것도 알면 합격!

토지 조사 사업의 결과
- 토지의 약탈: 미신고 토지·신고 주체가 애매한 공유지 등이 총독부에 귀속 → 동양 척식 주식회사와 일본 이주민에게 싼 값에 불하
- 농민의 몰락: 경작권, 입회권, 도지권 등 관습적인 권리 상실 → 기한부 계약에 의한 소작농으로 전락
- 지주의 권한 강화: 지주의 소유권만을 인정하여 한국인 지주층을 포섭
- 지세 수입의 증가: 대한 제국 시기에 비해 지세 수입이 2배 가까이 증가

---

02 항일 무장 투쟁   난이도 상 ●●●

정답설명

③ 순서대로 바르게 나열하면 ⓒ 청산리 전투(1920) → ㉠ 대전자령 전투(1933) → ⓒ 한국광복군 창설(1940) → ㉢ 조선 독립 동맹 및 조선 의용군 조직(1942)이 된다.

- ⓒ 청산리 전투: 김좌진의 북로 군정서군과 홍범도의 대한 독립군을 비롯한 독립군 연합 부대가 청산리 일대에서 일본군과 전투를 벌여 승리하였다(1920).
- ㉠ 대전자령 전투: 지청천이 이끄는 한국 독립군은 중국 호로군 등과 연합하여 대전자령 전투에서 일본군을 상대로 승리를 거두었다(1933).
- ⓒ 한국광복군 창설: 대한민국 임시 정부가 충칭에 정착한 이후, 산하 부대로 한국광복군이 창설되었다(1940).
- ㉢ 조선 독립 동맹 및 조선 의용군 조직: 화북 지역으로 이동한 조선 의용대 세력(조선 의용대 화북 지대)이 조선 독립 동맹과 그 산하의 조선 의용군으로 개편되었다(1942).

---

03 조선 의용대   난이도 중 ●●○

자료분석

한커우에서 성립 + 대장 진국빈(김원봉) → 조선 의용대

정답설명

① 1940년대에 김원봉 등 조선 의용대의 일부 세력은 충칭으로 이동하여 한국광복군에 합류하였다.

오답분석

② 조선 혁명군: 중국 의용군과 연합 작전을 전개한 부대는 양세봉이 이끄는 조선 혁명군이다.

③ **북로 군정서군**: 대종교 인사들이 중심이 되어 조직된 부대는 북로 군정서군이다. 북로 군정서군은 대종교 신자들을 중심으로 결성된 중광단이 개편되어 조직되었다.
④ **한국 독립군**: 만주에서 결성된 한국 독립당의 지휘 통제를 받은 부대는 한국 독립당의 산하 부대인 한국 독립군이다.

이것도 알면 합격!

조선 의용대(1938)

창설	• 조선 민족 전선 연맹의 산하 군대로 창설 • 중국 관내(한커우)에서 조직된 최초의 한국인 군사 조직
분열	• 적극적인 항일 투쟁을 위해 조선 의용대 화북 지대 결성 • 일부 세력은 김원봉과 함께 한국광복군에 합류(1942)

04 윤봉길 의거의 영향   난이도 하 ●○○

자료분석

천장절(일왕 생일) 겸 (상하이 사변)전승 축하 기념식에 폭탄을 투척 → (가) 윤봉길

정답설명

④ 윤봉길 의사의 상하이 훙커우 공원 의거는 중국인들에게 큰 감명을 주어 중국 국민당 정부가 대한민국 임시 정부를 지원하는 계기가 되었다.

오답분석

모두 윤봉길 의거(1932) 이전의 사실이다.
① 1920년대에 일제의 민족 분열 정책의 영향으로, 이광수와 최린 등 자치 운동론을 주장하는 타협적 민족주의자들이 등장하자, 사회주의 계열인 정우회가 비타협적 민족주의 세력과 제휴할 것을 주장하였고(정우회 선언, 1926), 이에 1927년에 민족 유일당인 신간회가 결성되었다.
② 1920년에 일본군이 봉오동 전투와 청산리 대첩에서 패배하자, 이에 대한 보복으로 독립군을 비롯한 간도 지역의 한인들을 학살하는 간도 참변이 일어났다(1920. 10.~1921. 4.).
③ 1923년에는 국내외의 독립운동 상황을 점검하고 대한민국 임시 정부의 독립운동에 새로운 활로를 모색하기 위해 상하이에서 국민 대표 회의가 개최되었다.

05 한국광복군   난이도 하 ●○○

자료분석

대한민국 임시 정부가 조직함 + 연합군의 일원으로 항전 → (가) 한국광복군

정답설명

② 한국광복군은 미국 전략 정보처(OSS)와 함께 국내 진공을 준비하였으나 일제의 패망으로 무산되었다.

오답분석

① **조선 의용대 화북 지대**: 중국 화북 전선에서 팔로군과 연합하여 일본군에 대항한 단체는 조선 의용대 화북 지대(조선 의용군으로 개편)이다.
③ **조선 의용대**: 중국 관내에서 조직된 최초의 한국인 군사 조직은 조선 의용대이다.
④ **대한 독립 군단**: 연해주에서 러시아 적군과 연합 전선을 구축하기 위해 러시아 자유시로 이동한 단체는 대한 독립 군단이다.

06 의열단   난이도 중 ●●○

자료분석

타나카 기이치를 암살하고자 함 + 김익상이 속해있음 → ㉠ 의열단

정답설명

④ 의열단의 일부 단원들은 1926년에 황포 군관 학교에 입학하여 군사·정치 교육을 받았다. 개별 투쟁의 한계를 인식한 의열단은 중국 세력과의 연대와 조직적인 무장 투쟁을 추진하여, 김원봉을 비롯한 일부 의열단원들은 황포 군관 학교에 입학하여 군사 훈련을 받았다.

오답분석

① 의열단은 태평양 전쟁 발발(1941) 이전인 1919년에 만주 지린성에서 조직되었다.
② **독립 협회**: 만민 공동회를 열어 민권 신장을 추구한 조직은 독립 협회이다.
③ **한인 애국단**: 김구가 임시 정부 활동에 활기를 불어넣고자 결성(1931)한 조직은 한인 애국단이다.

07 1920년대 문화·예술 활동   난이도 하 ●○○

정답설명

④ 매일신보에 이광수의 소설 「무정」이 연재된 것은 1917년으로, 1910년대의 사실이다.

오답분석

① 1926년에 일제 강점기 민족의 비애를 담은 나운규의 영화 '아리랑'이 종로 단성사에서 처음으로 상영되었다.
② 1925년에 김기진, 박영희 등의 신경향파 문인들이 카프(KAPF)를 결성하였다.
③ 1923년에 도쿄 유학생들을 중심으로 신극 운동 단체인 토월회가 결성되었다.

08 홍범도   난이도 중 ●●○

자료분석

평안도 양덕 사람 + 대한 독립군 총사령관 → 홍범도

정답설명

① 홍범도는 1907년에 대한 제국의 군대가 해산된 이후 차도선, 송상봉, 허근 등과 함께 포수들을 모아 산포대를 구성하였다. 이들은 주로 함경도의 산수·갑산·북청 등에서 활약하여 친일파를 제거하였다.

오답분석

② 안창호: 샌프란시스코에서 흥사단을 조직한 인물은 안창호이다.
③ 김구: 남한만의 단독 정부 수립에 반대하며 '삼천만 동포에게 읍고함'이라는 글을 발표한 인물은 김구이다.
④ 김원봉: 조선 민족 전선 연맹의 산하 군대로 조선 의용대를 결성하고 항일 투쟁을 전개한 인물은 김원봉이다.

✎ 이것도 알면 합격!

만주 지역의 독립군

지역	단체	특징
서간도	서로 군정서군	신흥 무관 학교 출신
	대한 독립단	의병장 출신 중심
북간도	북로 군정서군	• 대종교 계통 • 김좌진 중심
	대한 독립군	홍범도가 이끄는 부대

09 백남운   난이도 중 ●●○

자료분석

조선의 역사적 발전은 독자적인 것이 아님 + 세계사적인 일원론적 역사 법칙 → 『조선사회경제사』 → 백남운

정답설명

④ 백남운은 해방 이후 「조선 민족의 진로」라는 글을 발표하여 민족 통일 전선을 주장하는 '연합성 신민주주의'를 제창하였다.

오답분석

① 정인보: 「5천 년간 조선의 얼」을 동아일보에 연재한 인물은 정인보이다. 정인보는 「5천 년간 조선의 얼」에서 우리 민족의 시조를 단군으로 설정하였으며 민족 정신으로 '얼'을 강조하였다.
② 문일평: '조선심'을 강조하며 정약용 연구를 중심으로 조선학 운동을 전개한 인물은 문일평이다.
③ 이병도 등: 순수 학문을 표방하면서 식민주의 사학에 대항하려고 한 것은 이병도 등의 실증주의 사학자들이다. 한편, 백남운은 유물론적 사관에 입각하여 역사를 연구하는 사회·경제 사학자이다.

✎ 이것도 알면 합격!

백남운의 활동

• 민립 대학 설립 운동에 참여
• 광복 이후 좌익 단체인 남조선 신민당, 민주주의 민족 전선 등을 결성
• 주요 저술: 『조선사회경제사』, 『조선봉건사회경제사』, 「조선 민족의 진로」

10 광주 학생 항일 운동   난이도 중 ●●○

자료분석

제국주의적 침략에 대한 반항적 투쟁 + 광주 조선 학생 동지의 학살의 음모 → (가) 광주 학생 항일 운동

정답설명

③ 광주 학생 항일 운동은 3·1 운동 이후 전개된 최대 규모의 민족 운동이었다. 광주 학생 항일 운동 초기에는 식민지 차별 교육 철폐, 한국인 본위의 교육 제도 확립 등을 요구하였고, 이후 운동이 전국적으로 확산되어 민족 해방 운동으로 발전하였다.

오답분석

① 조선 소년 연합회에서 주도한 운동은 소년 운동으로 광주 항일 학생 운동과는 관련이 없다. 조선 소년 연합회는 1927년에 조직된 소년 운동 단체로, 양분된 소년 운동계의 통합을 위해 전국의 소년 운동 단체 대표들이 결성하였다.
② 6·10 만세 운동: 정우회 선언이 발표되는 계기가 된 운동은 6·10 만세 운동이다. 6·10 만세 운동을 계기로 민족주의 계열과 사회주의 계열이 연대의 길을 본격적으로 모색하기 시작하였다. 이후 사회주의 단체인 정우회가 비타협적 민족주의 세력과의 연대를 주장하는 정우회 선언을 발표하였다.
④ 민립 대학 설립 운동: 식민지 교육에 반발하여 한국인 본위의 고등 교육 기관인 민립 대학을 설립하고자 한 운동은 민립 대학 설립 운동이다.

일제 강점기 22일 하프모의고사 22회 정답·해설 민족 독립운동의 전개(3)

정답 한눈에 보기

01	②	02	③	03	③	04	②	05	②
06	②	07	④	08	④	09	③	10	②

[민족 독립운동의 전개(3)] 출제 경향 & 빈출 키워드

출제 경향 일제 강점기의 주요 출제 범위는 일제의 식민 통치 정책, 이에 대한 민족의 저항으로 구분할 수 있습니다. 일제의 식민 통치 정책은 시기별 통치 방식과 특징을 묻는 문제가 출제되며, 민족의 저항은 국내외의 독립운동 단체와 무장 독립 전쟁, 주요 독립운동가의 활동이 자주 출제됩니다.

빈출 키워드 한인 애국단, 신간회, 박은식, 신채호, 6·10 만세 운동, 물산 장려 운동, 브나로드 운동, 조선어 학회

---

01 신간회 난이도 중 ●●○

자료분석
비타협적 민족주의 세력과 사회주의 세력이 연합 + 정치적·경제적 각성, 단결을 공고히, 기회주의를 부인 → (가) 신간회

정답설명
② 신간회는 집행부의 우경화와 코민테른의 노선 변화에 따른 사회주의자들의 이탈로 해소되었다. 한편, 보안법의 적용을 받아 일제에 의해 강제로 해산된 대표적인 단체로는 대한 자강회가 있다.

오답분석
① 신간회는 노동 운동과 연계하여 최저 임금제 시행 등 노동자들의 권익 향상을 요구하였고, 원산 노동자 총파업을 적극 지원하였다.
③ 신간회는 광주 학생 항일 운동에 진상 조사단을 파견하였다.
④ 신간회는 전국에 140여 개의 지회가 있었으며, 약 4만여 명의 회원을 확보하여 일제 지배하 최대 규모의 합법적인 민족 운동 단체로 성장하였다.

02 동아일보 난이도 중 ●●○

자료분석
브나로드 운동 계획을 발표함 → 동아일보

정답설명
③ 동아일보는 베를린 올림픽의 마라톤 대회에서 금메달을 딴 손기정 선수의 사진에서 가슴에 달린 일장기를 지운 뒤 신문에 게재한 사건(일장기 말소 사건)으로 인해 일제로부터 정간 처분을 받았다.

오답분석
① 대한매일신보: 신민회의 기관지 역할을 담당한 것은 대한매일신보이다.
② 천도교: 민중 계몽을 위해 『개벽』, 『신여성』, 『어린이』 등의 잡지를 간행한 곳은 천도교이다.
④ 조선일보: 한글 보급 운동에 앞장서 『한글원본』 등의 교재를 제작·배포하였던 곳은 조선일보이다.

03 박은식 난이도 하 ●○○

자료분석
국교(國敎)·국학·국어·국문·국사는 혼(魂)에 속함 → 박은식

정답설명
③ 박은식은 민족주의 사학의 입장에서 일제의 불법적인 한국 침략 과정을 폭로한 『한국통사』를 저술하였다.

오답분석
① 박은식은 진단 학회 조직에 참여하지 않았다. 진단 학회를 조직한 인물은 이병도, 이윤재 등의 실증주의 사학자들이다.
② 신채호: 김원봉의 요청으로 의열단의 강령인 「조선혁명선언」을 작성한 인물은 신채호이다.
④ 신채호: 『조선상고사』를 저술하여 고대사 연구의 기틀을 마련한 인물은 신채호이다.

이것도 알면 합격!

박은식

특징	• "나라는 형체이고 역사는 정신이다." • 민족 정신으로 '혼' 강조
대표 저서	• 『한국통사』: 근대 이후 일본의 침략 과정을 저술 • 『한국독립운동지혈사』: 민족의 독립운동 정리

04 한인 애국단의 활동   난이도 하 ●○○

자료분석

새로운 국면을 타개 + 임시 정부에서 조직 + 암살과 파괴 공작을 함 → (가) 한인 애국단

정답설명

② 한인 애국단의 단원인 이봉창은 도쿄에서 열병식을 마치고 돌아오는 일왕 히로히토의 마차에 폭탄을 던져 암살을 시도하였으나 실패하였다.

오답분석

① 의열단: 도쿄 궁성 앞 이중교에 폭탄을 던진 김지섭은 의열단이다.
③ 노인 동맹단: 서울역에서 조선 총독으로 새로 부임하는 사이토의 암살을 시도한 강우규는 노인 동맹단이다.
④ 의열단: 동양 척식 주식회사와 조선식산은행을 공격한 나석주는 의열단이다.

05 6·10 만세 운동   난이도 중 ●●○

자료분석

순종 황제의 장례 행렬 + 조선 독립 만세를 부름 → 6·10 만세 운동

정답설명

② 6·10 만세 운동은 1926년에 일어났기 때문에 1943년에 시행된 학도 지원병제의 폐지를 요구할 수 없다.

오답분석

① 6·10 만세 운동에서는 항일 민족 운동에 대한 내용 외에도 학교장을 조선인으로 선정할 것과 8시간 노동제 채택 및 소작료 납부 거부 등을 주장하였다.
③ 6·10 만세 운동은 사회주의 세력과 천도교 중심의 민족주의 세력, 조선 학생 과학 연구회를 중심으로 한 학생들이 각각 만세 운동을 준비하였다. 1926년에 순종이 승하하자, 사회주의 계열과 천도교를 중심으로 하는 민족주의 계열이 순종의 인산일에 맞춰 만세 시위를 계획하였다. 이 시위 계획은 일제에게 발각되었는데, 조선 학생 과학 연구회를 비롯한 학생들의 만세 시위 계획은 발각되지 않아 6·10 만세 운동은 학생들의 주도로 진행되었다.
④ 6·10 만세 운동은 준비 과정에서 사회주의 계열과 천도교 중심의 민족주의 계열이 연대하면서 이후 민족 유일당 운동이 전개되는 계기가 되었다.

이것도 알면 합격!

6·10 만세 운동

배경	일제의 수탈과 식민 교육에 대한 반발 심화
전개	• 순종의 인산일을 계기로 대규모 군중 시위 운동 전개 • 일제의 무차별 살상·투옥으로 좌절됨
의의	• 대중적인 항일 민족 운동으로 발전, 학생 운동의 성장 • 신간회 창립(1927)에 기여

06 물산 장려 운동   난이도 중 ●●○

자료분석

우리 손으로 만든 것이 아님 + 조선 사람 조선 것 → 물산 장려 운동

정답설명

② 물산 장려 운동은 민족 산업의 육성을 위한 자급자족, 토산품 애용 운동과 함께 근검절약 실천, 금주·단연 운동 등의 형태로 확대되었다.

오답분석

① 동양 척식 주식회사의 폐지를 주장한 것은 신간회로, 물산 장려 운동과는 관련이 없다.
③ 물산 장려 운동에 대해 사회주의 세력은 자본가 계급만을 위한 운동이라고 비판하였다.
④ 물산 장려 운동은 조만식 등이 중심이 되어 대구가 아닌 평양에서 시작되었다.

이것도 알면 합격!

물산 장려 운동

배경	일본 상품에 대한 관세 철폐 움직임 속에서 조선인 기업가들의 위기의식 고조
전개	• 평양 물산 장려회 발족(1920): 평양에서 조만식 등의 민족 자본가 중심 • 조선 물산 장려회 조직(1923): 서울에서 설립, 전국 각지에 지부를 형성 • 기타 참여 조직: 자작회(1922), 토산 애용 부인회(여성), 자작 자급회 등
활동	국산품 애용("내 살림 내 것으로", "조선 사람 조선 것"), 근검절약, 생활 개선, 금주·단연 운동 전개

07 청산리 전투   난이도 중 ●●○

자료분석

백운평 + 1920년 + 완루구 → 청산리 전투(1920)

정답설명

④ 청산리 전투에는 김좌진이 이끄는 북로 군정서군을 중심으로 대한 독립군(홍범도) 등의 연합 부대가 참전하였다.

오답분석

① 대한 국민 의회는 1919년에 러시아 연해주의 전로 한족 중앙 총회가 개편되어 설립된 임시 정부로, 청산리 전투와는 관련이 없다.
② 청산리 전투는 우리나라 독립군들의 연합 작전으로 전개되었다. 만주 지역에서 한국 독립군과 중국 호로군, 조선 혁명군과 중국 의용군을 중심으로 한·중 연합 작전이 전개된 것은 만주 사변(1931) 이후인 1930년대의 사실이다.

③ 만주 쌍성보에서 일본군과 교전한 것은 한국 독립군으로, 청산리 전투와는 관련이 없다.

08 신채호   난이도 하 ●○○

자료분석

역사란 무엇이뇨 + 아와 비아의 투쟁 → 신채호

정답설명

④ 신채호는 『조선사연구초』에서 묘청의 난을 '조선 역사상 일천년래 제일대사건'이라고 평가하였다.

오답분석

① 최남선 등: 조선사 편수회에 참여한 인물은 최남선, 이병도 등이다. 조선사 편수회는 한국사를 왜곡하기 위해 총독부 산하 기관으로 설립되었으며, 식민 사관을 토대로 『조선사』를 편찬하였다.
② 백남운: 유물 사관에 바탕을 두고 식민 사관의 정체성론을 비판한 인물은 백남운이다.
③ 정인보, 문일평, 안재홍 등: 『여유당전서』를 발간하여 조선 후기 실학자들을 재평가한 역사가는 조선학 운동을 전개한 정인보, 문일평, 안재홍 등이다.

이것도 알면 합격!

신채호

특징	• "역사는 아와 비아의 투쟁" • 고대사 연구에 치중, 낭가 사상(주체적인 민족 고유 사상) 강조
대표 저서	• 『조선사연구초』: 묘청의 서경 천도 운동 평가 • 『독사신론』, 『조선상고사』, 「조선혁명선언」 등

09 조선어 학회   난이도 중 ●●○

자료분석

한글 맞춤법 통일안을 제정 → (가) 조선어 학회

정답설명

③ 조선어 학회는 최현배, 이극로 등이 주도하여 조직한 한글 연구 단체로, 한글 맞춤법 통일안을 만들어 발표하고 『우리말 큰 사전』의 편찬을 준비하였다.

오답분석

① 조선어 연구회: 조선어 연구회는 주시경의 제자인 임경재, 장지영 등을 중심으로 조직된 단체로, 한글 창제를 기념하는 가갸날을 제정하고 기관지인 『한글』을 창간하여 한글 대중화에 기여하였다.

② 국문 연구소: 국문 연구소는 대한 제국 학부에 설치되었던 한글 연구 기관으로 주시경·지석영을 중심으로 국문의 정리와 국어의 이해 체계 확립을 위한 연구를 전개하였다.
④ 헌정 연구회: 헌정 연구회는 1905년에 이준과 윤효정 등을 중심으로 조직된 단체로, 입헌 정치의 수립을 목표로 대중 계몽 운동을 전개하였다.

10 제1차 조선 교육령   난이도 중 ●●○

자료분석

보통의 지식, 기능을 부여 + 보통 학교의 수업 연한은 4년 → 제1차 조선 교육령

정답설명

② 일제는 제1차 조선 교육령을 반포하여 식민지 국민의 의무를 강조하고, 낮은 수준의 실업 교육을 통해 노동 인력을 양성하고자 하였다.

오답분석

① 제3차 조선 교육령: 한국어 과목을 수의 과목(선택 과목)으로 전환한 것은 제3차 조선 교육령이다.
③ 제2차 조선 교육령: 3·1 운동 이후 한국인의 반일 감정을 무마하기 위해 제정된 것은 제2차 조선 교육령이다. 일제는 제2차 조선 교육령을 통해 한국인에 대한 대학 교육을 허용하고, 보통학교의 수업 연한을 6년으로 연장하였으며, 조선어를 필수 과목으로 정하였다.
④ 제4차 조선 교육령: 일제가 태평양 전쟁을 일으킨 이후 황국 신민화 교육을 더욱 강화하기 위해 제정한 것은 제4차 조선 교육령이다. 일제는 제4차 조선 교육령을 공포하여 전시 교육 체제와 황국 신민화 교육 체제를 강화하였다.

이것도 알면 합격!

조선 교육령

구분	내용
제1차 조선 교육령 (1911)	• 보통학교의 수업 연한 단축(6년 → 4년) • 보통·실업 교육 중심 • 일본어를 국어라 하여 시수 확대
제2차 조선 교육령 (1922)	• 보통학교의 수업 연한 연장(4년 → 6년) → 일본과 동일한 학제로 변경 • 한국어를 필수 과목화
제3차 조선 교육령 (1938)	• 보통학교와 소학교를 심상소학교로 변경 • 한국어 과목은 수의(선택) 과목화
제4차 조선 교육령 (1943)	• 수업 연한을 4년으로 단축 • 한국어·한국사 교육 완전 폐지

일제 강점기 23일 하프모의고사 23회 정답·해설 민족 독립운동의 전개(4)

정답 한눈에 보기

| 01 | ③ | 02 | ③ | 03 | ④ | 04 | ③ | 05 | ② |
| 06 | ① | 07 | ② | 08 | ④ | 09 | ④ | 10 | ③ |

[민족 독립운동의 전개(4)] 출제 경향 & 빈출 키워드

출제 경향 일제 강점기의 주요 출제 범위는 일제의 식민 통치 정책, 이에 대한 민족의 저항으로 구분할 수 있습니다. 일제의 식민 통치 정책은 시기별 통치 방식과 특징을 묻는 문제가 출제되며, 민족의 저항은 국내외의 독립운동 단체와 무장 독립 전쟁, 주요 독립운동가의 활동이 자주 출제됩니다.

빈출 키워드 무단 통치 시기, 민족 말살 통치 시기, 국민 대표 회의, 조선 혁명군, 한국 독립군, 김구, 조소앙, 근우회

---

01 무단 통치 시기의 사실 난이도 하 ●○○

정답설명
③ 무단 통치 시기에는 일반 관리는 물론 교사에게까지 제복을 입히고 칼을 차게 하여 공포 분위기를 조성하였다.

오답분석
① 민족 말살 통치 시기: 조선 사상범 예방 구금령이 제정된 것은 1941년으로, 민족 말살 통치 시기의 사실이다.
②, ④ 문화 통치 시기: 보통학교의 수업 연한이 4년에서 6년으로 늘어났으며, 치안 유지법이 제정된 것은 문화 통치 시기의 사실이다.

02 국민 대표 회의 난이도 중 ●●○

자료분석
독립운동의 신국면을 타개하려고 함 → 국민 대표 회의(1923)

정답설명
③ 국민 대표 회의에 참석하지 않았던 김구는 창조파와 개조파의 대립이 심화되자 국민 대표 회의의 해산을 명하는 내무부령을 발표하였다.

오답분석
① 이승만을 대한민국 임시 정부 대통령에서 탄핵할 것을 결정한 것은 국민 대표 회의 해산 이후인 1925년의 사실이다.
② 국민 대표 회의에서 임시 정부의 개혁과 존속을 주장한 것은 개조파이다.
④ 개조파는 무장 투쟁론자들이 아닌 실력 양성론자 및 외교 독립론자들로 구성되었다. 한편 무장 투쟁론자들로 구성된 것은 창조파이다.

03 미쓰야 협정 체결 이후의 사실 난이도 중 ●●○

자료분석
만주에 있는 한인 단체를 해산시킴 → 미쓰야 협정(1925)

정답설명
④ 일제는 미쓰야 협정 체결 이후인 1931년에 만주 사변을 일으키고 만주국을 수립하였다.

오답분석
모두 미쓰야 협정 체결 이전의 사실이다.
① 3·1 운동이 전개된 것은 1919년이다. 3·1 운동은 무단 통치 시기에 일제의 강력한 탄압에 반발하여 일어난 독립 만세 운동이다.
② 대한 광복회가 조직된 것은 1915년이다. 대한 광복회는 대한 광복단(풍기 광복단)과 조선 국권 회복단의 일부 인사가 연합하여 대구에서 조직된 독립운동 단체이다.
③ 대한 독립 군단이 러시아 자유시로 이동한 것은 1921년이다.

04 조선 혁명군 난이도 중 ●●○

자료분석
중국 의용군의 한·중 연합군 + 영릉가 점령 → (가) 조선 혁명군

정답설명
③ 조선 혁명군은 양세봉을 총사령관으로 하여 영릉가, 흥경성, 신개령 전투 등에서 일본군에게 승리하였다.

오답분석
① 한국 독립군 등: 북만주 지역을 중심으로 활동한 부대로는 한국 독립군 등이 있다. 한편, 조선 혁명군은 남만주 지역에서 활동하였다.

② 조선 의용대 화북 지대: 조선 의용군으로 개편되어 옌안으로 이동한 것은 조선 의용대 화북 지대이다.
④ 조선 의용대: 중국 국민당 정부의 지원을 받아 한커우에서 창설된 것은 조선 의용대이다.

이것도 알면 합격!

조선 혁명군
- 남만주 일대에서 양세봉을 중심으로 활동
- 중국 의용군과 연합 작전 수행
- 영릉가 전투(1932), 흥경성 전투(1933)에서 일본에 대승

05 조소앙 난이도 중 ●●○

자료분석

한국 독립당을 창당 + 개인과 개인, 민족과 민족, 국가와 국가 사이의 완전한 균등(삼균주의)을 주장 → 조소앙

정답설명

② 조소앙은 1917년에 박은식, 신채호 등과 대동 단결 선언 발표에 참여하였으며, 1930년에는 상하이에서 김구, 이동녕 등과 한국 독립당을 결성하였다. 또한, 보통 선거에 의한 정치의 균등, 토지 및 주요 생산 기관의 국유화를 통한 경제의 균등, 의무 교육 제도를 통한 교육의 균등을 주장한 삼균주의를 제창하였으며, 1945년에는 대한민국 임시 정부의 외무부장을 역임하였다.

오답분석

① 여운형: 여운형은 1944년에 국내에서 조선 건국 동맹을 결성하여 일제의 패망과 광복에 대비하였으며, 광복 이후 이를 바탕으로 안재홍 등과 함께 조선 건국 준비 위원회를 결성하였다.
③ 김규식: 김규식은 1919년에 파리 강화 회의에 민족 대표로 파견되었으며, 1944년에는 대한민국 임시 정부의 부주석을 역임하였다. 이후 1946년에 미 군정의 주도로 설립된 남조선 과도 입법 의원의 의장으로 당선되었다.
④ 안재홍: 안재홍은 1945년에 여운형 등과 조선 건국 준비 위원회를 결성하였으며, 점차 좌익 세력이 강화되는 조선 건국 준비 위원회의 조직에 불만을 품고 탈퇴하여 신민족주의와 신민주주의를 표방한 조선 국민당을 창당하였다.

06 연해주의 독립 운동 난이도 중 ●●○

자료분석

신한촌이 형성됨 + 이상설 등이 성명회를 조직함 → 연해주

정답설명

① 연해주에서는 1911년에 계몽 운동 계열과 의병 계열의 합작으로 독립운동 단체인 권업회가 조직되었다.

오답분석

② 멕시코: 이근영 등이 숭무 학교를 설립하여 독립군을 양성한 곳은 멕시코이다.
③ 북간도: 이상설 등이 서전서숙을 설립하여 민족 교육을 실시한 곳은 북간도이다.
④ 상하이: 신한청년당을 결성하여 외교 활동을 전개한 곳은 상하이이다.

이것도 알면 합격!

1910년대 연해주 지역의 민족 운동

성명회(1910)	한·일 합병의 부당함을 각국 정부에 호소
권업회(1911)	권업신문 발간, 한민 학교 설립
대한 광복군 정부 (1914)	이상설, 이동휘를 정·부통령으로 하여 수립

07 김구 난이도 중 ●●○

자료분석

내가 조직한 우리 단체(한인 애국단)의 청년 동지 윤봉길 → 김구

정답설명

② 김구는 1940년부터 1945년에 광복이 될 때까지 대한민국 임시정부의 주석을 역임하며 독립운동을 전개하였다.

오답분석

① 이회영, 이동녕 등: 신흥 강습소를 세워 무장 투쟁을 준비한 인물은 이회영, 이동녕 등이다.
③ 이승만: 국제 연맹에 의한 위임 통치를 주장한 인물은 이승만이다. 대한민국 임시 정부의 대통령이었던 이승만은 미국의 윌슨 대통령에게 위임 통치 청원서를 제출하였고, 이를 계기로 임시 정부 대통령직에서 탄핵되었다.
④ 김규식: 신한 청년당의 대표로 파리 강화 회의에 파견되어 독립 청원서를 제출한 인물은 김규식이다.

이것도 알면 합격!

일제 강점기 김구의 주요 활동
- 1919년: 대한민국 임시 정부의 초대 경무국장 역임
- 1931년: 한인 애국단 조직
- 1935년: 한국 국민당 창당
- 1940년: 대한민국 임시 정부 주석에 취임

08 창씨개명 시행 이후의 사실 난이도 중 ●●○

자료분석

조선인 호주는 새로 씨(氏)를 설정해야 함 → 창씨개명(1940)

정답설명

④ 창씨개명 시행 이후인 1942년에 조선어 학회 사건이 발생하였다. 조선어 학회 사건은 당시 국어(일본어) 상용 정책을 시행하던 일제가 조선어 학회를 독립운동 단체로 간주하여 회원들을 체포·투옥시킨 사건이다.

오답분석

모두 창씨개명 시행 이전의 사실이다.
① 일제가 일본 자본이 조선에 유입될 수 있도록 회사령을 철폐하여 회사 설립을 허가제에서 신고제로 변경한 것은 1920년의 사실이다.
② 우리나라의 국권이 강탈된 후 일제의 식민 통치를 위한 조선 총독부가 설치된 것은 1910년의 사실이다.
③ 일제가 조선인에게만 태형을 실시할 수 있도록 하는 조선 태형령을 제정·공포한 것은 1912년의 사실이다.

이것도 알면 합격!

일제의 인적 자원 수탈을 위한 제도

- 1938년: 지원병제, 근로 보국대 조직
- 1939년: 국민 징용령
- 1941년: 국민 근로 보국령
- 1943년: 학도 지원병제
- 1944년: 여자 정신대 근무령, 징병제

09 원산 노동자 총파업 난이도 중 ●●○

자료분석

일본인 감독이 조선인 노동자를 구타함 + 파업을 벌임 → 원산 노동자 총파업

정답설명

④ 원산 노동자 총파업은 일본과 프랑스 등의 국외 노동 단체들로부터 지지와 격려의 전문을 받았다.

오답분석

① 암태도 소작 쟁의는 원산 노동자 총파업(1929)이 일어나기 이전인 1923년에 발생하였다.
② 조선 노동 총동맹은 원산 노동자 총파업(1929)이 일어나기 이전인 1927년에 결성되었다.

③ 3·1 운동: 일제가 문화 통치를 실시하는 배경이 된 사건은 3·1 운동이다. 3·1 운동 이후 일제는 기존의 무단 통치로는 한국인을 억압할 수 없다고 판단하여 문화 통치로 통치 방식을 전환하였다. 일제의 문화 통치는 친일파를 양성하여 우리 민족을 이간시키는 민족 분열책이었다.

10 근우회 난이도 중 ●●○

자료분석

여성에 대한 사회적·법률적인 차별을 철폐 → 근우회

정답설명

③ 근우회는 신간회의 자매 단체로서, 기관지로 『근우』를 발간하였으며 여성 계몽 활동 등을 전개하였다.

오답분석

① 근우회는 여권통문을 발표하지 않았다. 한편, 여권통문은 서울 북촌의 양반 여성들이 1898년에 발표한 우리나라 최초의 여성 인권 선언서이다.
② 배재 학당은 선교사 아펜젤러가 서울에 세운 근대식 중등 교육 기관(1885)으로, 근우회와는 관련이 없다.
④ 진단 학회: 이병도, 손진태 등이 조직한 단체는 진단 학회이다. 한편, 근우회는 김활란 등이 조직하였다.

이것도 알면 합격!

근우회

조직	신간회의 자매 단체, 여성계의 민족 유일당 운동의 일환으로 조직
활동	• 기관지인 『근우』 발간, 노동자의 권익 옹호와 신생활 운동 전개 • 강연회, 토론회 개최, 야학 설치 등 여성 계몽 운동 전개

현대 24일

하프모의고사 24회 정답·해설 현대 사회의 발전(1)

▶ 정답 한눈에 보기

| 01 | ② | 02 | ② | 03 | ④ | 04 | ③ | 05 | ③ |
| 06 | ③ | 07 | ② | 08 | ③ | 09 | ④ | 10 | ② |

▶ [현대 사회의 발전(1)] 출제 경향 & 빈출 키워드

출제 경향 현대는 대한민국 정부 수립 과정과 역대 정부가 시행한 정책을 묻는 문제가 자주 출제됩니다. 또한, 농지 개혁법, 민주화 운동, 평화 통일을 위한 노력, 시기별 경제 상황을 묻는 문제도 출제됩니다.

빈출 키워드 카이로 회담, 얄타 회담, 좌·우 합작 위원회, 김규식, 모스크바 3국 외상 회의, 여운형, 이승만, 반민족 행위 처벌법, 6·25 전쟁

---

01 조선 건국 준비 위원회 난이도 중 ●●○

자료분석
일시적 과도기에 있어서 국내 질서를 자주적으로 유지 → 조선 건국 준비 위원회

정답설명
② 조선 건국 준비 위원회가 선포한 국가 명칭은 조선 인민 공화국이다. 조선 건국 준비 위원회는 미군 진주에 앞서 미군과의 협상에서 유리한 입장을 차지하기 위해 조선 인민 공화국을 선포하였으나, 미 군정의 인정을 받지 못하였다. 한편 조선 민주주의 인민 공화국은 북한 정부의 정식 명칭이다.

오답분석
① 조선 건국 준비 위원회는 중도 좌파인 여운형과 중도 우파인 안재홍이 조선 건국 동맹을 개편하여 조직하였다.
③ 조선 건국 준비 위원회는 국내의 치안을 담당하기 위해 임시 치안 기구인 치안대를 설치하고 전국에 145개의 지부를 조직하였다.
④ 조선 건국 준비 위원회에 송진우, 김성수 등의 민족주의 우파는 임시 정부의 지지를 선언하며 참여하지 않았다.

02 좌·우 합작 위원회 난이도 중 ●●○

자료분석
좌우 합작 + 7원칙을 정함 → 좌·우 합작 위원회

정답설명
② 좌·우 합작 위원회는 중도 좌파인 여운형과 중도 우파인 김규식 등의 주도로 결성되었다.

오답분석
① 미 군정은 신탁 통치 문제로 인한 좌·우 세력의 혼란을 수습하기 위해 좌·우 합작 위원회의 초기 활동을 지원하였다.
③ 조소앙의 삼균주의를 바탕으로 한 건국 강령을 발표한 것은 대한민국 임시 정부이다.
④ 일본인들이 소유하였던 귀속 재산을 처리하기 위해 귀속 재산 처리법을 제정한 것은 이승만 정부 시기의 제헌 국회이다.

이것도 알면 합격!

좌·우 합작 운동

배경	제1차 미·소 공동 위원회 결렬(1946. 5.) → 이승만의 정읍 발언(1946. 6.)
전개	좌·우 합작 위원회 조직(1946. 7.) → 좌·우 합작 7원칙 발표(1946. 10.) → 남조선 과도 입법 의원 창립(1946. 12.)
결과	냉전 체제 강화로 인한 미 군정의 지원 철회 및 여운형 암살(1947. 7.)로 실패 → 좌·우 합작 위원회 해산(1947. 12.)

03 대한민국 정부 수립 과정 난이도 중 ●●○

정답설명
④ 순서대로 나열하면 (나) 모스크바 3국 외상 회의(1945. 12.) → (가) 제1차 미·소 공동 위원회 개최(1946. 3.) → (다) 남한만의 단독 선거 실시 결정(1948. 2.) → (라) 남북 제정당 사회 단체 연석 회의 개최(1948. 4.)가 된다.

(나) 모스크바 3국 외상 회의: 미국·영국·소련의 3국 외무장관은 한반도 문제에 대해 협의하기 위해 모스크바에서 회의를 개최하였다(1945.12.). 이 회의의 결과 미·소 공동 위원회 설치, 임시 민주 정부의 수립 지원 약속, 신탁 통치 실시 등이 결정되었다.

(가) 제1차 미·소 공동 위원회 개최: 모스크바 3국 외상 회의의 결정에 따라 제1차 미·소 공동 위원회가 개최되었다(1946. 3.).
(다) 남한만의 단독 선거 실시 결정: 유엔 소총회에서 '유엔 임시 위원단이 접근 가능한 지역에서의 선거 실시'가 결의(1948. 2.)되어, 사실상 남한만의 단독 선거 실시가 결정되었다.
(라) 남북 제정당 사회 단체 연석 회의 개최: 유엔 소총회에서 남한만의 단독 선거 실시가 결정되자, 김구는 김규식과 함께 북한에 남북 협상을 제의하였고, 북한의 김일성·김두봉과 함께 남북 제정당 사회 단체 연석 회의를 개최하였다(1948. 4., 남북 협상).

이것도 알면 합격!

남북 협상

배경	유엔 소총회의 남한 단독 선거 결정으로 남북 분단이 기정사실화
전개	• 김구가 '삼천만 동포에게 읍고함'이라는 성명을 발표하여 반발 • 김구와 김규식이 통일 정부 수립을 위한 남북 협상을 제의 • 김구, 김규식, 김일성, 김두봉을 중심으로 협상이 진행되어 남한의 단독 선거 실시와 단독 정부 수립 반대 및 미·소 군대의 철수 등 주장
결과	• 남북 협상은 미·소 간의 냉전 체제 강화로 실패 • 김구와 김규식 등은 5·10 총선거 불참을 선언

04 모스크바 3국 외상 회의 난이도 중 ●●○

자료분석

임시 민주주의 정부를 수립 + 공동 위원회가 설치될 것 → 모스크바 3국 외상 회의

정답설명

③ 한반도에서 미군과 소련군의 군정이 실시된 것은 광복 직후의 사실로, 모스크바 3국 외상 회의 이전의 사실이다.

오답분석

①, ② 모스크바 3국 외상 회의는 1945년 12월에 미국, 영국, 소련 3국의 외무 장관이 제2차 세계 대전의 전후 처리 문제를 위해 모스크바에서 개최한 회의이다.
④ 모스크바 3국 외상 회의에서는 미국, 영국, 소련, 중국의 4개국이 최고 5년간 한국을 신탁 통치할 것을 협의하였다.

05 남북 협상 난이도 상 ●●●

자료분석

남북 통일 + 김구 선생과 김규식 박사의 제안에 의하여 실현됨 → 남북 협상

정답설명

③ 남북 협상은 유엔 소총회에서 남한만의 단독 선거가 결정되자 이에 반대한 김구와 김규식이 북측 지도자인 김일성과 김두봉에게 제의한 정치 회담으로, 1948년 4월 평양에서 개최되었다.

오답분석

① 여수·순천 사건: 국가 보안법이 제정되는 계기가 된 사건은 여수·순천 사건이다.
②, ④ 좌·우 합작 7원칙: 미·소 공동 위원회의 재개를 요구하고, 몰수·유조건 몰수·체감 매상의 원칙에 따른 토지 분배를 주장한 것은 좌·우 합작 위원회가 발표한 좌·우 합작 7원칙이다.

06 이승만 난이도 하 ●○○

자료분석

무기한 휴회된 미·소 공위 + 남한만이라도 임시 정부 조직 → 정읍 발언 → 이승만

정답설명

③ 이승만은 우파 인사들을 중심으로 독립 촉성 중앙 협의회를 조직하였다. 이승만은 독립 촉성 중앙 협의회를 통해 자신을 중심으로 좌·우익을 아우르고자 하였으나 좌익 계열은 참여를 거부하였고, 남한의 우익 정당만을 잠정적으로 통합하였다.

오답분석

① 5·10 총선거에 불참한 인물은 김구 등의 남북 협상파이다. 이승만은 5·10 총선거에 참여하여 국회의원에 당선되었으며, 이후 국회 간선제를 통해 초대 대통령으로 선출되었다.
② 여운형: 조선 건국 동맹을 조직한 인물은 여운형이다. 여운형은 일제의 패망과 광복에 대비하여 1944년에 조선 건국 동맹을 조직하였다.
④ 김규식: 남조선 과도 입법 의원의 의장을 역임한 인물은 김규식이다. 김규식은 통일 임시 정부가 수립될 때까지 사용될 법령 초안을 작성하기 위해 미군정의 주도로 설립된 남조선 과도 입법 의원의 의장으로 추대되었다.

07 6·25 전쟁 시기의 사실 난이도 중 ●●○

자료분석

(가) 6·25 전쟁 발발(1950. 6.) ~ 인천 상륙 작전(1950. 9.)
(나) 인천 상륙 작전(1950. 9.) ~ 1·4 후퇴(1951. 1.)
(다) 1·4 후퇴(1951. 1.) ~ 휴전 회담 시작(1951. 7.)
(라) 휴전 회담 시작(1951. 7.) ~ 휴전 협정 체결(1953. 7.)

24회 정답·해설

정답설명
② (나) 시기인 1950년 12월에 흥남 철수 작전이 이루어졌다. 국군과 유엔군은 중국군의 참전(1950. 10.)으로 남쪽으로 밀려났으며, 특히 함경도 지역에서는 북한의 임시 수도를 공격하려던 장진호 전투의 패배로 국군과 유엔군의 퇴로가 차단되었다. 이로 인해 1950년 12월에는 대규모 해상 철수 작전인 흥남 철수가 이루어졌다.

오답분석
① (가) 이전: 미국의 태평양 극동 방위선에서 한국과 대만을 제외한다는 내용의 애치슨 선언이 발표(1950. 1.) 된 것은 (가) 시기 이전의 사실이다.
③ (라) 시기: 휴전 회담에 불만을 품은 이승만 정부가 회담의 쟁점이었던 2만 7천여 명의 반공 포로를 석방한 것(1953. 6.)은 (라) 시기의 사실이다.
④ (가) 이전: 한·미 상호 방위 원조 협정이 체결(1950. 1.)된 것은 (가) 이전의 사실이다. 한·미 상호 방위 원조 협정은 대한민국 정부와 미국 정부 간의 경제 및 군사 원조에 관한 내용을 골자로 한 협정이다.

이것도 알면 합격!
6·25 전쟁 전개 과정

6·25 전쟁 발발(1950. 6. 25.) → 국군 낙동강 유역까지 후퇴(1950. 6. 28.) → 유엔군 참전(1950. 7.) → 인천 상륙 작전(1950. 9. 15.) → 서울 수복(1950. 9. 28.) → 평양 탈환(1950. 10. 19.) → 중국군 개입(1950. 10. 25.) → 국군과 유엔군 서울 철수(1951. 1. 4.) → 휴전 회담(1951. 7.) → 휴전 협정 체결(1953. 7.)

08 제주 4·3 사건의 배경 — 난이도 중 ●●○

자료분석
55년 전(1948년) + 제주도에서 한국 현대사의 커다란 비극이 발생 → 제주 4·3 사건(1948)

정답설명
③ 1948년 2월 유엔 소총회에서 남한 단독 선거가 결정되었다. 이에 따라 5·10 총선거가 실시되게 되었고, 선거를 앞두고 제주도에서는 미군 철수와 남한 단독 선거 반대를 주장하는 남조선 노동당이 봉기하였다. 정부는 경찰과 우익 단체를 통해 이 봉기를 진압하였고, 이 과정에서 무고한 제주 도민들이 희생되었다(제주 4·3 사건).

오답분석
모두 제주 4·3 사건의 배경이 아니다.
① 여수·순천 10·19 사건은 여수 주둔 군대가 일으킨 사건으로 제주 4·3 사건 이후에 발생하였다. 이승만 정부는 단독 정부 수립을 반대하며 일어난 제주 4·3 사건을 진압하기 위해 여수에 주둔해 있던 부대의 출동을 지시하였다. 그러나 부대 내 좌파 세력이 이를 거부하고, 1948년 10월에 반란을 일으켜 순천, 광양, 벌교 등을 점령하였다.
② 6월 민주 항쟁: 연세대 학생 이한열이 시위 도중 경찰이 쏜 최루탄에 맞아 의식을 잃은 뒤 결국 사망한 것이 배경이 된 사건은 6월 민주 항쟁이다.
④ 북한의 기습 남침으로 발발한 전쟁은 6·25 전쟁(1950)으로, 제주 4·3 사건 이후에 발생하였다.

09 반민족 행위 처벌법 — 난이도 중 ●●○

자료분석
한·일 합병에 적극 협력한 자, 한국의 주권을 침해하는 문서에 조인한 자와 모의한 자는 사형 또는 무기 징역에 처함 → 반민족 행위 처벌법

정답설명
④ 친일 반민족 행위 진상 규명 위원회는 친일 반민족 행위의 진상을 규명하기 위해 노무현 정부 시기에 설치된 것으로, 반민족 행위 처벌법과는 관련이 없다.

오답분석
① 친일파를 처벌하기 위한 반민족 행위 처벌법은 제헌 국회에서 제정되었다.
② 반민족 행위 처벌법 시행을 위하여 반민족 행위 특별 조사 위원회와 특별 재판부가 구성되었다.
③ 반민족 행위 처벌법은 이승만 정부의 비협조와 반민특위 습격 사건 등으로 인해 공소 시효가 2년에서 1년으로 단축되었다.

10 카이로 회담 — 난이도 하 ●○○

자료분석
세 위대한 연합국(미국, 영국, 중국) + 적당한 시기에 한국을 자주 독립시킬 것을 결의 → 카이로 선언 → 카이로 회담

정답설명
② 카이로 회담은 1943년 11월에 미국의 루스벨트, 영국의 처칠, 중국의 장제스가 이집트 카이로에 모여 제2차 세계 대전 전후 처리에 관한 협의를 진행한 회담으로, 한국의 독립을 처음으로 보장한 국제 회담이었다.

오답분석
① 얄타 회담: 얄타 회담은 1945년 2월에 미국의 루스벨트, 영국의 처칠, 소련의 스탈린이 얄타에 모여 개최한 회담으로 독일의 분할 점령과 소련의 대일전 참전 등을 결의하였다.
③ 포츠담 회담: 포츠담 회담은 1945년 7월에 미국의 트루먼, 영국의 처칠, 소련의 스탈린이 독일의 포츠담에서 개최한 회담으로, 이때 일본의 무조건 항복을 권고하고 한국의 독립을 재확인한 포츠담 선언이 결의되었다.
④ 제네바 회담: 제네바 회담은 6·25 전쟁의 정전 협정 체결(1953) 이후인 1954년에 한국의 평화적 통일 방안을 모색하기 위해 개최한 국제적인 회담으로, 이 회담에는 유엔군 측 참전국과 한국 및 소련·중국·북한 등 19개국이 참가하였다.

25일 하프모의고사 25회 정답·해설 현대 사회의 발전(2)

정답 한눈에 보기

01	②	02	③	03	②	04	③	05	①
06	③	07	③	08	③	09	④	10	①

[현대 사회의 발전(2)] 출제 경향 & 빈출 키워드

출제 경향 현대는 대한민국 정부 수립 과정과 역대 정부가 시행한 정책을 묻는 문제가 자주 출제됩니다. 또한, 농지 개혁법, 민주화 운동, 평화 통일을 위한 노력, 시기별 경제 상황을 묻는 문제도 출제됩니다.

빈출 키워드 4·19 혁명, 경제 개발 5개년 계획, 한·일 기본 조약, 브라운 각서, 유신 헌법, 부·마 민주 항쟁, 5·18 민주화 운동, 6월 민주 항쟁

---

01 유신 헌법 시행 시기의 사실 난이도 하 ●○○

자료분석
대통령은 통일 주체 국민 회의에서 무기명 투표로 선거함 + 대통령의 임기는 6년으로 함 → 유신 헌법(1972~1980)

정답설명
② 유신 헌법 시행 시기인 1979년에 YH 무역 사건을 계기로 신민당 총재 김영삼이 의원직에서 제명되자, 김영삼의 지역구였던 부산과 마산 등지에서 유신 체제 반대 시위가 전개되었다(부·마 민주 항쟁).

오답분석
① 4·19 혁명이 전개된 것은 이승만 정부 시기인 1960년(제2차 개헌안 시기)이다.
③ 6·29 민주화 선언(1987)은 전두환 정부 시기에 발생한 6월 민주 항쟁의 결과 발표된 것으로, 유신 헌법 시행 시기 이후(제8차 개헌안 시기)의 사실이다.
④ 여수·순천 10·19 사건이 발생한 것은 이승만 정부 시기인 1948년(제헌 헌법 시기)이다. 여수·순천 10·19 사건은 여수에 주둔하고 있던 군대 내 좌익 세력이 제주 4·3 사건의 진압 명령을 거부하고 반란을 일으켜 순천, 광양, 벌교 등을 점령한 사건이다. 이 반란을 진압하는 과정에서 무고한 민간인이 다수 희생되었으며, 이 사건을 계기로 제헌 국회에서 국가 보안법이 제정되었다.

02 4·19 혁명 이후의 사실 난이도 중 ●●○

자료분석
마산, 서울 + 학생 데모 + 3·15 선거는 불법 선거 → 4·19 혁명(1960)

정답설명
③ 4·19 혁명 이후 장면 내각 시기에는 통일 논의가 활성화 되어 진보적 인사들을 중심으로 중립화 통일론과 남북 협상론 등이 제기되었다.

오답분석
모두 4·19 혁명 이전의 사실이다.
① 토지 분배를 위해 농지 개혁을 시작한 것은 4·19 혁명이 일어나기 이전인 1950년의 사실이다.
② 이승만 정부에 비판적이었던 경향신문은 4·19 혁명 이전인 1959년에 폐간되었다.
④ 대통령 직선제와 국회 양원제를 골자로 한 개헌인 발췌 개헌(제1차 개헌)은 4·19 혁명 이전인 1952년에 실시되었다.

이것도 알면 합격!

4·19 혁명 이후 통일 논의의 활성화

진보 진영	진보적 인사·학생들은 '중립화 통일론'과 '남북 협상론' 제기
장면 내각	• 이승만 정부의 북진 통일론 폐기 • 평화 통일론 채택, 그러나 남북 대화에는 소극적

03 장면 내각 시기의 사실 난이도 중 ●●○

자료분석
3·15 부정 선거 관련자 처벌 + 군의 정치적 중립 확보 → 장면 내각

정답설명
② 장면 내각은 경제 제일주의를 내걸고 자립 경제의 건설을 목표로 경제 개발 5개년 계획을 수립하였으나, 5·16 군사 정변으로 실행에 옮기지 못하였다.

오답분석

① **박정희 정부**: 중화학 공업화 정책을 추진하여 수출 100억 달러를 달성한 시기는 박정희 정부 때이다. 박정희 정부 때인 1970년대에는 중화학 공업 중심의 경제 성장 정책을 추진하여 1977년에 연간 수출 총액이 최초로 100억 달러를 돌파하였다.
③ **전두환 정부**: 3저 호황이 나타난 시기는 전두환 정부 때이다. 전두환 정부 때인 1980년대에는 저금리·저유가·저달러의 3저 호황을 맞이하였다.
④ **노태우 정부**: 소련, 중국과 외교 관계를 수립한 것은 노태우 정부 때이다. 노태우 정부는 대외적으로 동·서 진영의 긴장이 완화되는 데탕트 국면 속에서 소련, 중국 등과 외교 관계를 수립하는 북방 정책을 추진하였다.

04 브라운 각서 작성 시기   난이도 하 ●○○

자료분석

한국군의 현대화 계획을 위해 장비를 제공 + 한국의 경제 발전을 돕기 위한 추가 AID차관을 제공 → 브라운 각서(1966)
(가) 대한민국 정부 수립(1948) ~ 한·미 상호 방위 조약 체결(1953)
(나) 한·미 상호 방위 조약 체결(1953) ~ 5·16 군사 정변(1961)
(다) 5·16 군사 정변(1961) ~ 유신 헌법 공포(1972)
(라) 유신 헌법 공포(1972) ~ 10·26 사태(1979)

정답설명

③ (다) 시기인 1966년에 미국은 한국과 브라운 각서를 통해 한국군의 베트남 추가 파병에 대한 대가로 한국군의 현대화 및 미국 국제 개발처(AID)의 차관 제공 등의 경제 발전을 위한 원조에 합의하였다.

05 김영삼 정부   난이도 하 ●○○

자료분석

하나회 출신 고위 장성들을 보직 해임할 방침 → 김영삼 정부

정답설명

① 김영삼 정부는 전국 각지의 지방 자치 단체장 선거를 시행하여 지방 자치제를 전면적으로 실시하였다.

오답분석

② **박정희 정부**: 외화 수입을 위해 서독에 광부와 간호사를 파견한 것은 박정희 정부이다.
③ **노무현 정부**: 일제 강점기에 있었던 친일 반민족 행위를 조사하려는 목적으로 친일 반민족 행위 진상 규명 위원회를 조직한 것은 노무현 정부이다.
④ **김대중 정부**: 외환 위기로 인한 국제 통화 기금(IMF)의 관리 체제를 극복한 것은 김대중 정부이다.

06 대한민국 헌법 개정 과정   난이도 중 ●●○

정답설명

③ 순서대로 나열하면 (나) 사사오입 개헌(제2차 개헌, 1954) → (라) 3선 개헌(제6차 개헌, 1969) → (다) 제8차 개헌(1980) → (가) 제9차 개헌(1987)이 된다.
(나) **사사오입 개헌(제2차 개헌)**: 사사오입 개헌은 1954년에 이루어진 개헌으로, 당시 재임 중인 대통령, 즉 초대 대통령인 이승만에 대해 중임 제한 규정을 적용하지 않는 것을 주요 내용으로 하였다.
(라) **3선 개헌(제6차 개헌)**: 3선 개헌(제6차 개헌)은 1969년에 이루어진 개헌으로, 대통령의 3선 연임을 허용하는 것을 주요 내용으로 하였다.
(다) **제8차 개헌**: 제8차 개헌은 1980년에 이루어진 개헌으로, 대통령 선거인단에 의한 간접 선거와 7년 단임제를 주요 내용으로 하였다.
(가) **제9차 개헌**: 제9차 개헌은 1987년 6월 민주 항쟁의 결과 이루어진 개헌으로, 대통령 직선제 및 5년 단임제를 주요 내용으로 하였다.

이것도 알면 합격!

대한민국의 헌법 개정

구분	대통령 선출 방식
제헌 헌법(1948)	간선제
제1차 개헌(1952, 발췌 개헌)	직선제
제2차 개헌(1954, 사사오입 개헌)	
제3차 개헌(1960)	간선제
제4차 개헌(1960, 소급 입법 개헌)	
제5차 개헌(1962)	직선제
제6차 개헌(1969, 3선 개헌)	
제7차 개헌(1972, 유신 헌법)	간선제
제8차 개헌(1980)	
제9차 개헌(1987, 현행 헌법)	직선제

07 5·18 민주화 운동   난이도 중 ●●○

자료분석

과도 정부(신군부) + 광주 의거 + 진정한 민주 정부 수립을 요구 → 5·18 민주화 운동(1980)

정답설명

③ 5·18 민주화 운동은 10·26 사태와 12·12 사태 이후 정권을 장악한 전두환의 신군부 세력이 비상 계엄령을 전국으로 확대하자 광주에서 계엄령 철폐와 김대중 석방 등을 요구하며 전개되었다.

[오답분석]
① 4·19 혁명: 마산에서 열린 3·15 부정 선거 규탄 시위 도중 실종된 김주열 군의 시신이 바다에서 발견되면서 전개된 민주화 운동은 4·19 혁명이다.
② 6월 민주 항쟁: 박종철 고문 치사 사건을 계기로 발생한 민주화 운동은 6월 민주 항쟁이다. 6월 민주 항쟁은 박종철 고문 치사 사건, 4·13 호헌 조치, 이한열 사망 사건 등을 계기로 일어났다.
④ 부·마 민주 항쟁: 김영삼이 국회에서 제명된 것을 계기로 일어난 민주화 운동은 부·마 민주 항쟁이다. YH 무역 사건 이후 신민당 총재인 김영삼이 정부에 대한 정치 공세를 강화하자, 여당은 유신 체제에 비판적인 김영삼을 의원직에서 제명하였다. 이를 계기로 김영삼의 정치적 근거지인 부산과 마산에서 유신 체제에 반대하는 부·마 민주 항쟁이 전개되었다.

08 한·일 기본 조약   난이도 중 ●●○

[자료분석]
대한 제국과 일본 제국 간에 체결된 모든 조약 무효 + 대한민국 정부가 한반도의 유일한 합법 정부임을 확인함 → 한·일 기본 조약(한·일 협정)

[정답설명]
③ 대한민국은 일본과 '청구권·경제 협력에 관한 협정'을 포함하는 한·일 기본 조약을 체결하여 일본으로부터 독립 축하금 명목의 무상 자금 3억 달러, 정부 차관 2억 달러, 민간 상업 차관 3억 달러를 공여받기로 합의하였다.

[오답분석]
① 한·일 신협약(정미 7조약)은 고종의 강제 퇴위 이후 일제가 강제로 체결한 조약으로, 한·일 기본 조약과는 관련이 없다.
② 베트남 파병은 한·일 기본 조약과는 관련이 없다. 베트남 전쟁이 확대되자 미국은 한국에 파병을 요청하였다. 이에 박정희 정부는 미국과의 정치·군사 동맹을 강화하고, 경제 개발에 도움을 얻기 위해 파병을 결정하였다. 1964년 베트남 파병을 시작하였고, 1966년 브라운 각서를 체결하여 미국으로부터 한국군의 현대화 및 경제 발전을 위한 원조를 제공받기로 합의하였다.
④ 우리나라가 국제 통화 기금(IMF)의 긴급 금융 지원을 받은 것은 김영삼 정부 때로, 한·일 기본 조약과는 관련이 없다.

09 6월 민주 항쟁   난이도 중 ●●○

[자료분석]
고문 살인 조작 규탄 및 호헌 철폐 국민대회를 개최 → 6·10 국민 대회 → 6월 민주 항쟁

[정답설명]
④ 6월 민주 항쟁의 결과 당시 여당의 대통령 후보였던 노태우가 직선제 개헌과 기본권 보장 등을 주요 내용으로 하는 6·29 선언을 발표하였고, 이후 5년 단임의 대통령 직선제 개헌(제9차 개헌)이 이루어졌다.

[오답분석]
① 6월 민주 항쟁은 전두환 정부의 4·13 호헌 조치에 반발하여 대통령 직선제 개헌을 요구하며 일어난 민주화 운동이다. 한편, 유신 체제에 저항하여 나타난 민주화 운동으로는 부·마 민주 항쟁 등이 있다.
② 6·3 항쟁: 일본과의 국교 정상화에 반대하여 전개된 민주화 운동은 6·3 항쟁이다.
③ 4·19 혁명: 대통령이 하야하는 결과를 가져온 민주화 운동은 4·19 혁명이다.

[이것도 알면 합격!]

6월 민주 항쟁의 전개 과정

1천만 서명 운동 전개(직선제 개헌 요구, 1985. 12.) → 박종철 고문 치사 사건(1987. 1.) → 전두환 정부의 4·13 호헌 조치 발표(현행 헌법 유지) → 이한열 최루탄 피격 사건(1987. 6. 9.) → 6·10 국민 대회가 열려 전국 각지에서 국민 대회와 시위 전개, "호헌 철폐·독재 타도·민주 헌법 쟁취" 요구 → 6·29 선언(1987. 6. 29.) → 5년 단임의 대통령 직선제로 개헌(제9차 개헌)

10 김대중 정부 시기의 사실   난이도 중 ●●○

[자료분석]
평화적 정권 교체를 이룩한 첫 번째 민주 정부 + 노벨 평화상의 수상자 → 김대중 정부

[정답설명]
① 김대중 정부 시기에 금강산 관광이 처음 시작되었다. 1998년에 현대 그룹의 정주영 회장은 소 1000마리와 함께 북한을 방문하여 남북한의 화해 분위기 조성에 기여하였고, 방문의 성과로 현대 그룹은 북한과 금강산 관광 사업에 대해 합의하였다. 이를 계기로 1998년에 금강산 해로 관광이 처음 시작되었다.

[오답분석]
② 김영삼 정부: 일제 강점기에 우리나라를 지배하였던 식민 통치 기구인 조선 총독부 건물이 철거(1995)된 것은 김영삼 정부 시기의 사실이다.
③ 김영삼 정부: 우리나라가 경제 협력 개발 기구(OECD)에 가입(1996)한 것은 김영삼 정부 시기의 사실이다.
④ 노태우 정부: 여소야대 국면을 극복하기 위해 3당 합당이 이루어진 것은 노태우 정부 시기의 사실이다. 노태우 정부 때는 여당인 민주 정의당과 야당인 통일 민주당(김영삼), 신민주 공화당(김종필)의 합당으로 거대 여당인 민주 자유당이 창당(1990)되었다.

현대 26일 하프모의고사 26회 정답·해설 — 현대 사회의 발전(3)

정답 한눈에 보기

01	①	02	③	03	③	04	③	05	④
06	②	07	②	08	③	09	④	10	④

[현대 사회의 발전(3)] 출제 경향 & 빈출 키워드

출제 경향 현대는 대한민국 정부 수립 과정과 역대 정부가 시행한 정책을 묻는 문제가 자주 출제됩니다. 또한, 농지 개혁법, 민주화 운동, 평화 통일을 위한 노력, 시기별 경제 상황을 묻는 문제도 출제됩니다.

빈출 키워드 농지 개혁, 삼백 산업, 사사오입 개헌, 남북 조절 위원회, 한반도 비핵화 선언, 6·15 남북 공동 선언, 10·4 남북 공동 선언, 개성 공단

---

01 박정희 정부의 통일 정책 난이도 중 ●●○

자료분석
국민 교육 헌장 선포 1주년 → 박정희 정부

정답설명
① 박정희 정부는 북한과 7·4 남북 공동 성명에 합의하고, 남북 조절 위원회를 구성하였다. 남북 조절 위원회는 7·4 남북 공동 성명의 합의 사항을 추진하고, 남북 관계를 개선·발전시키기 위해 설립된 남북한 당국 간의 정치적 협의 기구이다.

오답분석
② 김대중 정부: 대북 화해 협력 정책(햇볕 정책)이 추진된 것은 김대중 정부 시기이다. 김대중 정부는 남북한 간의 긴장 관계를 완화하고, 교류와 협력을 증대하기 위해 대북 화해 협력 정책(햇볕 정책)을 추진하였고, 이러한 정책의 성과로 최초의 남북 정상 회담과 금강산 해로 관광 등이 시행되었다.
③ 전두환 정부: 민족 화합 민주 통일 방안을 제시한 것은 전두환 정부 시기이다. 전두환 정부는 남북 대표가 통일 헌법을 제정하고 이에 따라 총선거를 실시하여 통일 국회와 통일 정부를 구성하자는 민족 화합 민주 통일 방안을 제시하였다.
④ 전두환 정부: 최초의 이산가족 고향 방문이 실현된 것은 전두환 정부 시기이다.

02 김대중 정부의 통일 노력 난이도 중 ●●○

자료분석
남측의 연합제 안과 북측의 낮은 단계의 연방제 안이 공통성이 있다고 인정 → 6·15 남북 공동 선언 → 김대중 정부

정답설명
③ 김대중 정부는 분단 이후 최초로 남북 정상 회담을 성사시켰으며, 6·15 남북 공동 선언을 채택하여 개성 공업 지구(개성 공단) 건설과 경의선 철도 연결 등에 합의하였다.

오답분석
① 문재인 정부: 4·27 판문점 선언을 발표한 것은 문재인 정부 시기의 사실이다
② 노태우 정부: 남북한 상호 불가침과 교류·협력 확대 등에 대해 합의한 남북 기본 합의서를 채택한 것은 노태우 정부 시기의 사실이다.
④ 박정희 정부: 최초의 남북 적십자 회담을 개최한 것은 박정희 정부이다. 남북 적십자 회담은 대한 적십자사가 이산가족 문제 해결을 위해 추진한 회담이다.

03 한반도 비핵화 공동 선언 발표 시기 난이도 하 ●○○

자료분석
남과 북은 핵무기의 시험·제조·생산 등을 아니한다 + 핵 에너지를 오직 평화적 목적에만 이용 → 한반도 비핵화 공동 선언(1991)
(가) 6·25 전쟁 발발(1950) ~ 5·16 군사 정변(1961)
(나) 5·16 군사 정변(1961) ~ 서울 올림픽 대회 개최(1988)
(다) 서울 올림픽 대회 개최(1988) ~ 금융 실명제 실시(1993)
(라) 금융 실명제 실시(1993) ~ 김대중 대통령 당선(1997)

정답설명
③ 한반도 비핵화 공동 선언은 (다) 시기인 노태우 정부 시기에 발표되었다(1991. 12.). 노태우 정부 때 남북은 한반도를 비핵화하여 핵 전쟁의 위험을 제거하고, 평화 통일의 기반을 다지는 것은 물론 세계의 평화와 안전에 이바지하기 위해 한반도 비핵화 선언을 공동으로 채택하였다.

04 노무현 정부의 통일 노력   난이도 하 ●○○

자료분석

6·15 공동 선언을 고수함 + 경제 협력 사업을 적극 활성화함 → 10·4 남북 공동 선언 → 노무현 정부

정답설명

③ 노무현 정부는 김대중 정부의 대북 화해 협력 정책을 계승하여 2003년부터 금강산 육로 관광을 처음 시작하였다.

오답분석

① 노태우 정부: 남북한이 유엔에 동시 가입한 것은 노태우 정부이다.
② 노태우 정부: 한민족 공동체 통일 방안을 발표한 것은 노태우 정부이다.
④ 장면 내각: 유엔 감시 아래 남북한 총선거를 시행할 것을 주장한 것은 장면 내각이다. 장면 내각은 공식적인 통일 방안으로 '유엔 감시 아래 인구 비례에 의한 남북한 총선거'를 주장하였다.

05 이승만 정부 시기의 경제 상황   난이도 중 ●●○

자료분석

안전이 외부로부터 위협을 받고 있다고 인정할 때 협의함 + 대한민국 영토 내와 그 부근에 배치 → 한·미 상호 방위 조약(1953) → 이승만 정부

정답설명

④ 이승만 정부 시기에는 미국의 원조를 바탕으로 한 제분, 제당, 면방직 등의 소비재 공업(삼백 산업)이 발달하였다.

오답분석

① 박정희 정부: 베트남 전쟁 파병(1964~1973)에 따른 특수를 누린 것은 박정희 정부 때의 사실이다.
② 박정희 정부: 제3차 경제 개발 5개년 계획을 실시한 것은 박정희 정부 때의 사실이다. 박정희 정부는 제3차 경제 개발 5개년 계획(1972~1976)을 실시하여 수출 주도형 중화학 공업을 육성하였다.
③ 김영삼 정부: 외환 위기를 맞이하여 국제 통화 기금(IMF)의 구제 금융 지원을 받은 것은 김영삼 정부 때의 사실이다. 김영삼 정부 때는 준비 없는 개방화 정책과 무리한 과잉 중복 투자로 인해 외환 위기를 맞이하였으며, 결국 국제 통화 기금(IMF)에 구제 금융을 요청하게 되었다.

이것도 알면 합격!

미국의 경제 원조

원조 물품	농산물이 대부분, 소비재 원료(밀·목화·원당)
경제 효과	• 긍정적 측면: 삼백 산업 발달 • 부정적 측면: 대량의 농산물 유입으로 농산물 가격 폭락, 국내 밀·면화 생산 위축
원조 전환	1950년대 후반에 차관 방식으로 전환함

06 김영삼 정부 시기의 경제 상황   난이도 중 ●●○

자료분석

옛 조선 총독부를 철거함 → 역사 바로 세우기 운동 → 김영삼 정부

정답설명

② 김영삼 정부 시기에는 세계 무역 기구(WTO)에 가입하여 자유 무역 체제를 확대하였다.

오답분석

① 박정희 정부: 새마을 운동을 전개한 것은 박정희 정부 시기의 사실이다. 박정희 정부는 새마을 운동을 통해 농촌의 생활 환경 개선과 소득 증대에 일정한 성과를 올렸다.
③ 노무현 정부: 칠레와 자유 무역 협정(FTA)을 체결한 것은 노무현 정부 시기의 사실이다.
④ 박정희 정부: 건설업의 중동 진출로 제1차 석유 파동을 극복한 것은 박정희 정부 시기의 사실이다.

이것도 알면 합격!

김영삼 정부의 경제 활동

- 1993년: 금융 실명제 실시
- 1994년: 우루과이 라운드 타결
- 1995년: WTO(세계 무역 기구) 출범
- 1996년: OECD(경제 협력 개발 기구) 가입
- 1997년: IMF(국제 통화 기금)에 구제 금융 공식 요청

07 농지 개혁   난이도 중 ●●○

자료분석

제헌 헌법에 의거 + 농지를 농민에게 적절히 분배 → 농지 개혁

정답설명

② 이승만 정부가 추진한 농지 개혁에서는 1인당 농지 소유의 상한선을 최대 3정보로 규정하고, 그 이상의 보유 농지는 국가에서 유상으로 몰수하였다.

오답분석

① 남한의 농지 개혁(1950)은 북한 토지 개혁(1946)의 영향을 받아 시행되었다. 북한에서는 1946년에 무상 몰수·무상 분배 방식으로 토지 개혁이 실시되었으며, 이 영향으로 남한에서 토지 개혁에 대한 요구가 더욱 커졌다. 이에 제헌 국회는 1949년에 농지를 대상으로 한 농지 개혁법을 제정하고, 이듬해 농지 개혁을 실시하였다.
③ 농지 개혁에 따라 농지를 매각한 지주는 그 보상으로 지가 증권을 발급받았다. 이승만 정부는 재정 부족으로 인해 매수 토지에 대한 지가를 현금으로 보상할 수 없었다. 이에 평년 농지 생산량의 1.5배를 5년에 걸쳐 보상한다는 내용의 지가 증권을 지주에게 발행하였다. 그러나 보상의 지연과 6·25 전쟁에 따른 지가 증권의 가치 하락으로 경제적 손실을 겪은 지주들이 많았다.

④ 농지 개혁의 시행 결과, 소작농이 크게 감소하고 자영농이 증가하여 농민 중심의 토지 제도가 확립되었고, 지주제가 점차 소멸되었다.

③ 유신 헌법(제7차 개헌): 대통령이 국회의원의 3분의 1을 직접 지명하도록 규정한 것은 유신 헌법(제7차 개헌)이다.

08 박정희 정부의 경제 정책 난이도 하 ●○○

정답설명
③ 박정희 정부는 1970년대에 마산(1970)과 익산(1973)을 수출 자유 무역 지역으로 선정하여 외자를 유치하였다.

오답분석
① 이승만 정부: 한·미 원조 협정을 체결한 것은 이승만 정부 시기의 사실이다. 이승만 정부는 미국과 한·미 원조 협정을 체결하여 미국 정부가 한국 정부에 제공할 재정·기술 원조에 대한 사항들을 합의하였다.
② 미 군정기: 소작료를 총 수확량의 1/3을 초과하지 못하도록 하는 '최고 소작료 결정의 건'을 공포한 것은 미 군정기이다.
④ 김영삼 정부: 우루과이 라운드의 타결로 국내 쌀 시장과 서비스 시장이 개방된 것은 김영삼 정부 시기의 사실이다.

이것도 알면 합격!

경제 개발 5개년 계획의 추진

특징	· 정부 주도하에 수출 주도형의 성장 전략 실시 · 공업 분야를 중점적으로 육성하여 불균형 성장 초래 · 외자 도입 촉진법을 보완하는 등 외자를 적극적으로 도입
내용	· 제1·2차 경제 개발 계획 – 경공업 육성(노동 집약적 산업) – 사회 간접 자본 확충: 경부 고속도로 개통 · 제3·4차 경제 개발 계획 – 중화학 공업 육성 – 건설업의 중동 진출로 제1차 석유 파동 극복

10 현대의 교육 정책 난이도 중 ●●○

정답설명
④ 순서대로 바르게 나열하면 ⓒ 6-3-3 학제 마련(미 군정기) → ⓒ 중학교 무시험 진학 제도 실시(박정희 정부) → ㉠ 과외 금지 조치(전두환의 신군부) → ㉣ 초등학교 개칭(김영삼 정부)이 된다.

ⓒ 6-3-3 학제 마련: 미 군정기(1945~1948)에 미국식 민주주의 교육 원리가 반영되어 초등학교 6년, 중학교 3년, 고등학교 3년의 6-3-3 학제가 도입되었다.

ⓒ 중학교 무시험 진학 제도 실시: 박정희 정부 시기에 중학교 무시험 진학 제도가 실시되었다(1969학년도).

㉠ 과외 금지 조치: 전두환의 신군부는 7·30 교육 개혁을 통해 대입 본고사를 폐지하고, 과외 금지 조치를 내렸다(1980).

㉣ 초등학교 개칭: 김영삼 정부 시기에 역사 바로 세우기 운동의 일환으로 국민학교의 명칭을 초등학교로 바꾸었다(1996).

이것도 알면 합격!

우리나라의 시기별 교육 제도

미 군정기	6-3-3 학제 도입
이승만 정부	초등학교(당시는 국민학교) 의무 교육 실시
박정희 정부	국민 교육 헌장 선포(1968), 중학교 무시험 진학제 도입(1969), 고교 평준화 정책 실시(1974)
전두환 정부	· 과외 전면 금지, 대입 본고사 폐지 · 대학교 졸업 정원제 실시
김영삼 정부	대학 수학 능력 시험 실시(1993)
김대중 정부	중학교 무상 의무 교육 실시(2002)

09 사사오입 개헌안 난이도 중 ●●○

자료분석
1차 중임할 수 있음 + 헌법 공포 당시의 대통령에 대하여는 제한을 적용하지 않음 → 사사오입 개헌(제2차 개헌)

정답설명
④ 사사오입 개헌안은 국회 표결 결과 1표 차이로 부결되었지만 당시 여당이었던 자유당이 사사오입의 논리를 적용해 억지로 통과시켰다.

오답분석
① 유신 헌법(제7차 개헌): 통일 주체 국민 회의의 설치를 명시한 것은 유신 헌법(제7차 개헌)이다.
② 발췌 개헌(제1차 개헌): 6·25 전쟁 중에 임시 수도인 부산에서 통과된 것은 발췌 개헌(제1차 개헌)이다.

근현대 27일 하프모의고사 27회 정답·해설 근대 사회의 전개(1)~현대 사회의 발전(3)

▶ 정답 한눈에 보기

01	④	02	②	03	③	04	④	05	③
06	③	07	②	08	④	09	④	10	③

▶ [근대 사회의 전개(1)~현대 사회의 발전(3)] 출제 경향 & 빈출 키워드

출제 경향 근현대 시기는 사건을 중심으로 전후 상황을 파악해야 하는 문제가 자주 출제됩니다. 흥선 대원군의 개혁 정책과 동학 농민 운동의 전개 과정, 일제의 식민 통치 정책과 독립 운동 단체의 활동, 광복 전후 국내외 상황과 시기별 정부의 통일 정책 및 경제 상황 등이 출제됩니다.

빈출 키워드 한·일 신협약, 보안회, 민족 말살 통치, 김원봉, 형평 운동, 조봉암, 7·4 남북 공동 성명, 4·13 호헌 조치, 남북 기본 합의서

---

01 근대 | 신미양요와 제1차 갑오개혁 사이의 사실 난이도 중 ●●○

자료분석

(가) 미국 배가 광성진을 습격함 + 어재연 → 신미양요(1871)
(나) 노비에 관한 법을 일체 폐지 → 제1차 갑오개혁(1894. 6.)

정답설명

④ (가), (나) 사이 시기인 1881년에는 이만손을 비롯한 유생들이 『조선책략』의 유포에 반대하여 영남 만인소를 올렸다.

오답분석

① (나) 이후: 일본이 경복궁을 습격하여 친러 정책을 주도한 명성 황후를 시해(을미사변)한 것은 1895년으로, (나) 이후의 사실이다.
② (가) 이전: 독일 상인 오페르트가 흥선 대원군의 아버지인 남연군의 묘를 도굴하려 한 것은 1868년으로, (가) 이전의 사실이다.
③ (나) 이후: 서재필 등이 민중 계몽을 위하여 독립신문을 창간한 것은 1896년으로, (나) 이후의 사실이다. 독립신문은 우리나라 최초의 민간 신문으로, 한글판과 영문판으로 간행되었으며, 대중을 계몽하고, 외국인에게 국내 사정을 알리는 역할을 담당하였다.

---

02 근대 | 보안회 난이도 상 ●●●

자료분석

산림·천택·벌판의 황무지를 일본 사람이 청구 + 이것을 허가한다면 국가가 위급 → 보안회

정답설명

② 보안회는 송수만, 심상진 등이 결성한 애국 계몽 운동 단체로, 일본의 황무지 개간권 요구를 저지하였다.

오답분석

① 대한 자강회: 월보를 간행하고 전국 각지에 지회를 설치한 단체는 대한 자강회이다. 대한 자강회는 헌정 연구회의 후신으로 윤효정, 장지연을 중심으로 설립되었으며, 전국 각지에 25개 지회를 설치하였고, 교육 진흥·산업 개발·월보 간행·강연회 개최 등의 활동을 전개하였다.
③ 독립 협회: 만민 공동회를 개최하여 외국의 내정 간섭을 비판한 단체는 독립 협회이다.
④ 농광회사는 우리 손으로 직접 황무지를 개간하기 위해 1904년에 설립된 특허 회사로, 보안회와는 관련이 없다. 일본이 황무지 개간권을 요구하자 보안회를 중심으로 반대 운동이 전개되었고, 일부 민간 실업인과 정부 관리들은 농광 회사를 설립하여 직접 황무지를 개간하고자 하였다.

---

03 근대 | 한·일 신협약 체결 시기 난이도 중 ●●○

자료분석

시정 개선에 관하여 통감의 지도를 받음 + 중요한 행정상 처분은 미리 통감의 승인을 거침 → 한·일 신협약(정미 7조약, 1907)
(가) 대한국 국제 반포(1899) ~ 한·일 의정서 체결(1904)
(나) 한·일 의정서 체결(1904) ~ 을사늑약 체결(1905)
(다) 을사늑약 체결(1905) ~ 기유각서 체결(1909)
(라) 기유각서 체결(1909) ~ 조선 총독부 설치(1910)

정답설명

③ 한·일 신협약은 (다) 시기인 1907년에 체결되었다. 일본은 대한 제국과 한·일 신협약을 체결하여 법령 제정 등 행정 업무를 통감의 승인을 거치게 하는 등 통감의 권한을 강화하였다. 또한 비밀부수 각서를 통해 일본인 차관의 채용과 대한 제국의 군대 해산을 명시하여 내정 간섭을 강화하였다.

04 일제 강점기 | 김원봉　난이도 중 ●●○

자료분석

의열단 조직 + 민족 혁명당 조직 → 김원봉

정답설명

④ 김원봉은 약화된 통일 전선을 강화하기 위해 민족 혁명당을 중심으로 중도 좌파 단체를 모아 조선 민족 전선 연맹을 결성하였다.

오답분석

① 박용만: 하와이에서 대조선 국민 군단을 결성한 인물은 박용만이다.
② 안중근: 하얼빈에서 이토 히로부미를 사살한 인물은 안중근이다.
③ 지청천: 충칭으로 이동하여 한국광복군의 총사령관을 역임한 인물은 지청천이다.

05 일제 강점기 | 민족 말살 통치 시기의 사실　난이도 중 ●●○

자료분석

내선일체라는 국시 + 충량한 황국 신민으로 만듦 → 민족 말살 통치 시기(1931~1945)

정답설명

③ 민족 말살 통치 시기에 일제는 아침마다 일본 천황이 있는 궁성을 향해 절을 하도록 하는 궁성요배를 강요하였다.

오답분석

① 무단 통치 시기: 회사령이 제정된 것은 1910년으로, 무단 통치 시기의 사실이다.
② 문화 통치 시기: 미쓰야 협정이 체결된 것은 1925년으로, 문화 통치 시기의 사실이다.
④ 문화 통치 시기: 제2차 조선 교육령이 공포된 것은 1922년으로, 문화 통치 시기의 사실이다.

06 일제 강점기 | 형평 운동　난이도 중 ●●○

자료분석

백정의 칭호가 없어지고 평민이 된 우리들 + 40여 만의 단결 → 형평 운동

정답설명

③ 형평 운동은 1923년부터 전개된 백정들의 신분 해방 운동으로, 진주에서 이학찬을 중심으로 창립된 조선 형평사의 주도로 전개되었다.

오답분석

① 갑신정변: 혜상공국의 혁파를 주장한 것은 갑신정변 때의 사실이다.
② 3·1 운동: 중국의 5·4 운동에 영향을 주었던 민족 운동은 1919년에 일어난 3·1 운동이다.
④ 법적인 신분 제도는 형평 운동이 일어나기 이전인 제1차 갑오개혁(1894) 때 폐지되었다.

이것도 알면 합격!

형평 운동의 배경

- 갑오개혁 이후 법제적으로 신분제가 폐지되었지만 사회적 차별 잔존
- 총독부는 백정 출신의 호적에 '도한(屠漢)'이라고 기록하거나 이름 위에 붉은 점을 찍어 차별, 보통학교 입학 통지서에도 신분을 기재하여 차별

07 현대 | 조봉암　난이도 중 ●●○

자료분석

제3대 대통령 선거에 출마 + 평화 통일론 주장 + 진보당 창당 → (가) 조봉암

정답설명

② 조봉암은 제2대, 제3대 대통령 선거에 출마하였으며, 진보당을 창당하였다. 이후 그는 이승만 정부에 의해 국가 보안법 위반 혐의로 구속되어 사형당하였다.

오답분석

① 김종필: 김종필은 한·일 회담의 타결을 위해 일본의 외무장관 오히라와 회담하여 '대일 청구권 자금과 경제 협력 자금'에 합의하고 비밀 각서를 작성하였다.
③ 윤보선: 윤보선은 4·19 혁명 이후 치러진 대통령 선거를 통해 대한민국의 제4대 대통령(1960~1962)에 당선되었다.
④ 장준하: 장준하는 잡지 『사상계』의 발행인을 역임하였으며, 유신 반대 운동을 전개하였다.

08 현대 | 7·4 남북 공동 성명　난이도 중 ●●○

자료분석

자주적 + 평화적 방법 + 민족적 대단결 → 7·4 남북 공동 성명

정답설명

④ 7·4 남북 공동 성명에서 자주·평화·민족적 대단결이라는 통일의 3대 원칙에 합의하였으며, 통일 문제 해결을 목적으로 남북 조절 위원회를 구성하기로 하였다.

오답분석

① 7·4 남북 공동 성명은 박정희 정부 때인 1972년에 발표되었다.

② **남북 기본 합의서**: 남북 불가침을 위한 남북 군사 공동 위원회 설치를 명시한 문서는 노태우 정부 시기에 발표된 남북 기본 합의서이다.
③ 금강산 관광은 7·4 남북 공동 성명과 관련이 없다. 금강산 관광은 김대중 정부 시기에 대북 화해 협력 정책에 따라 처음 시작되었다.

이것도 알면 합격!

7·4 남북 공동 성명

내용	• 자주·평화·민족 대단결의 통일 원칙 천명 • 서울·평양 간 상설 직통 전화 개설과 남북 조절 위원회 설치
의의	통일에 관해 남북이 최초로 합의한 내용을 공동 성명 형식으로 동시 발표
한계	공동 성명 직후 남측은 10월 유신을 단행하고 북측은 사회주의 헌법을 제정하여 남북 대화를 독재 체제 강화에 이용

09 현대 | 전두환 정부 시기의 사실 난이도 중 ●●○

자료분석

보도 지침 + 컬러 TV 보급 + 프로 야구 출범 → (가) 전두환

정답설명

③ 전두환 정부 시기인 1987년에 기존의 간선제를 유지한다는 4·13 호헌 조치를 발표하자 6월 민주 항쟁이 전국적으로 일어났다.

오답분석

① **노태우 정부**: 서울 올림픽이 개최된 것은 1988년으로, 노태우 정부 시기의 사실이다.
② **이승만 정부**: 농지 개혁법이 제정된 것은 1949년 6월로, 이승만 정부 시기의 사실이다. 농지 개혁법은 경자유전의 원칙에 입각하여 제정되었으며, 1950년 3월에 법의 일부가 개정된 후 유상 매수, 유상 분배를 원칙으로 하여 본격적으로 시행되었다.
④ **김영삼 정부**: 국제 통화 기금(IMF)에 지원을 요청한 것은 1997년으로, 김영삼 정부 시기의 일이다.

10 현대 | 노태우 정부 시기의 통일 정책 난이도 중 ●●○

자료분석

상대방의 체제를 인정함 → 남북 기본 합의서 → 노태우 정부

정답설명

③ 노태우 정부 시기에 남북은 한반도 비핵화 공동 선언을 채택하여 핵 전쟁의 위험을 제거하고 평화 통일의 기반을 다지고자 하였다.

오답분석

① **노무현 정부**: 10·4 남북 공동 선언을 발표한 것은 노무현 정부 때이다. 노무현 정부 때 개최된 제2차 남북 정상 회담(2007)의 결과 6·15 남북 공동 선언을 재확인하고 종전 선언 추진 등에 합의한 10·4 남북 공동 선언이 발표되었다.
②, ④ **김대중 정부**: 분단 후 최초로 남북 정상 회담을 개최하고 경의선 철로 복원 사업을 착공한 것은 김대중 정부 때이다.

이것도 알면 합격!

노태우 정부 시기 통일을 위한 노력

7·7 특별 선언 (1988)	남북 관계를 선의의 동반자이며 함께 번영해야 할 민족 공동체 관계로 규정
한민족 공동체 통일 방안 (1989)	• 자주·평화·민주의 통일 3대 원칙 제시 • 점진적, 단계적인 통일 방안 제시(3단계)
남북한 유엔 동시 가입 (1991. 9.)	냉전 체제가 완화되는 국제 정세 속에 남한과 북한이 각각 유엔에 동시 가입함
남북 기본 합의서 (1991. 12. 13.)	• 7·4 남북 공동 성명의 통일 3대 원칙 재확인 • 남북 관계를 잠정적으로 형성된 특수한 관계로 인정 • 남북 화해, 상호 불가침, 교류·협력에 관한 기본 합의
한반도 비핵화 공동 선언 (1991. 12. 31.)	• 남북 기본 합의서 채택 직후 채택 • 핵 에너지를 평화적 목적에만 이용하기로 합의

전범위 28일 하프모의고사 28회 정답·해설 선사 시대의 전개~현대 사회의 발전(3)

▶ 정답 한눈에 보기

01	③	02	②	03	④	04	③	05	③
06	④	07	②	08	③	09	②	10	③

▶ [선사 시대의 전개~현대 사회의 발전(3)] 출제 경향 & 빈출 키워드

출제 경향 정치사에서는 각 나라별 주요 왕의 업적과 통치 체제를 묻는 문제가 가장 많이 출제되고 있습니다. 경제·사회사는 시대별 토지 제도와 사회 모습이 주로 출제되며, 문화사에서는 주요 승려의 활동, 역사서, 문화유산 문제가 자주 출제됩니다.

빈출 키워드 부여(사출도, 순장), 고구려(동맹), 장수왕, 최승로, 세조, 직전법, 박지원, 한전론, 대한매일신보, 신한청년당

---

01 선사 시대 | 부여 난이도 하 ●○○

자료분석
가축 이름으로 관직명을 정함 + 사출도를 다스림 → 부여

정답설명
③ 부여에는 왕이 죽으면 노비 등을 껴묻거리와 함께 묻는 순장의 풍습이 있었다.

오답분석
① 고구려: 매년 10월에 동맹이라는 제천 행사를 연 나라는 고구려이다.
② 동예: 단궁(활), 과하마(키가 작은 말), 반어피(바다표범 가죽) 등이 특산물로 유명하였던 나라는 동예이다.
④ 변한·진한: 아이가 태어나면 아이의 머리를 돌로 눌러 납작하게 하는 편두의 풍습이 있었던 나라는 삼한 중 변한과 진한이다.

02 고대 | 장수왕의 업적 난이도 하 ●○○

자료분석
백제의 서울 한성을 점령 + 개로왕을 죽임 → 장수왕

정답설명
② 장수왕은 아버지인 광개토 대왕의 업적을 기념하기 위해 광개토 대왕릉비를 건립하였다. 광개토 대왕릉비의 비문에는 고구려 건국 신화, 광개토 대왕의 정복 활동, 수묘인의 숫자와 관리 규정 등이 기록되어 있다.

오답분석
① 영양왕: 역사서인 『신집』을 편찬한 것은 영양왕이다. 『신집』 5권은 이문진이 왕명을 받아 『유기』 100권을 간추려 만든 역사서이다.

③ 유리왕: 수도를 졸본에서 국내성으로 옮긴 것은 유리왕이다. 한편, 장수왕은 국내성에서 평양으로 수도를 옮겼다.
④ 지증왕: 시장 감독 기관인 동시전을 설치한 것은 신라의 지증왕이다.

▶ 이것도 알면 합격!

장수왕의 업적

평양 천도	적극적인 남하 정책을 추진하기 위해 국내성에서 평양으로 천도함
영토 확장	• 지두우 지역을 분할 점령하여 흥안령 일대의 초원지대 장악 • 백제의 수도 한성을 함락하고, 남한강 지역(죽령 일대 ~ 남양만)까지 차지
비석 건립	광개토 대왕릉비: 아버지인 광개토 대왕의 업적을 기리기 위해 건립

03 고려 시대 | 최승로 난이도 중 ●●○

자료분석
광종께서는 예로써 아랫사람을 접함 → 5조 정적평 → 최승로

정답설명
④ 최승로는 고려 성종에게 시무 28조를 올려 국가 재정을 낭비하는 팔관회와 연등회 등 불교 행사의 축소와 폐지를 주장하였다.

오답분석
① 최치원(통일 신라): 성주사 낭혜화상 탑비의 비문을 작성한 인물은 최치원이다.
② 최충(고려): 9재 학당(문헌공도)을 설립하고, 학생들에게 9경과 3사를 중심으로 가르친 인물은 최충이다.

③ **홍자번(고려)**: 민생 안정을 위해 충렬왕에게 편민 18사를 올린 인물은 홍자번이다.

04 고려 시대 | 정동행성과 만권당 설치 사이의 사실 난이도 중 ●●○

자료분석

정동행성 설치(1280) → (가) → 만권당 설치(1314)

정답설명

③ (가) 시기인 1298년에 충선왕은 관제 개혁을 통해 사림원을 설치하여 왕명의 출납과 인사 행정을 담당하게 하였다.

오답분석

① **(가) 이전**: 화주에 쌍성총관부가 설치된 것은 고려 고종 때인 1258년으로, (가) 이전의 사실이다.
② **(가) 이후**: 이제현에 의해 『사략』이 편찬된 것은 공민왕 때인 1357년으로, (가) 이후의 사실이다.
④ **(가) 이후**: 정치와 경제 등을 개혁하기 위해 정치도감을 설치한 것은 충목왕 때인 1347년으로, (가) 이후의 사실이다.

05 조선 전기 | 세조 난이도 중 ●●○

자료분석

성삼문 + 옛 임금을 복위 → 단종 복위 운동 → 세조

정답설명

③ 세조는 관리에게 지급할 토지가 부족해지자 직전법을 실시하여 현직 관료에게만 수조권을 지급하였다.

오답분석

① **성종**: 역대 문장의 정수를 모은 『동문선』을 편찬한 왕은 성종이다.
② **문종**: 고조선에서 고려 말까지의 우리나라 전쟁사를 정리한 『동국병감』을 편찬한 왕은 문종이다.
④ 세조는 의정부 서사제를 폐지하고 6조 직계제를 시행하여 6조의 판서들이 국왕에게 직접 업무를 보고하도록 하였다.

🔖 이것도 알면 합격!

세조의 업적

왕권 강화 정책	6조 직계제를 부활시킴, 집현전 폐지, 『경국대전』 편찬 시작
군사 제도 정비	중앙군인 5위 정비, 진관 체제 실시
문화 정책	• 간경도감을 설치하여 불교 경전 간행, 원각사지 10층 석탑 건립 • 인지의와 규형 발명

06 조선 후기 | 박지원의 저서 난이도 하 ●○○

자료분석

허생 → 「허생전」 → 박지원의 저서

정답설명

④ 박지원은 토지 문제와 농촌 문제를 해결하기 위한 개혁안을 담은 『한민명전의』를 저술하였다. 박지원은 『한민명전의』에서 토지의 상한선을 설정하고 그 이상의 토지 소유를 금한다면 수십 년 후 매매와 상속을 통해 균등한 토지 소유가 가능해질 것이라는 한전론을 주장하였다.

오답분석

① **이익**: 『곽우록』을 저술한 인물은 이익이다. 이익은 『곽우록』에서 인사, 군제, 학교, 과거 등 국가적 당면 문제의 해결책을 제시하였다.
② **정약용**: 『목민심서』를 저술한 인물은 정약용이다. 정약용은 『목민심서』에서 지방 행정 개혁 및 수령이 지켜야 할 규범을 제시하였다.
③ **홍대용**: 『임하경륜』을 저술한 인물은 홍대용이다. 홍대용은 『임하경륜』에서 성인 남자에게 2결의 토지를 지급하자는 균전제를 주장하였다. 이외에도 양반의 생산 활동과 병농일치의 군사 제도 등에 대해 논하였다.

🔖 이것도 알면 합격!

박지원의 대표 저서

『열하일기』	청의 문물 소개, 상공업의 진흥 강조
『과농소초』	• 영농 방법의 혁신, 상업적 농업의 장려 • 부록인 「한민명전의」에서 토지 소유를 제한하는 한전론 주장
『양반전』, 『호질』, 「허생전」	양반 문벌 제도의 모순 비판

07 근대 | 러시아와 미국 난이도 중 ●●○

자료분석

(가) 영국이 (가)의 남하 정책을 견제하기 위하여 거문도 사건을 일으킴 → 러시아
(나) 민영익, 홍영식 등이 보빙사로 파견됨 → 미국

정답설명

② 미국은 조선이 처음으로 최혜국 대우를 보장한 나라이다. 조선은 조·미 수호 통상 조약을 체결하여 미국과 타국에 부여하고 있는 가장 유리한 대우를 조약을 체결한 상대국에게도 동일하게 부여하는 최혜국 대우를 보장하였다.

오답분석

① **미국**: 운산 금광 채굴권을 차지한 나라는 미국이다. 한편, 러시아는 경원·종성 광산 채굴권, 압록강·두만강·울릉도 삼림 채벌권을 차지하였다.
③ **일본**: 조사 시찰단이 파견된 나라는 일본이다. 조선은 일본의 정세를 파악하고, 각종 산업 시설을 시찰하기 위해 박정양, 어윤중 등으로 구성된 조사 시찰단을 파견하였다.
④ **러시아, 독일, 프랑스**: 삼국 간섭을 통해 일본을 견제한 나라는 러시아, 독일, 프랑스이다. 청·일 전쟁 이후 체결된 시모노세키 조약으로 일본이 청으로부터 랴오둥(요동) 반도를 할양받게 되자, 러시아와 독일, 프랑스는 일본에 랴오둥(요동) 반도를 청에 반환할 것을 요구하였다(삼국 간섭).

---

08 근대 | 대한매일신보 난이도 하 ●○○

자료분석

베델이 발간 → 대한매일신보

정답설명

③ 대한매일신보는 을사늑약의 불법성을 폭로하는 고종의 친서를 발표하여 고종이 을사늑약에 서명하지 않았음을 보도하였다.

오답분석

① **한성주보**: 우리나라 신문 최초로 상업 광고를 게재한 신문은 한성주보이다.
② **한성순보**: 10일에 한번씩 발간되었으며 관보적 성격을 띠었던 신문은 한성순보이다.
④ **만세보**: 천도교의 기관지로 일진회 등의 매국 행위를 주로 비판한 신문은 만세보이다.

---

09 일제 강점기 | 상하이 지역의 독립운동 난이도 중 ●●○

자료분석

대동 단결 선언을 발표 + 신한청년당이 조직됨 → 상하이

정답설명

② 상하이에서 신규식과 박은식 등의 주도로 동제사가 조직되었다. 동제사는 박달 학원 설립 등 청년 교육에 주력하였다.

오답분석

①, ④ **북만주**: 독립운동 기지인 한흥동이 건설되고, 민족 교육 실시를 위해 명동 학교가 설립된 지역은 북만주(북간도)이다.
③ **연해주**: 한인 동포들의 독립 투쟁 의지를 고취시키기 위해 해조신문 등의 신문이 발행된 지역은 연해주이다.

이것도 알면 합격!

1910년대 상하이의 민족 운동

동제사	• 신규식, 박은식, 조소앙 등이 조직한 비밀 결사(1912) • 박달 학원 설립 등 청년 교육에 주력
대동 보국단	• 신규식, 박은식 등이 조직(1915) • 잡지 『진단』 발간
신한 청년당	• 김규식, 여운형 등이 조직(1918), 신한청년보 발간 • 김규식을 파리 강화 회의에 파견해 독립 청원서 제출

---

10 현대 | 4·19 혁명과 유신 헌법 공포 사이의 사실 난이도 중 ●●○

자료분석

4·19 혁명 발발(1960) → (가) → 유신 헌법 공포(1972)

정답설명

③ (가) 시기인 1961년에는 5·16 군사 정변으로 정권을 장악한 박정희 등의 군부 세력이 국가 재건 최고 회의를 조직하여 군정을 실시하였다.

오답분석

① **(가) 이전**: 미 군정기에 몰수된 일본인의 재산을 처리하기 위해 귀속 재산 처리법이 공포된 것은 (가) 시기 이전인 1949년의 사실이다.
② **(가) 이후**: 유신 체제에 대한 저항으로 명동 성당에서 3·1 민주 구국 선언이 발표된 것은 (가) 시기 이후인 1976년의 사실이다.
④ **(가) 이전**: 진보당 사건으로 조봉암이 사형된 것은 (가) 시기 이전인 1959년의 사실이다.

전범위 29일 하프모의고사 29회 정답·해설
선사 시대의 전개~현대 사회의 발전(3)

정답 한눈에 보기

01	③	02	②	03	③	04	④	05	④
06	④	07	③	08	②	09	④	10	④

[선사 시대의 전개~현대 사회의 발전(3)] 출제 경향 & 빈출 키워드

출제 경향 정치사에서는 각 나라별 주요 왕의 업적과 통치 체제를 묻는 문제가 가장 많이 출제되고 있습니다. 경제·사회사는 시대별 토지 제도와 사회 모습이 주로 출제되며, 문화사에서는 주요 승려의 활동, 역사서, 문화유산 문제가 자주 출제됩니다.

빈출 키워드 아슐리안형 주먹 도끼, 부산 동삼동 유적, 발해 무왕, 고창 전투, 『동명왕편』, 사림, 균역법, 조·일 통상 장정 개정, 홍범 14조, 브나로드 운동, 3저 호황

---

01 선사 시대 | 신석기 시대의 유적과 유물 난이도 하 ●○○

정답설명
③ 신석기 시대의 유적인 부산 동삼동 유적에서는 조개 껍데기 가면이 출토되었으며, 일본산 흑요석기 등이 출토되었다.

오답분석
① **청동기 시대**: 불에 탄 쌀이 발견된 여주 흔암리 유적은 청동기 시대의 유적이다. 이 유적을 통해 청동기 시대에 벼농사가 시작되었음을 알 수 있다.
② **구석기 시대**: 흥수 아이라고 불리는 인골이 발견된 청원 두루봉 동굴 유적은 구석기 시대의 유적이다.
④ **구석기 시대**: 돌의 양면을 가공한 아슐리안형 주먹 도끼가 출토된 연천 전곡리 유적은 구석기 시대의 유적이다.

02 고대 | 발해 무왕 재위 시기의 사실 난이도 중 ●●○

자료분석
당 산둥 지방의 덩저우를 선제공격함 → 발해 무왕 재위 시기

정답설명
② 발해 무왕 때는 '인안'이라는 독자적인 연호를 사용하였다.

오답분석
①, ④ **발해 선왕**: 발해가 당으로부터 '바다 동쪽의 번성한 나라'라는 뜻의 해동성국으로 불리고, 5경 15부 62주의 지방 행정 체제를 완비한 것은 발해 선왕 때이다.
③ **발해 문왕**: 상경 용천부에서 동경 용원부로 천도한 것은 발해 문왕 때이다.

03 고려 시대 | 후삼국 통일 과정 난이도 하 ●○○

정답설명
③ 바르게 나열하면 (다) 경애왕 살해(927) → (가) 고창 전투(930) → (라) 견훤의 고려 투항(935) → (나) 일리천 전투(936)가 된다.
(다) **경애왕 살해(927)**: 후백제의 견훤은 경주를 침공하여 경애왕을 살해하고, 경순왕을 신라 왕으로 세웠다.
(가) **고창 전투(930)**: 고려군은 고창(경북 안동) 전투에서 견훤의 후백제군을 패퇴시키고 후삼국의 주도권을 잡게 되었다.
(라) **견훤의 고려 투항(935)**: 신검이 견훤을 금산사에 유폐하자 견훤은 금산사를 탈출하여 고려에 투항하였다.
(나) **일리천 전투(936)**: 고려군은 일리천 전투에서 신검의 후백제군을 크게 격파하여 후백제를 멸망시키고 후삼국을 통일하였다.

이것도 알면 합격!

후삼국 통일 과정
신라 경애왕이 살해됨(927) → 공산 전투(927) → 고창(안동) 전투(930) → 운주(홍성) 전투(934) → 견훤의 금산사 유폐, 경순왕 항복(935) → 일리천(선산) 전투(936) → 후백제 멸망, 후삼국 통일(936)

04 고려 시대 | 『동명왕편』 난이도 중 ●●○

자료분석
동명왕의 본기 + 허구가 아니고 신성한 것 → 『동명왕편』

정답설명
④ 『동명왕편』은 이규보가 동명왕(주몽)의 고구려 건국 설화를 5언시체로 재구성하여 쓴 영웅 서사시이다.

오답분석
① 『삼국유사』: 「왕력」, 「기이」, 「흥법」, 「탑상」, 「의해」 등으로 구성된 것은 『삼국유사』이다.
②, ③ 『제왕운기』: 상권에서 중국사를 7언시로, 하권에서 우리나라의 역사를 5언시로 서술하였으며, 발해의 역사를 처음으로 우리 민족의 역사로 포함시킨 것은 『제왕운기』이다.

05 조선 전기 | 사림   난이도 하 ●○○

정답설명
④ 사장(詞章)을 중시하였고, 성리학 이외의 타 사상에 대해 개방적이었던 것은 훈구이다.

오답분석
① 사림은 도덕과 의리를 바탕으로 하는 왕도 정치를 추구하였으며, 유교 윤리가 담긴 『소학』과 『주자가례』를 중시하였다.
② 사림은 고려 말 역성 혁명에 반대하고 고려 왕조의 유지를 주장한 정몽주, 길재와 같은 온건파 사대부들의 학통을 계승하였다.
③ 사림은 15세기 중반 이후에 영남과 기호 지방의 중소 지주 출신들을 중심으로 성장하였다.

🔖 이것도 알면 합격!
사림

기원	고려 말 온건파 사대부
경제적 기반	영남·기호 지방의 중소 지주
정치적 성향	향촌 자치를 내세우며 도덕과 의리를 바탕으로 하는 왕도 정치 강조
학풍	경학 중시, 성리학 이외의 사상 배척

06 조선 후기 | 균역법   난이도 중 ●●○

자료분석
2필 양역의 폐단이 나라를 망치는 근저 + 1필로 줄이는 정책을 행하지 않을 수 없음 → 균역법

정답설명
④ 균역법이 실시되면서 군포 납부액이 절반으로 줄어들자 정부에서는 줄어든 재정을 보충하기 위해 선무군관포를 징수하였다.

오답분석
① 호포법: 양반들도 군포를 납부하게 한 것은 고종 때 흥선 대원군이 실시한 호포법이다. 호포법은 흥선 대원군이 군정의 문란을 시정하기 위해 종래 상민에게만 징수하던 군포를 양반에게도 징수하도록 한 제도였다.

② 결작은 균역법의 실시 결과 부족해진 국가 재정을 보충하기 위해 토지 1결당 미곡 2두를 부과한 제도로, 양역변통론 중 토지를 기준으로 군포를 징수하자는 결포론이 일부 반영된 제도이다.
③ 도결(토지에 잡세를 부과하여 정액 이상의 세를 수취)과 은결(토지 대장에 기록되지 않은 땅에 징세)은 전세 제도(전정)의 문란에 해당한다. 균역법은 족징과 인징(친족·이웃에게 도망자의 체납분 징수), 황구첨정과 백골징포(어린이·사망자에게 군포 부과) 등 군정의 문란을 해결하기 위해 실시한 제도였다.

🔖 이것도 알면 합격!
균역법

배경	군포 징수의 문란, 농민들의 군포 부담 증가
내용	• 1년에 군포 1필만 부과 • 재정 감소 보완책: 어장세·염세·선박세 부과, 결작(토지 소유자에게 1결당 2두 부과), 선무군관포(일부 부유한 평민층에게 명예직을 수여하고 군포 1필 징수)
결과	농민들의 군포 부담 감소, 결작이 소작농에게 전가되는 문제점 발생

07 근대 | 조·일 통상 장정 개정   난이도 중 ●●○

자료분석
쌀 수출을 금지하려고 할 때에는 1개월 전에 통지 → 방곡령 → 조·일 통상 장정 개정

정답설명
③ 조·일 통상 장정 개정에서는 일본 관리와 백성에 대한 최혜국 대우를 인정하였다.

오답분석
① 조·청 상민 수륙 무역 장정: 조선이 청의 속방이라는 것을 명시한 조약은 1882년에 체결된 조·청 상민 수륙 무역 장정이다.
② 조·일 무역 규칙(조·일 통상 장정): 일본 상선에 대한 무항세 조항이 포함된 조약은 1876년에 체결된 조·일 무역 규칙(조·일 통상 장정)이다.
④ 조·일 수호 조규 부록: 일본인의 활동 범위를 개항장으로부터 10리 이내로 제한한 조약은 1876년에 체결된 조·일 수호 조규 부록이다.

🔖 이것도 알면 합격!
조·일 통상 장정

구분	시기	내용
조·일 통상 장정 (조·일 무역 규칙)	1876년 체결	• 양곡의 무제한 유출 허용 • 수출입 상품에 대한 관세 없음
개정 조·일 통상 장정	1883년 개정	• 관세 및 최혜국 대우 규정 • 방곡령 규정(시행 1개월 전에 통고해야 함)

08 근대 | 홍범 14조   난이도 중 ●●○

자료분석

제2차 갑오개혁 때 고종이 국정 개혁의 기본 강령으로 반포함 → (가) 홍범 14조

정답설명

② 홍범 14조의 제4조에는 왕실 사무와 국정 사무를 분리한다는 내용이 포함되어 있다. 고종은 이를 통해 근대적 내각 제도의 확립을 추구하였다.

오답분석

① 14개조 혁신 정강: 의정부와 6조 외에 불필요한 관청을 없애도록 한 것은 갑신정변 때 발표된 14개조 혁신 정강의 내용이다.
③ 폐정 개혁안 12개조: 7종 천인의 대우를 개선하고 백정이 쓰는 평량갓은 없애도록 한 것은 동학 농민군이 제시한 폐정 개혁안 12개조의 내용이다.
④ 헌의 6조: 국가 재정은 탁지부에서 전담하고 예산과 결산은 인민에게 공포하도록 한 것은 독립 협회가 결의한 헌의 6조의 내용이다.

이것도 알면 합격!

홍범 14조

제1조 청에 의존하는 생각을 버리고 자주 독립의 기초를 세운다.
제2조 왕실 전범을 제정하여 왕위 계승의 법칙 및 종친과 외척과의 구별을 명확히 한다.
제3조 임금은 각 대신과 의논하여 정사를 행하고 종실, 외척의 내정 간섭을 용납하지 않는다.
제4조 왕실 사무와 국정 사무를 나누어 혼동하지 않는다.
제5조 의정부 및 각 아문의 직무, 권한을 명백히 규정한다.
제6조 납세는 법으로 정하고 함부로 세금을 징수하지 아니한다.
제7조 조세의 징수와 경비 지출은 모두 탁지아문의 관할에 속한다.
제8조 왕실의 경비는 솔선하여 절약하고, 이로써 각 아문과 지방관의 모범이 되게 한다.
제9조 왕실과 관부의 1년 회계를 예정하여 재정의 기초를 확립한다.
제10조 지방 제도를 개정하여 지방 관리의 직권을 제한한다.
제11조 총명한 젊은이들을 파견하여 외국의 학술, 기예를 견습시킨다.
제12조 장교를 교육하고 징병을 실시하여 군제의 근본을 확립한다.
제13조 민법, 형법을 제정하여 인민의 생명과 재산을 보전한다.
제14조 문벌을 가리지 않고 인재 등용의 길을 넓힌다.

09 일제 강점기 | 브나로드 운동   난이도 중 ●●○

자료분석

민중의 계몽자가 되고, 민중의 지도자가 되어라 + 동아일보 → 브나로드 운동

정답설명

④ 브나로드 운동은 동아일보가 주도하고 학생들이 중심이 되어 전개된 계몽 운동으로, 미신 타파, 구습 제거, 농촌 계몽, 한글 보급 등을 추진하였다.

오답분석

① 신간회가 결성된 것은 브나로드 운동(1931~1934)이 전개되기 이전인 1927년의 사실이다.
② 물산 장려 운동: '내 살림 내 것으로'의 구호를 내세운 운동은 물산 장려 운동이다.
③ 광주 학생 항일 운동: 광주 지역의 독서회가 중심이 되어 일어난 운동은 광주 학생 항일 운동이다. 광주 학생 항일 운동은 광주의 학생 조직인 독서회가 주도하여 일어났고, 이후 전국으로 확산되었다.

10 현대 | 전두환 정부 시기의 경제 상황   난이도 중 ●●○

자료분석

여야 합의 + 대통령 직선제 개헌 → 6·29 선언 → 전두환 정부

정답설명

④ 전두환 정부 때 우리나라 경제는 저금리, 저유가, 저달러의 일명 3저 호황으로 물가가 안정되고, 경제 성장을 계속해 나갈 수 있었다.

오답분석

① 박정희 정부: 경부 고속 국도가 건설된 것은 박정희 정부 때이다.
② 김영삼 정부: 금융 실명제를 전면적으로 실시한 것은 김영삼 정부 때이다.
③ 김대중 정부: 금 모으기 운동을 전개하여 외환 위기를 극복한 것은 김대중 정부 때이다.

30일 하프모의고사 30회 정답·해설
선사 시대의 전개~현대 사회의 발전(3)

정답 한눈에 보기

| 01 | ④ | 02 | ③ | 03 | ④ | 04 | ① | 05 | ② |
| 06 | ② | 07 | ④ | 08 | ③ | 09 | ② | 10 | ④ |

[선사 시대의 전개~현대 사회의 발전(3)] 출제 경향 & 빈출 키워드

출제 경향 정치사에서는 각 나라별 주요 왕의 업적과 통치 체제를 묻는 문제가 가장 많이 출제되고 있습니다. 경제·사회사는 시대별 토지 제도와 사회 모습이 주로 출제되며, 문화사에서는 주요 승려의 활동, 역사서, 문화유산 문제가 자주 출제됩니다.

빈출 키워드 광개토 대왕, 의상, 향리, 의창, 승정원, 홍문관, 제너럴셔먼호 사건, 운요호 사건, 제2차 조선 교육령, 미·소 공동 위원회

---

01 고대 | 광개토 대왕의 업적 난이도 하 ●○○

자료분석
영락 + 몸소 수군을 이끌고 백잔(백제)을 토벌 → 광개토 대왕

정답설명
④ 광개토 대왕은 대규모 정복 사업을 통하여 숙신(여진)과 비려(거란)를 정벌하고 북쪽의 만주 일대를 차지하였다.

오답분석
① 소수림왕: 불교를 수용하고 태학을 설립한 왕은 소수림왕이다.
② 미천왕: 중국이 혼란스러운 틈을 타 서안평을 점령하고 요동으로 진출한 왕은 미천왕이다.
③ 고국천왕: 빈민을 구제하기 위해 진대법을 처음 실시한 왕은 고국천왕이다.

02 고대 | 의상 난이도 중 ●●○

자료분석
당나라에 감 + 부석사를 창건함 → 의상

정답설명
③ 의상은 모든 존재가 서로 의존하며 조화를 이룬다는 화엄 사상을 정립하고, 해동 화엄종을 개창하였다.

오답분석
① 원측(통일 신라): 유식학을 발전시켜 서명학파를 형성한 인물은 원측이다.
② 균여(고려): 보현십원가를 지어 불교의 대중화를 꾀한 인물은 균여이다.

④ 원효(통일 신라): 『십문화쟁론』을 지어 종파 간의 대립을 극복하려 한 인물은 원효이다.

이것도 알면 합격!

의상

화엄 사상의 정립	• 모든 존재가 상호 의존적이면서 서로 조화를 이루고 있다는 화엄 사상 정립(『화엄일승법계도』) • '일즉다 다즉일'의 원융 사상은 전제 왕권 중심의 중앙 집권적 통치 체제를 뒷받침함
관음 신앙 전파	질병이나 재해 등 인간의 현실적 고뇌를 해결해 주는 관(세)음보살을 신봉하는 관음 신앙 전파

03 고려 시대 | 고려 시대의 향리 난이도 중 ●●○

자료분석
호장이라 함 + 강등하여 (가)(으)로 만듦 → (가) 향리

정답설명
④ 고려 시대의 향리는 지방관이 파견되지 않은 속현에서 조세와 공물의 징수 등의 지방 행정 실무를 담당하였다.

오답분석
① 고려 시대의 향리는 역의 대가로 외역전을 지급받았다.
② 사심관에 임명되어 해당 지역을 통제한 것은 향리가 아닌 중앙에 거주하는 현직 고관이다.
③ 고려 시대의 상층 향리는 지방의 실질적인 지배층으로, 과거에 응시하여 중앙 관직에 진출할 수 있었다.

이것도 알면 합격!

고려와 조선의 향리

구분	고려의 향리	조선의 향리
공통점	직역 세습	
보수	외역전 지급받음	보수 없음
과거 응시	허용	문과 응시 제한
역할	실무 행정 담당	수령의 실무를 보좌하는 아전으로 격하

04 고려 시대 | 의창 난이도 하 ●○○

자료분석

흑창의 이름을 고침 → (가) 의창

정답설명

① 의창은 춘대추납의 방법으로 빈민을 구휼하는 역할을 하는 기관으로, 고려 성종이 태조 왕건 때 만들어진 흑창을 확대·개편하여 설치하였다.

오답분석

② 상평창은 고려 성종 대에 개경과 서경, 12목에 물가 조절을 위하여 설치된 기구이다.
③ 제위보는 고려 광종 때 일정 기금을 만들어 그 이자로 빈민을 구제한 기구이다.
④ 구제도감은 고려 예종 때 병자의 치료와 빈민 구제를 위해 설치된 임시 기구이다.

05 조선 전기 | 조선의 중앙 통치 조직 난이도 하 ●○○

정답설명

② 의금부는 대역·모반죄 등 왕권의 안위와 관계된 중죄 등을 처결하였다. 한편, 노비와 관련된 사법 문제 처리를 담당한 것은 장례원이다.

오답분석

① 승정원은 국왕의 비서 조직으로 왕명의 출납을 담당하였으며, 도승지 이하 6명의 승지가 6조를 각각 분담하였다.
③ 예문관의 하급 관원은 사관의 임무를 맡아 『실록』의 기초가 되는 「사초」를 작성하였다.
④ 홍문관은 집현전을 계승한 조직으로, 정2품 대제학을 중심으로 운영되었다. 홍문관에서는 경연과 학술 연구, 정책 자문 등의 역할을 담당하였다.

06 조선 후기 | 허균 난이도 중 ●●○

자료분석

(홍)길동이 열 살이 넘도록 감히 부형을 부르지 못함 → 『홍길동전』 → 허균

정답설명

② 허균은 「유재론」에서 신분 제도에 근거한 불평등한 인재 등용 정책을 비판하고, 능력에 따른 인재 등용을 주장하였다.

오답분석

① 박지원: 『양반전』, 「호질」 등의 한문 소설을 지어 양반의 허례와 무능을 풍자한 인물은 박지원이다.
③ 유수원: 『우서』에서 상공업 진흥을 위해 사농공상의 평등과 전문화를 주장한 인물은 유수원이다.
④ 정약용: 우리나라 강역에 관한 역사 지리서인 『아방강역고』를 지어 역사 지리에 대한 이해를 심화시킨 인물은 정약용이다. 정약용은 『아방강역고』에서 고조선 이래의 역대의 수도, 하천 등의 위치를 새롭게 고증하였다.

07 근대 | 제너럴셔먼호 사건과 운요호 사건 사이의 사실 난이도 중 ●●○

자료분석

제너럴셔먼호 사건(1866. 7.) → (가) → 운요호 사건(1875)

정답설명

④ (가) 시기인 1866년 9월에 병인양요가 일어나자, 양헌수는 정족산성에서, 한성근은 문수산성에서 프랑스군을 격퇴하였다.

오답분석

① 운요호 사건 이후: 조선은 운요호 사건 이후인 1880년에 개화 정책을 총괄하기 위해 청의 제도를 모방하여 통리기무아문을 설치하였다.
② 운요호 사건 이후: 교육 입국 조서는 1895년에 고종이 교육의 중요성을 강조하며 발표한 조서로, 근대식 학제가 마련되고 한성 사범 학교가 설립되는 계기가 되었다.
③ 운요호 사건 이후: 조·미 수호 통상 조약은 조선이 서양과 맺은 최초의 근대적 조약으로, 운요호 사건 이후인 1882년에 체결되었다.

08 일제 강점기 | 제2차 조선 교육령 시행 시기의 독립운동 난이도 상 ●●●

자료분석

보통학교의 수업 연한은 6년으로 함 → 제2차 조선 교육령(1922~1938)

정답설명

③ 제2차 조선 교육령이 시행되던 1929년에 광주 학생 항일 운동이 전개되었다. 광주의 통학 열차 안에서 발생한 한·일 학생 간의 충돌에 대해 일본 경찰이 편파적으로 수사한 것을 계기로 학생들이 식민 차별 교육 철폐, 한국인 본위의 교육 제도 확립 등을 주장하며 광주 학생 항일 운동을 전개하였다.

오답분석
모두 제2차 조선 교육령이 시행되기 이전의 사실이다.
① 독립 의군부는 임병찬이 고종의 비밀 지령을 받아 의병과 유생을 규합하여 1912년에 결성된 단체로, 대한 제국의 회복과 왕정복고를 목적으로 하는 복벽주의를 표방하였다.
② 신흥 무관 학교는 서간도 지역에서 이회영 등의 신민회 인사들을 중심으로 1919년에 독립군 양성을 위한 목적으로 설립되었다.
④ 도쿄 유학생을 중심으로 조직된 조선 청년 독립단에서 1919년에 한국의 독립을 요구한 2·8 독립 선언서를 발표하였다.

09 현대 | 노무현 정부 시기의 사실 난이도 중 ●●○

자료분석
친일 반민족 행위 진상 규명 위원회 설립 + 과거사 정리 위원회 설립 → 노무현 정부

정답설명
② 노무현 정부 시기인 2005년에 호주를 중심으로 가족 구성원들의 출생, 혼인, 사망 등의 신분 변동을 기록하는 호주제를 폐지하였다.

오답분석
① 김대중 정부: 여성부를 신설한 것은 2001년으로, 김대중 정부 시기의 사실이다.
③ 문재인 정부: 평창 동계 올림픽이 개최된 것은 2018년으로, 문재인 정부 시기의 사실이다.
④ 김영삼 정부: 전국 민주 노동 조합 총연맹이 결성된 것은 1995년으로, 김영삼 정부 시기의 사실이다.

이것도 알면 합격!

노무현 정부

사회	KTX 개통(2004), 호주제 폐지(2005), 국민 참여 재판 채택
경제	한·칠레 FTA 체결(2004), 한·미 FTA 체결(2007)
통일	• 제2차 남북 정상 회담 개최(2007) • 10·4 남북 공동 선언(2007): 6·15 남북 공동 선언의 적극 구현, 한반도의 평화·핵문제 해결, 남북 경제 협력 사업의 활성화

10 현대 | 미·소 공동 위원회 난이도 중 ●●○

자료분석
모스크바 삼상 회의에서 결정 + 덕수궁 석조전에서 출범 → 미·소 공동 위원회

정답설명
④ 미·소 공동 위원회에서는 임시 정부 수립을 위한 협의 대상을 선정하는 문제로 미국과 소련의 양국이 논쟁하였다. 미국은 반탁 운동을 펼치는 우익 세력도 협의 대상에 포함시킬 것을, 소련은 신탁 통치에 반대하는 정당·단체와는 협의할 수 없다고 주장하였다.

오답분석
① 조선 건국 준비 위원회: 조선 인민 공화국의 수립을 선포한 것은 조선 건국 준비 위원회이다.
② 좌·우 합작 위원회: 좌·우익 정치 세력의 합작을 위한 7원칙을 발표한 것은 좌·우 합작 위원회이다.
③ 유엔 감시 하 남북한 총선거를 통한 정부 수립을 결정한 것은 유엔 총회로, 미·소 공동 위원회와는 관련이 없다.

이것도 알면 합격!

미·소 공동 위원회 개최

제1차 (1946. 3.~5.)	• 미국: 반탁 운동을 펼치는 우익을 협의 대상에 포함시킬 것을 주장 • 소련: 신탁 통치에 반대하는 정당·단체와는 협의할 수 없다고 주장 • 휴회 돌입: 의견 차이로 무기한 휴회에 돌입
제2차 (1947. 5.~10.)	• 냉전 격화: 트루먼 독트린으로 미·소 간의 냉전 격화 • 회담 결렬: 자국에 우호적인 정당을 세우려는 미·소의 정책으로 회담이 결렬 • 유엔에 이관: 미국이 한반도 문제를 유엔에 이관(1947. 9.)

해커스공무원 단원별 매일 하프모의고사 한국사 답안지

해커스공무원 단원별 매일 하프모의고사 한국사 답안지

해커스공무원 단원별 매일 하프모의고사 한국사 답안지

2026 대비 최신개정판

해커스공무원
단원별
매일
하프모의고사
한국사

개정 5판 2쇄 발행 2025년 12월 1일
개정 5판 1쇄 발행 2025년 6월 23일

지은이	해커스 공무원시험연구소
펴낸곳	해커스패스
펴낸이	해커스공무원 출판팀
주소	서울특별시 강남구 강남대로 428 해커스공무원
고객센터	1588-4055
교재 관련 문의	gosi@hackerspass.com
	해커스공무원 사이트(gosi.Hackers.com) 교재 Q&A 게시판
	카카오톡 플러스 친구 [해커스공무원 노량진캠퍼스]
학원 강의 및 동영상강의	gosi.Hackers.com
ISBN	979-11-7244-593-5 (13910)
Serial Number	05-02-01

저작권자 ⓒ 2025, 해커스공무원

이 책의 모든 내용, 이미지, 디자인, 편집 형태에 대한 저작권은 저자에게 있습니다.
서면에 의한 저자와 출판사의 허락 없이 내용의 일부 혹은 전부를 인용, 발췌하거나 복제, 배포할 수 없습니다.

공무원 교육 1위,
해커스공무원 gosi.Hackers.com

해커스공무원

· 시험에 나올 시대별 핵심 키워드를 정리한 **시대별 막판 암기 점검 자료**
· 정확한 성적 분석으로 약점 극복이 가능한 **합격예측 온라인 모의고사**(교재 내 응시권 및 해설강의 수강권 수록)
· 해커스 스타강사의 **공무원 한국사 무료 특강**
· **해커스공무원 학원 및 인강**(교재 내 인강 할인쿠폰 수록)

한경비즈니스 2024 한국품질만족도 교육(온·오프라인 공무원학원) 1위

해커스공무원 단기 합격생이 말하는
공무원 합격의 비밀!

해커스공무원과 함께라면
다음 합격의 주인공은 바로 여러분입니다.

**대학교 재학 중,
7개월 만에 국가직 합격!**

김*석 합격생

영어 단어 암기를 하프모의고사로!

하프모의고사의 도움을 많이 얻었습니다. **모의고사의 5일 치 단어를 일주일에 한 번씩 외웠고**, 영어 단어 **100개씩은 하루에** 외우려고 노력했습니다.

**가산점 없이
6개월 만에 지방직 합격!**

김*영 합격생

국어 고득점 비법은 기출과 오답노트!

이론 강의를 두 달간 들으면서 **이론을 제대로 잡고 바로 기출문제로** 들어갔습니다. 문제를 풀어보고 기출강의를 들으며 **틀렸던 부분을 필기하며** 머리에 새겼습니다.

**직렬 관련학과 전공,
6개월 만에 서울시 합격!**

최*숙 합격생

한국사 공부법은 기출문제 통한 복습!

한국사는 휘발성이 큰 과목이기 때문에 **반복 복습이 중요하다고 생각**했습니다. 선생님의 강의를 듣고 나서 바로 **내용에 해당되는 기출문제를 풀면서 복습**했습니다.

해커스공무원 gosi.Hackers.com

더 많은 합격수기가 궁금하다면? ▶